KB249630

중국은 어디로 가고 있는가

중국은 어디로 가고 있는가

추이 즈위안 지음 장영석 옮김 백승욱 대담

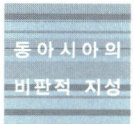

동아시아의
비판적 지성

창비
Changbi Publishers

비판적 지성이 만드는 동아시아

16세기에 지리적 명칭으로 도입된 '아시아'는 굴욕과 영광의 언어이다. 19세기 후반 서세동점의 역사 속에서 서양의 문명적 표준에 비춰진 동아시아는 '야만' 또는 '반야만'으로 위치지어진 이후로 그로부터의 탈출을 역사적 과제로 삼는 피동적 존재였다. 그러나 동아시아는 또한 이 지역 인민이 제국주의에 대항하기 위한 지역연대를 꿈꾸는 상상력의 근거이기도 했다. 더 나아가 20세기 후반에는 세계경제의 활력을 불러일으키는 거점으로서의 자부심을 표상하는 기호로 떠올랐다. 21세기 초입인 지금 동아시아는 세계의 번영과 쇠퇴, 평화와 전쟁을 가름하는 핵심적 지역으로 부상하고 있다.

동아시아의 중간에 위치한 한반도에서는 19세기에서 20세기로 넘어가는 교체기에 지역연대로서의 동아시아 구상이 등장했지만, 일제 식민지로 전락하면서 그 지역구상도 민족국가 수립의 비원에 가려져 몰락했다. 해방이 되어서도 사정은 달라지지 않았다. 냉전이 조성한 진영적 논리에 사로잡혀 우리의 공간인식은 반도의 남쪽을 벗어나지 못했다. 그러나 지난 90년대 분단체제가 흔들리면서 한반도를 넘어선 지역에 대한 주체적 관심이 되살아나, '동아시아'담론이 지식인사회에서 유행이랄 정도로 활기를 띠었다. 이런 흐름을 타고 국내에서 동아시아 연대운동을 주도하는 움직

임이 움트더니, 급기야 '참여정부'가 '평화와 번영의 21세기 동북아시대'를 국정목표로 정해 대외적으로 제안할 정도가 되었다. 동아시아지역을 단위로 한 발상이 우리의 현실을 움직이고 있는 증거가 아닐 수 없다.

이런 상황은 이제 우리가 '왜' 동아시아인가에서 더 나아가 '어떤' 동아시아인가를 물을 때임을 깨닫게 한다. 동아시아란 지리적으로 고정된 경계나 구조를 가진 실체가 아니라, 이 지역을 구성하는 주체의 행위에 따라 유동하는 역사적 공간이다. 이 때문에 동아시아를 문화적 구성물로 간주하는 시각이 우리 주위에서 유행하고 있는 것 같다. 이 시각이 동아시아를 지리적으로 고정된 것으로 보는 관념을 해체하는 데 일정 정도 기여함은 인정되지만, 우리로 하여금 동아시아를 말하지 않을 수 없게 하는 역사적 맥락에 소극적으로 대응하도록 조장하는 경향이 있지 않은지 따져보아야 한다. 사실 동아시아세계에는 서로 긴밀히 연관된 문화적 가치나 역사적으로 지속되어온 일정한 지역적 교류 등의 실체 같은 것이 있고, 특히 근대에 들어와 제국주의와 냉전이 조성한 시공간적 상황 속에서 갖게 된 공통의 경험은 이 지역을 역사적 실체로서 규정할 수 있게 하는 기반이 아닐 수 없다. 이제 동아시아가 역사적 실체로서 허용하고 요구하는 미래지향적 과제를 한층 더 적극적으로 감당해야 할 싯점이다. 이것을 '실천과제(또는 프로젝트)로서의 동아시아'라 부르고자 한다. 새로운 동아시아는 목하 형성중이다.

그간 한국에서 비판적 토론의 산실이 되어온 창비는 우리의 논의를 동아시아적 맥락에서 재조명함으로써 새로운 발전을 위한 성찰의 기회를 얻고자 비판적 지성 6인이 발신하는 동아시아의 비전에 주목한다. 2차대전 종결 이후 동아시아 출생자인 이들은 타이완, 중국 대륙, 일본, 미국에 흩어져 활동하지만, 그 시야는 전공학문 영역과 국가의 경계를 넘나든다는 점에서, 그리고 이 지역에 드리워진 식민주의와 냉전 그리고 미국 주도의 패권질서에 비판적 거리를 유지하고 있다는 점에서 공통된다. 이들이 자신의 사상 모색의 기반인 개별 정치사회의 역사와 현실에 대해 비판적 시각을 견지하되 그것을 동아시아적·전지구적 근대성의 맥락과 연결하여 파악함으로써 동아시아 근대질서, 나아가 근대 세계질서에 대한 근본적인 문제제기를 통해 새로운 대안으로서의 미래, 전지구적 희망의 근거지로서의 새로운 동아시아의 상(像)을 모색해온 점을 소중하게 생각한다. 이들에게는 자기 사회의 과제와 동아시아의 과제, 전지구적 과제가 하나의 유기적 총체를 구성하고 있다. 이들 지식인들이 펼치는 동아시아에 대한 새로운 상상이 기존의 숱한 동아시아론과 구별되는 것도 바로 이 지점이다.

이들이 자민족중심주의를 비판하고 동아시아의 근대성이 지닌 내재적 모순을 직시하면서 21세기 새로운 사회의 구상력을 동아시아란 공간에서 탐색해온 지적 성과와 그 과정에서 변화하는 자기 자신에 대한 증언을 한데 모은 것이 이번 기획씨리즈 '동아시아의 비판적 지성'이다. 이 기획서의 간행 안으로는 한반도에서 수행해온 이론적·실천적 모색이 평화공존과 호혜평등의 동아시아를 건설하는 발단이자 핵심임을 자각하여 가일층 분발하는 다짐의 계기가 되고, 밖으로는 동아시아 지식인이 공동으로 향유하는 열린 토론공간의 확산에 기여해 주체적 참조체계 형성의 연결고리로 작동하기를 간절히 바란다.

*

6인 가운데 하나이며 이 책『중국은 어디로 가고 있는가』의 저자 추이즈위안(崔之元)은 미국에 체류하면서도 활발한 저술활동을 통해 중국 대륙 지식인사회의 주요 담론에 적극 개입하고 있는 대표적인 '신좌파' 지식인이다. 그는 현재 중국정부가 추진하는 개혁정책이 이전의 사회주의혁명의 경험을 사실상 부정하고 시장경제와 자본주의, 서구식 민주주의 등 유럽과 미국의 제도를 무비판적으로 물신화하는 현실을 비판한다.

이러한 가운데 서구자본주의 시장모델을 유일한 대안으로 여기는 중국의 '(신)자유주의자들'과 대립하는 위치에 서서 논쟁을 벌이는 것이 불가피했는데, 이 과정에서 그의 입론은 구체화되었다. 추이 즈위안이 내놓은 대안은 마오 쩌뚱(毛澤東)시대의 사회주의에 대한 재검토를 통해 그 속에서 실험된 '합리적 요소', 예컨대 공장과 농촌의 민주적 공동관리 씨스템, 경제적 민주주의 등을 창조적으로 계승하는 것이다. 사유화·자본주의화의 길로 들어선 러시아 등 구사회주의권 국가의 개혁과는 달리 중국은 사회주의 역사적 경험의 장점을 살린 제3의 길을 가야 한다는 주장을 그는 최근 '쁘띠부르주아 사회주의'로 정리한 바 있다.

전지구적 규모로 자본주의가 확산되면서 맑스주의가 지닌 변혁이론으로서의 동력이 약화되는 한편 신자유주의에 대한 반발은 날로 커져가는 혼돈의 오늘, 사회주의의 역사적 경험을 새롭게 살려내려는 그의 지적 모색은 이미 중국의 경계를 넘어 넓은 지역의 비판적 지식인사회에서 반향을 불러일으키고 있다. 특히 분단체제의 한반도, 나아가 이념과 체제 차이를 안고 있는 동아시아에서 화해와 연대, 대안적 체제와 문명을 창조하는 과제를 수행하는 데 활용할 만한 하나의 자원이 동아시아 근현대사의 사회주의적 경험이라면, 그의 문제의식은 앞으로 좀더 진지한 성찰의 대상이 되어야 마땅할 것이다.

2003년 9월
'동아시아의 비판적 지성' 기획위원
백영서 이연숙 이욱연 임성모

차례

지적 편력

知的遍歷

知的

的

지적 편력

나의 사상역정

1

한국의 우인(友人)들이 나의 문집을 출판한다며 '사상자전'을 써달라고 부탁해와 나는 두 가지의 난처한 상황에 빠지게 되었다. 한편으로는 한국 독자와 교류할 기회를 갖게 되어 대단히 즐겁고 영광스럽지만, 다른 한편으로는 아직 나의 사상이 성숙되지 않았기 때문에 아직은 내가 이런 글을 쓸 때가 아니라는 사실을 절감하게 된다. 그렇지만 완곡한 부탁을 거절하기 힘들어 그간 내가 걸어왔던 사상역정에 대해 간단하게 회고해보고자 한다.

공자는 '사십은 불혹'이라고 했는데, 지금 막 마흔살을 넘긴 나는 전혀 '불혹(不惑)'의 느낌이 들지 않아 참담하기만 하다. 나를 유일하게 위안해주는 말은 헤겔이 청년기와 성숙기에 대해 내렸던 정의, 즉 '28~48세는 청년기, 49~76세는 성숙기, 77세 이후는 노년기'라는 말이다. 헤겔을 언급하고 나니 불현듯 내가 처음으로 썼던 「역사유물론은 맑스주의 철학의 핵심이다(歷史唯物主義是馬克思主義哲學的核心)」라는 논문이 떠오른다.

이 논문은 내가 대학 2학년 때 썼던 것이다. 당시 내 전공은 철학이 아니라 '씨스템공학 및 응용수학'이었다. 내가 철학과 사회과학에 관심을 갖게 된 것은 1980년대 초 중국 개혁의 큰 흐름 속에서이다. 당시 청년들에게 가장 큰 영향을 미쳤던 중국 철학자는 중국사회과학원 철학연구소의 연구원으로 있던 리 쩌허우(李澤厚)였다. 그가 쓴 『비판철학의 비판: 칸트평론(批判哲學的批判: 康德術評)』은 내게 처음으로 철학의 매력을 느끼게 해주었다. 마침 당시 나의 고등학교 동창생의 부친(중앙음악학원의 쟈오 숭꽝趙宋光 교수)이 리 쩌허우의 절친한 친구여서, 고등학생 시절부터 리 쩌허우를 방문하고 가르침을 받을 기회를 가졌다. 대학 2학년 때 「역사유물론은 맑스주의 철학의 핵심이다」라는 논문을 완성했을 때, 리 쩌허우는 손수 그 논문을 『허뻬이대학 학보(河北大學學報)』에 발표할 수 있도록 추천해주었다. 한국 독자들이 내 논문의 제목을 보고 다소 의아해할지도 모르겠다. 이에 대한 이해를 돕기 위해 당시 중국 철학사상의 상황에 대해 소개해둘 필요가 있다.

중화인민공화국이 수립된 이후 소련으로부터 수입된 정통 맑스주의 철학교과서는 줄곧 '변증법적 유물론'이 맑스주의 철학의 핵심이고, '역사유물론'은 '변증법적 유물론'을 인류사회에 '응용'한 것일 뿐이라고 강조해왔다. 변증법적 유물론은 삼라만상을 다 포괄하는 우주관이라는 것이다(이른바 '자연변증법'을 포괄한다). 1979년에 출판된 리 쩌허우의 『비판철학의 비판: 칸트평론』은 칸트의 인식론·윤리학·미학을 전면적으로 소개한 책이었다. 이 책은 암묵적으로 '변증법적 유물론'을 비판하고 있는데, 즉 변증법적 유물론은 '칸트 이전'의 사변적인 형이상학이라는 것이다. 내 논문은 리 쩌허우가 쓴 그 책의 함의를 더욱 직설적으로 표현한 것이었다. 나는 삼라만상을 다 포괄하는 '칸트 이전'의 사변철학으로서의 '변증법적 유물론'은 성립할 수 없기 때문에 변증법적 유물론이 아니라 '역사유물론'이 인류사회에 응용되었다고 강조했다. 역사유물론은 맑스가 1845년 빠리에서 정치경제학을 연구하기 시작한 뒤에 얻은 성과이다. 이것이 나의 첫번째 논문의 주요 관점이다. 이 논문은 1982년에 씌어졌다.

지금 그때의 일을 회고해보아도 여전히 흥분을 가라앉힐 수 없다. 비록 문장이 조잡하긴 하지만, 1980년대 중국의 철학해방을 겪은 사람들은 내가 흥분하는 이유를 이해할 것이다. 중국 철학계는 '변증법적 유물론'을 비판하는 데서 시작하여 '인간주의'(humanism)와 '소외' 문제 연구 붐을 일으켰고, 그후 점차 정통 소련식 맑스주의가 철학의 무대에서 사라졌던 것이다.

리 쩌허우의 칸트철학 연구는 중국 당대의 사상발전과 진보에 불멸의 공헌을 남겼다. 소련식 맑스주의 철학교과서가 선전하고 찬양했던 '변증법적 유물론'은 아주 천박한 유물론으로, 마치 2천년에 걸쳐 발전해온 인류의 철학적 탐색의 결과를 두 마디의 말, 즉 '물질은 1차적이고, 정신은 2차적'이라는 말로 환원해버린 것과 같다. 그같은 사상체계에서 사람의 주체성·자유·자아의식은 이론적인 지위를 상실하게 된다. 칸트철학은 사람의 주체성을 강조했다. 그는 사람의 지식은 결코 외부환경에 대한 피동적인 반응이 아니며, 사람은 경험에 선행하는(a priori) 인지능력을 갖고 있다고 본다. 예를 들어 사람이 외부의 객체가 서로 다른 위치에 있다는 것을 느낄 수 있는 까닭은 사람들이 이미 선험적인 '공간직관'을 갖고 있기 때문이라는 것이다. 그렇지만 내가 지금 강조하고자 하는 것은 칸트철학이 1980년대 중국에서 거대한 사상해방 기능을 담당했다는 것이 아니라 헤겔이 '칸트부흥'의 희생양이 되었다는 점이다. 당시 (나를 포함해) 사람들은 헤겔 철학체계와 '변증법적 유물론'은 (단지 '물질'과 '정신'의 관계가 전도되어 있을 뿐) 동일한 것이라고 잘못 이해하고 있었다. 헤겔에 대한 이같은 오해는 우리로 하여금 헤겔의 사고방식에 근거해 칸트가 제기했던 자유와 자아의식의 문제를 해결할 수 없도록 만들었고, 또 중국 철학사상계로 하여금 점차 자주적 창조성을 상실하게 만들었으며 1990년대부터는 서구의 각종 '포스트모더니즘'의 소비시장으로 전락하도록 만들었다. 돌이켜보면 1980년대 중국의 철학사상은 당시의 사회개혁운동과 유기적으로 결합되어 있었다. 비록 칸트·헤겔·맑스는 서구 사람이지만, 그들과 토론하면서 그들은 1980년대 중국 사상계의 발전과 떼려야 뗄 수 없는 관계를 맺게 되었다.

나에게 하나의 소망이 있다면, 그것은 가까운 장래에 리 쩌허우가 썼던 '칸트논평'과 같은 '헤겔논평'을 써서 중국 사상계에 진정한 헤겔철학을 소개하는 것이다. 나는 헤겔철학은 '자유와 그 실현조건'에 관한 철학이지 '칸트 이전'의 사변적인 철학이 아니며 오늘날 서구에서 유행하는 주류 자유주의와 '포스트모더니즘'보다 더욱 철저한 사상이라는 점을 논증하고자 한다. 나는 중국의 실천과 헤겔의 '자유철학'에 대한 성찰적 반성을 통해 중국철학이 다시 자주적인 창조적 역량을 획득하길 바란다.

내가 공개적으로 발표한 두번째 논문은 역시 대학생 때 쓴 「꾸 쥰의 '그리스 도시국가제도'에 대한 논평(顧准'希臘城邦制度'評述)」인데, 이 글은 『뚜슈(讀書)』지에 소개되었다. 꾸 쥰(顧准)은 중국 현대혁명사상사에서 아주 전설적인 인물이다. 그는 1930년대 상하이(上海)에서 고학으로 회계전문가가 되었다. 1937년 중일전쟁 발발 후 꾸 쥰은 중국공산당이 지도하는 혁명해방운동에 투신했다. 1949년 후에는 상하이시의 재무국과 세무국의 첫번째 국장을 역임했다. 그는 독자적인 사고를 견지했기 때문에 1957년 '우파'로 낙인찍혔고, 그후 줄곧 역경 속에서 살다가 1974년에 세상을 떠났다. 이후 1990년대 중국 사상계에는 '꾸 쥰 붐'이 일어났고, 중국의 '자유파' 지식인들은 그를 우상으로 숭배했다. 그러나 1990년대 중국 사상계는 꾸 쥰을 한 상징으로 여겼을 뿐 그가 제기했던 심각한 문제들을 지속적으로 탐구하지는 않았다. 사실 내가 1984년에 썼던 「꾸 쥰의 '그리스 도시국가제도'에 대한 논평」은 꾸 쥰 사상에 대한 최초의 토론문에 해당하는데, 이 글은 그의 동생이 출판했던 『그리스 도시국가제도(希臘城邦制度)』재판본에 부록으로 수록되었다.

지금 그 글을 다시 살펴보니, 당시 나는 꾸 쥰이 기원전 590년에 쏠론

(Solon)이 민주개혁에 관해 다음과 같이 언급했던 점을 주의하지도 강조하지도 않았다는 사실을 깨닫게 된다.

아테네 내부 혼란의 기본원인은 토지겸병과 채무노역에 있다. 앞서 인용했던 아리스토텔레스의 '아테네의 정체'(On the Polity of the Athenians)의 한 문단은 아테네의 토지귀족들이 주위의 부유한 상공업 도시국가와 호사스러운 참주(僭主)들의 궁정의 영향하에서 농민에 대한 수탈을 가속화했으며, 점차 귀금속화폐가 통용되는 상황에서 가장 유효한 수탈방법 가운데 하나가 고리대였다는 점을 설명해준다. 아테네 농민들의 조상이 물려준 토지는 채무의 담보물로 되었다. 사가(史家)들은 당시 담보물이 되었던 토지는 사실상 채권자의 소유였고, 채무인은 단지 돈을 내고 그 토지를 되돌려 받을 수 있는 권리만 가졌다는 것을 고증하고 있다. 일부 채무자들은 인신을 담보잡히기도 하여 잔혹한 채무노역이 유행하기 시작했다. 노예폭동에서부터 기원전 6세기 초까지의 몇십년 동안 아테네 경제는 신속하게 발전했다. 아테네는 메가라(Megara)로부터 쌀라미스(Salamis)를 획득하였고, 메가라의 참주정체는 붕괴되었다. 아테네 상인들은 흑해, 이집트, 키프로스로 가서 상업활동을 전개했는데, 이는 당시 평민들로 하여금 국내의 질서를 더이상 수용할 수 없도록 만들었다. 더구나 드라콘법(Draconian Law)은 고리대금업자와 귀족의 지위를 더욱 강화했던 것 같다. 그 당시야말로 평민폭동이 발생하고 참주가 출현할 수 있는 위험한 시기였다. 이를 해결할 방법은 '민선 조정관'(Aesymenites)을 찾아내어 상호 대립되어 있는 집단간의 이해관계를 조정하고, '어떻게 채무인의 부채를 탕감하고 토지를 재분배할 것인지, 나아가 현행 질서를 근본적으로 개혁할 것인지'(「쏠론전」, 『플루타크 영웅전』)의 문제를 해결하는 것이었다. 아테네 시민들과 아테네의 위대함으로 그들이 다행스럽게도 찾았던 인물이 바로 쏠론이다.

꾸 준의 이 문단은 사실상 아테네 민주는 자영농에 기반하고 있음을 설명한 것인데, 이는 서구 사학의 새로운 성과와 일치한다.[1] 그렇지만 나의 논평은 과도하게 그리스 도시국가의 항해와 상업활동을 강조하고 있어 문제를 단순화시켰다. 나는 오늘날의 중국 학자들이 '꾸 준 붐' 속에서 그의 첨예한 문제의식을 희석시키지 않고, 그가 제기한 민주이론과 민주역사의 문제를 지속적으로 탐구하길 희망한다. 사실 아테네 민주가 자영농에 기초한다는 관점은 오늘날 중국 농촌의 (토지개혁과 토지집단화 위에 확립되어 있는) 촌민자치선거 연구의 이론적 시야를 확대하는 데 도움이 된다.

2

나는 1980년대에 적지 않은 논문을 발표했고, 게임이론을 소개한 책도 쓴 적 있다. 그렇지만 내 기억에 가장 선명하게 남아 있는 것은 두 편의 논문이다. 성 아우구스티누스가 '기억은 실험실'이라고 말했듯이 사람들은 실험실에서 부단히 자신을 다시 인식하고 다시 만든다. 아우구스티누스를 말하니 한국은 아시아에서 기독교 신자들이 가장 많은 국가이기 때문에 적지 않은 독자들이 『참회록』의 내용을 잘 알 것이라는 생각이 든다. 『참회록』은 모두 13장으로 구성되어 있다. 앞의 아홉 장은 그가 세례를 받기 전의 경력을 다룬 것이고, 제10장은 '기억'을 다루고 있어 이 책의 전환점이 되는 장이다. 그후의 장은 아우구스티누스의 '삼위일체'(Trinity)에 대한 인식과 사색에 관련된 내용이다. 비록 나는 기독교 신자가 아니지만, 사상자전을 쓰도록 부탁받고 기억을 더듬으면서 나 자신의 사상역정을 좀더 분명히 할 기회를 갖게 되었다.

---

1) Wood, Ellen, *Peasants-Citizen and Slave: The Foundations of Athenian Democracy*, Verso 1988.

개괄적으로 말해 1980년대 중국의 사회와 사상변혁은 나의 인생과 학술적 관심의 기초를 다져주었다. 1987년 미국 시카고대학에서 박사학위를 받았고, 1993년 이후부터는 메사추세츠공대(MIT)에서 교직생활을 하게 되었다. 그 기간에 나는 서구의 수많은 유익한 사회과학과 철학의 훈련을 받을 수 있었다. 나는 지금 중국의 대학으로 되돌아갈 준비를 하고 있다. 나는 헤겔이 말한 것처럼 자아의식의 변증법적 발전, 즉 본래의 그 지점으로 가되 나선처럼 전진해나가길 희망한다.

한 가지 지적해둘 만한 것은 시카고대학 정치학과의 나의 두 지도교수는 유명한 '분석적 맑스주의자' 셰보르스끼(Adam Przeworski)와 엘스터(Jon Elster)였는데, 그분들을 통해 내가 '분석적 맑스주의' 학파의 경제학 대가 로머(John Roemer)와 교분을 갖게 되었다는 점이다. '분석적 맑스주의'는 전통 맑스주의 이론에 대해 엄격한 비판적 태도를 취하고 있다. 여기서는 한 가지 예만 들고자 한다. 맑스는 '착취'는 '잉여가치'의 근원이라고 여긴다. 노동자가 착취당하는 것은 임금으로 구매할 수 있는 상품 중에 포함된 '사회적 필요노동시간'이 노동자의 전체 노동시간보다 적기 때문이다. 따라서 대부분의 정통 맑스주의자들은 '착취이론'은 '정의'와 관련된 이론이 아니라 '잉여가치'가 어떻게 형성되었는지와 관련된 '인과이론'이라고 여긴다. 그렇지만 로머는 이같은 정통 맑스주의의 관점에 동의하지 않는다. 그 대신 로머는 '일반적 상품착취론'(Generalized Commodity Exploitation Theorem)을 증명했다. 그 이론의 핵심은 다음과 같다. 만약 앞에서 언급한 맑스의 착취에 대한 정의를 받아들인다면, '강철'도 착취당하고, '석유' 역시 착취당한다는 사실을 증명할 수 있다는 것이다.[2] 따라서 '잉여가치'가 어떻게 형성되었는지와 연관된 '인과이론'으로서의 '착취이론'은 성립될 수 없다는 것이다. 로머는 비록 맑스와 맑스주의자들은 납득

---

2) Roemer, John, *A General Theory of Exploitation and Class*, Harvard University Press 1982.

할 수 있는 답안을 제시하고 있지 않지만, '착취이론'이 관심을 가지고 있
는 것은 사실상 '정의'의 문제이고, 맑스의 문제의식은 여전히 첨예하다는
것을 강조한다.

나는 지금까지 '분석적 맑스주의'가 나에게 미친 영향은 긍정적이라고
여기고 있다. 이 책에 수록된 「제도혁신과 제2차 사상해방(制度創新與第
二次思想解放)」에서 나는 '분석적 맑스주의' '비판법학' '신진화론'이 중
국의 차기 개혁에 시사점을 던져주는 세 가지 사상적 조류라고 밝혔다.
1994년에 발표한 이 글은 사람들 사이에서 종종 중국 '신좌파'의 초기 대
표작 가운데 하나로 손꼽히고 있다. '신좌파'가 '새로운(新)' 이유는 정통
맑스주의에 대해 비판적 태도를 취하고 있기 때문이다.

1994년 이후 나의 사상은 '분석적 맑스주의'의 시야를 완전히 뛰어넘어
서구 주류경제학에 대한 비판과 경제민주와 정치민주 연구에 관심을 집중
했다. 1999년 나는 『보이지 않는 손 패러다임의 역설(看不見的手的範式的
悖論)』(北京: 經濟科學出版社)이라는 책을 출판하면서 유한책임회사, 중앙은
행, 파산을 통한 구조조정 이 세 가지 제도가 존재한다는 그 자체가 '보이
지 않는 손 패러다임의 역설'이라고 지적했다. 경제민주와 정치민주 연구
에 대한 나의 초보적인 확신은 2002년 항져우(杭州)에서 개최된 회의에서
논문 형태로 발표되었다. '쁘띠부르주아 선언(小資産階級宣言)'이라는 제
목의 그 논문은 지금 나의 주요 사고방식을 반영하고 있고, 또 이 책에 실
린 다른 논문들을 이해하는 데 도움을 줄 것이기 때문에 그 가운데 몇 구절
을 인용하고자 한다.

하나의 유령, 쁘띠부르주아 사회주의의 유령이 중국과 세계를 배회하고 있
다. 왜냐하면 세계 각지에서 맑스주의든 사회민주주의든 이미 모두 자신의 정
치적·사상적 동력을 상실했고 신자유주의에 대한 환멸은 나날이 확대되고 있
기 때문이다.

중국의 현재 제도안배는 쉽게 이해되지 않지만, 쁘띠부르주아 사회주의 이론으로 보면 뒤엉킨 실타래의 실마리를 찾아낼 수 있다. 더욱 중요한 것은 사회주의는 노동자계급의 무산계급적 지위를 영구화하지 말아야 한다는 것인데, 그래서 쁘띠부르주아의 보편화가 마치 미래의 희망처럼 되었다.[3]

쁘띠부르주아 사회주의의 경제목표는 개혁을 통해 그리고 현존하는 금융시장체제를 변화시킴으로써 '사회주의 시장경제'를 확립하는 것이다. 쁘띠부르주아 사회주의의 정치목표는 '경제민주와 정치민주'를 확립하는 것이다.

쁘띠부르주아 사회주의는 아주 뿌리깊고 풍부한 전통을 갖고 있는데, 그중 가장 중요한 사상가로는 프루동, 밀, 게젤(Silvio Gesell), 브로델, 미드(James Meade), 조이스(James Joyce), 페이 샤오퉁(費孝通), 웅거(Roberto Unger) 등을 꼽을 수 있다. 마오 쩌뚱(毛澤東) 역시 무의식중에 쁘띠부르주아 사회주의의 영향을 받았다.

여기서 사용하는 '쁘띠부르주아'라는 개념은 농민을 포괄하는 것으로 현재 중국에서 유행하는 '중간계급'과 다르다. 그렇지만 내가 사용하는 '쁘띠부르주아 사회주의'는 '샤오캉(小康)사회[4]를 전면적으로 건설한다

---

3) 맑스와 엥겔스는 '공산당선언'에서 쁘띠부르주아의 멸망에 대해 유명한 예언을 남겼다. "현대문명이 이미 발전된 국가 안에 새로운 쁘띠부르주아지가 형성되었다. 이 쁘띠부르주아지는 프롤레타리아계급과 부르주아계급 사이를 왔다갔다하면서 부르주아계급사회의 보완물로서 부단히 자신을 재편성하고 있다. 그렇지만 이 계급의 성원들은 자주 경쟁에서 패배하여 프롤레타리아트의 대열로 합류하고 있고, 대공업이 발전함에 따라 현대사회의 한 독립된 부분으로서의 자신의 지위를 상실하게 될 것임을 직감하고 있다"(『맑스엥겔스선집 馬克思恩格思選集』第1卷, 人民出版社 1995, 297면). 그렇지만 그들의 예언은 결코 실현되지 않았다. 쁘띠부르주아는 수적으로 계속 증가하고 있다.

4) '샤오캉(小康)사회'란 경제적으로 여유가 있어 평온한 삶을 누리는 사회(의식주가 해결된 중산층 생활)를 말한다. 이 말에는 유교에서 말하는 이상적인 사회, 즉 아무런 걱정이 없는 대동(大同)사회를 향해 나아간다는 사회발전 단계론적인 의미가 담겨 있다. 2002년 11월에 개최된 중국공산당 제16차 대회에서 쟝 쩌민(江澤民) 총서기는 「全面建設小康社會, 開創中國特色義事業新局面」이라는 보고서를 제출하여 샤오캉사회 건설이 중국공산당의 목표임

(全面建設小康社會)'는 정책과 연결된다. 중국의 혁명과 건설, 특히 경제체제 개혁 이후의 정책은 실질적으로는 '쁘띠부르주아 사회주의'의 실천과 혁신을 포괄하고 있지만, 지금까지 아무도 이에 대해 긍정적으로 이론적인 해석을 하지 않고 있다.

프루동과 중국의 토지소유제

로크는 "토지사유제는 우선 점유에서 비롯되었다"고 보았다. 프루동은 로크의 이론에 도전하면서 인구증가가 사람들로 하여금 사적으로 토지를 소유하지 못하도록 만들었다고 강조했다. 프루동은 "생존 측면에서 보면 사람들은 모두 점유의 권리를 갖고 있다. 생활하기 위해서 사람들은 경작하고 노동할 수 있는 생산수단을 가져야 한다. 다른 한편 점유자의 수가 출생과 사망의 상황에 따라 부단히 변화하기 때문에 다음과 같은 규칙을 준수해야 한다. 모든 노동자가 요구할 수 있는 생산수단의 수효는 점유자의 수에 따라 변화한다. 따라서 점유는 처음부터 끝까지 인구에 종속된다. 마지막으로 점유물은 항상 유동적이기 때문에 점유물은 재산으로 변화할 수 없다. (…) 모든 사람들은 토지를 평등하게 점유할 권리를 갖는다. 점유할 수 있는 양은 개인의 의지에 근거해서가 아니라 공간과 인구 수의 변화에 따라 정해지기 때문에 재산은 존재할 수 없다."[5]

프루동이 지적하고자 한 것은 만약 토지사유제가 소유자의 무기한 통제를 의미한다면, 그것은 인구의 변화와 모순된다는 점이다. 따라서 토지사유제를 모든 개인에게 적용되는 보편적인 권리[6]로 이해해서는 안된다.[7]

을 분명히했다 — 옮긴이.

5) 蒲魯東(Proudhon), 『什麼是所有權』, 82~83면.

6) 하트(H. L. A. Hart)의 '특수한 권리'와 '일반적인 권리'의 구분에 근거해서, 월드런(Jeremy Waldren)은 '사유제 주장을 기초로 한 일반적인 권리'와 '사유제 주장을 기초로 한 특수한 권리'를 구분했다. 그가 지적한 것처럼 프루동이 '사유제 주장을 기초로 한 일반적인 권리'를 반대한 것은 성공적이다.

달리 말하면 개인의 토지 소유가 토지에 대한 일부 사람들의 무기한 통제를 의미한다면 그것은 인구의 변화에 적응할 수 없고, 따라서 개인의 토지 소유는 모든 개인의 보편적인 권리가 될 수 없다는 것이다. 만약 개인의 토지소유제가 인구 변화에 적응한다고 하면, 그것은 소유자가 무기한의 통제를 할 수 있음을 의미하는 사유제가 아니다. 오늘날 중국의 토지소유제가 프루동의 통찰력을 증명하고 있다.

중국농촌의 토지는 국가 소유도 아니고 개인 소유도 아닌 촌(村)의 집체소유(集體所有)이다. 현재의 제도는 (30년간) 농지를 임대하는 '가구하청 책임제(家庭承包責任制)'이다. 한 가구가 어느 정도의 토지를 임대받을 수 있는지는 그 가구의 인구 수에 따라 결정된다. 촌의 모든 성원은 연령과 성별에 관계없이 동등한 토지를 임대받을 수 있다. 토지는 촌민위원회가 가구에 임대해주는데, 임대기간은 1980년대 초에는 5년이었던 것이 1984년에 15년으로 연장되었고, 1993년에는 30년으로 연장되었다. 가구의 인구는 시간의 흐름, 결혼, 출생과 사망 등의 요인 때문에 부단히 변화하기 때문에 촌민들은 토지 임대기간을 보통은 3년마다 소폭 조정하고, 5년마다 대폭 조정한다.

상당수의 서구 좌파들은 중국에서 인민공사를 폐지한 이후 농촌에서 '자본주의적 생산관계'가 회복되었다고 잘못 인식하고 있다. 중국의 농촌 토지소유제는 사실 일종의 프루동식의 쁘띠부르주아 사회주의적인 방법을 취하고 있는데, 그 속에는 희망과 내재적인 모순이 내포되어 있다.

중국은 지금 '농촌 토지하청법(農村土地承包法)'을 제정하기 위해 노력하고 있는데, 그것은 가구하청 책임제의 기초를 공고히하면서 규모의 경제를 촉진하고 도시화를 가속화하기 위해서이다. 이는 쁘띠부르주아 사회

---

7) '프루동의 책략'을 그의 말을 빌려 요약하면 다음과 같다. "재산의 이름으로 제기되는 모든 주장은, 그것이 무엇이든 항상 그리고 반드시 평등을 뜻하고 재산의 부정을 뜻한다." 蒲魯東, 같은 책 66면.

주의의 위대한 실험이다. 쁘띠부르주아 사회주의의 핵심적인 이상 가운데 하나는 농민을 착취하지 않는다는 전제하에서 사회화된 대규모의 생산을 실현하는 것이다. 중국의 실천은 맑스주의의 정통 농업관을 극복한 것이기도 하다.

맑스는 영국의 오늘이 다른 국가의 내일이라고 잘못 인식했기 때문에 산업프롤레타리아트가 장차 인구의 대다수를 점할 것이라고 단정했다. 그렇지만 카우츠키가 1899년 「농업문제」를 쓸 때 가장 힘들었던 것은 맑스의 그같은 예언이 유럽대륙에서는 실현되지 않고, 농민·수공업자·사무직 노동자 등 비산업프롤레타리아트가 인구의 절대다수를 점하고 있었다는 점이다. 맑스가 농민문제를 무시한 것(예를 들면 「고타강령비판」에서 '인민국가'라는 말을 반대한 것은 독일 '인민'은 여전히 '농민'이 다수를 점하고 있었기 때문이다)은 이후 독일 사회민주당이 전략전술을 잘못 채택하는 데 직접적으로 영향을 미쳤다.

19세기 말 독일 사회민주당은 어떻게 하면 독일 남부의 빈농과 중농의 지지를 획득할 것인가 하는 문제에 직면해 있었다. 1985년의 '프랑크푸르트 대표대회'는 사회민주당에 '농업위원회'를 설치하도록 결정했다. 베벨(Bebel)과 리프크네히트(Liebknecht) 등 유명한 지도자들이 이 위원회의 성원이다. 그렇지만 카우츠키는 "자본주의 생산양식은 필연적으로 소농을 말살하기 때문에 자본주의 생산양식 내에 존재하는 사회민주당의 농업강령은 오류일 뿐"이라고 확신했다. 카우츠키는 엥겔스가 자신의 관점을 지지한다고도 말했다. 엥겔스의 권위 때문에 농업위원회 내의 독일 남부 사회민주당 인사들과 베벨의 의견은 묵살되었다. 따라서 독일 사회민주당의 농업정책은 기본적으로 자본주의적 대농이 소농을 잡아먹기를 기다리는 것이었고, '부르주아국가'를 이용하여 소농을 돕는 것은 반대하는 것이었다.

밀과 '현대기업제도'의 계보학

지금 중국 경제개혁에서 '현대기업제도의 확립'이라는 말은 대단히 자주 사용되고 있다. 그렇지만 상당수의 사람들은 쁘띠부르주아 사회주의가 뜻밖에도 '현대기업제도' 계보학의 핵심에 서 있다는 사실을 주목하지 못하고 있다. 사실 쁘띠부르주아 사회주의자 밀(J. S. Mill)은 '현대기업제도'의 한 가지 중요한 특징, 즉 주주의 유한책임 문제를 제기했던 핵심 인물이다.

그는 동시대의 노동자들이 설립했던 '합작기업(合作社)' 발전에 대해 관심을 가지면서 유한책임 문제를 연구하기 시작했다. 그는 먼저 '동업자(partnership)기업' 가운데 이른바 '합자회사'(la société en commandite) 형식을 분석했다. 영국에서는 그같은 조직형식에 대한 지지자들이 많았는데, 그 가운데 기독교사회주의자가 가장 주목을 끌었다. 이같은 조직형식에서 적극적인 동업자는 책임과 직책을 연계해 무한책임을 져야 한다고 주장했다. 그러나 '상대방의 노력에 편승하여 이익을 보려는' 동업자는 자신은 기업경영에 대해 책임지지 않기 때문에 유한책임만 져야 한다고 주장했다. 밀은 그같은 동업자기업 형식을 지지했다. 왜냐하면 그 조직형식은 노동자가 협회를 조직하여 '자신들이 익숙한 상업활동에 종사할 수 있도록' 할 뿐만 아니라 동시에 '상대방의 노력에 편승하여 이익을 보려는' 부자들에게는 유한책임만을 지는 동업자로서 '부자가 가난한 사람에게 돈을 빌려줄 수 있는' 것도 가능하게 해주기 때문이었다. 밀은 다음과 같이 말하고 있다.

돈을 빌려서는 상업활동을 할 수 없다는 주장이 성립하지 않기 때문에 그 누구도 일관된 논리로 그같은 동업관계를 비난할 수 없다. 달리 말하면 상업과 공업이 지금처럼 발전한 단계에서 노동자의 동업제도를 부정하는 것은 시간이 충분하거나 혹은 운좋게 자산을 물려받은 사람들이 상업이윤을 독점해야 한다는 주장과 동일하며, 그같은 주장은 황당하기 그지없다.

1850년 밀은 영국국회에서 열린 '중산층계급과 노동자계급의 저축투자특별위원회'에서 유한책임회사에 대해 설명했다. 그는 그 자리에서 주주를 위해 일반적인 유한책임을 지는 회사제도를 건의했다. 왜냐하면 그 제도는 자본이 더욱 자유롭게 대출될 수 있도록 하고, 가난한 사람들의 사업을 지지해주며, 가난한 사람들은 그들의 저축을 생산자 혹은 소비자 합작사에 투자함으로써 이익을 얻되 무한책임을 지지 않기 때문에 가산을 탕진할 위험도 없기 때문이었다. 밀과 기타 쁘띠부르주아 사회주의자의 노력으로 영국국회는 '1855년 기업일반 유한책임법안'을 통과시켰다.

유한책임의 계보학을 당대의 경제학자들은 거의 잊고 있다. 경제사에서 잊혀진 한 장을 복구하는 의의는 '현대기업제도'가 필연적으로 자본주의적인 것은 아니라는 점을 강조하는 데 있다. 만약 주주가 '유한책임'만을 진다면, '개별업주'는 자신들이 감수해야 할 모든 위험을 감수하는 것이 아니기 때문에 그들은 결코 회사의 모든 이윤을 다 가질 수 없다.[8] 달리말하면 주주는 결코 위험을 감수하는 유일한 사람들이 아니라는 것이다. 회사에 근무하는 직공의 인적 자본도 마찬가지로 위험을 감수한다. 한편주주는 다른 회사가 유가증권을 소유하는 것을 인정함으로써 자신들의 권리가 다양화되도록 할 수 있지만, 개별노동자는 동시에 여러 회사에서 일을 할 수 없다. 따라서 직공의 인적 자본은 다양화될 수 없기 때문에 더 큰위험을 감수하게 된다고 말할 수 있다. 바로 이 점은 우리가 중국 농촌공업이 광범위하게 전개하고 있는 제도혁신, 즉 '주식합작제(股份合作制)'를이해하는 데 큰 도움을 준다.

----

8) 아담 스미스(Adam Smith)가 그의 유명한 『국부론』에서 주주 유한책임을 반대했던 이유 가운데 하나가 바로 이 때문이다.

3

마지막으로 나는 이 책의 번역자와 출판사의 노고에 충심으로 감사하다는 말을 전한다. 또 한국 독자의 비판을 진심으로 기대한다. 한국 드라마가 중국에 대단히 유행하고 있어 한국과 중국의 문화교류에 크게 공헌하고 있다. 나는 비록 허황되게 이 책이 한국의 드라마가 중국에서 유행하는 것처럼 널리 읽히길 기대하지는 않지만, 한국과 중국 지식계가 서로를 이해하고 협조하는 데 조그마한 보탬이 될 것으로 믿는다. 앞으로 양국 지식인이 서로를 이해하고 협조할 길은 활짝 열려 있다.

문 선　　　　文 選

文

選

러시아 경험에 비춰본 중국[1]

– 1 –
서구 자본주의는 유일한 모델인가

소련의 와해를 생각할 때 머릿속에 떠오르는 한 폭의 그림이 있다. 현대사회는 시장경제와 지령경제(指令經濟)[2] 같은 서로 다른 길을 따라 발전해왔다는 그림이다. 지령경제의 길을 걸었던 국가는 잘못된 길을 선택했기 때문에 경제 실패라는 고통스러운 결과를 맛보았다. 이들 국가는 지금 반드시 교차로로 되돌아가 새로운 길로 가야 한다. 비록 이렇게 전환하는 데 많은 비용이 들더라도, 이익을 얻는 사람들과 손해를 보는 사람들 사이에 갈등이 생기더라도 이들 국가가 걸어가야 할 방향은 명확하다.

많은 서구인들과 중국인들은 중국은 그런 필연적 전환이 가져올 최악의 결과를 완화시켰다고 믿고 있다. 중국은 사유재산권을 확대하고 개인이나 지방이 주도권을 행사할 수 있는 기회를 확대하면서 이미 오래전부

----

1) 이 글은 추이 즈위안과 하바드대 법학과 교수 웅거(R. M. Unger)가 공동으로 완성했다.
2) 국가가 농업·공업·수공업 등 국민경제의 인적·물적 자원을 집중 관리하며 계획에 따라 생산·분배·판매를 결정하는 고도로 집중화된 계획경제체제. '명령경제'라고도 한다 — 옮긴이.

터 경제를 분산시켜왔다. 중국은 이제 지방혼란과 사회갈등을 막는 데 필요한 정치안정을 유지하면서 시장경제를 계속 발전시켜나가야 한다. 그렇지만 이 관점엔 약간의 문제가 있다. 일반적으로 개발도상국, 특히 후공산주의사회는 모두 하나의 동일하고 명확한 목표를 향해 나아가고 있으며 문제는 사람들로 하여금 그런 방향으로 나아가는 데 드는 시간이 많고 적을 따름일 뿐이라고 착각하도록 만드는 것이다. 여기에서 쇼크 요법(shock therapy)에 대응하는 점진주의(gradualism)라는 말이 생겼다. 이 말에는 어떤 형식의 제도개혁일지라도 점진적으로 성과를 낼 것이라는 뜻이 내포되어 있다. 그렇지만 이 말은 국가의 정치생명 가운데 가장 중요한 한 가지인, 국가는 다양한 형태로 발전할 수 있다는 점을 과소평가하는 치명적인 약점을 안고 있다.

'제도 물신주의'(institutional fetishism)는 점진주의와 쇼크 요법 등의 말을 유행시켰지만, 그 의미는 아직도 명확하지 않다. '제도 물신주의'는 시장경제와 대의제 민주정치 같은 추상적인 제도개념을 부유한 공업국가들이 확립한 자연적이고 필연적인 형식으로 잘못 이해하였다. 그렇지만 시장경제와 대의제 민주정치는 다양한 형식을 취할 수 있다. 미국, 독일, 일본 등은 모두 자신만의 독특하고도 가변적인 제도를 확립하였다. 경제·정치사상 면의 다양한 형태의 결정론에서 해방되어야만 우리는 현존하는 여러 형식의 시장경제와 정치민주제도가 출현 가능한 여러 형식 가운데 작은 부분에 지나지 않는다는 사실을 알 수 있다. 이 점을 제대로 이해하지 못한 사람들은 권위주의 혹은 외부에서 강제되는 제도를 한 민족의 거역할 수 없는 운명으로 받아들인다.

엘리뜨 자신의 이익과 엘리뜨에 대한 사람들의 미신이 정치·경제민주 영역에서 대중들이 자신들의 이익을 추구하지 못하도록 방해하였고, 이 때문에 국가의 독립 추구도 영향을 받는다. 현재 러시아가 겪는 어려움과 기타 개발도상국의 경험은 이들 국가가 선진 민주국가의 정치·경제제도만을 모방해서는 부유하고 자유로운 국가를 건설할 수 없음을 보여준다. 이들 국가가 성공하기 위해서는 선진 민주국가들과는 다른 제도를 확립해야 한다. 현재 러시아와 기타 개발도상국이 처한 환경을 올바르게 이해하고 판단할 때 우리는 장차 새로운 제도와 체제를 확립하는 데 필요한 시사점을 얻을 수 있다.

<h2 style="text-align:center">– 2 –
러시아의 혼란은 무엇을 설명해주는가</h2>

먼저 러시아의 현재상황을 살펴보자. 러시아인들은 결코 성공할 수 없는 길을 선택했다. 러시아에는 국제통화기금(IMF), 세계은행(The World Bank), 서구 정부와 열강의 기술관료가 지지하는 신자유주의사상이 팽배해 있다. 이 사상은 엄격한 금융법규 집행, 서구식 사유재산권 확립, 외국자본 침투를 위한 국내경제의 전면적 개방 등의 정책을 제창하고 있다. 이런 계획을 실행하기 위해 신자유주의는 생산의 대폭적인 삭감에 따른 비용을 기꺼이 지불한다. 신자유주의자들은 상당수의 생산씨스템을 '가치를 저하시키는' 것으로 평가한다. 다시 말해서 그런 생산씨스템은 생산하는 것보다 소모하는 자원이 더 많다고 보는 것이다. 다른 한편 현존하는 생산씨스템 내의 기득권자들은 자신의 이익을 보호하기 위해 이같은 흐름에 저항한다. 러시아 인민들은 진정 대중을 위한 공업재건 프로그램과 민주화뒨 형태의 시장경제에서 배제되었다. 대안은 책이나 관료, 학자들의 계획에서 나오는 것이 아니다. 그것은 조직화된 사회와 능동적인 시민의 참여로 육성되어야 하고, 대중들의 정치적 행동수준을 제고(提高)하는 정치제도와 시민사회로 하여금 정부기구 밖에서 자신을 조직할 수 있도록 해주는 사회제도에 의해 발전되어야 한다. 이런 모든 것은 국가를 재건하는 데 필요불가결한 조건들이다. 그러나 러시아의 신자유주의자들과 서구의

지지자들은 그같은 조건들은 러시아에는 사치스러운 것이며 국가를 재건해야 하는 러시아가 감당할 수 있는 것이 아니라고 생각한다. 결국 신자유주의의 제안과 서구화 프로그램은 '자기실현적인'(self-fulfilling) 하나의 예언으로 바뀌고 말았다. 즉 혼란스러운 사회는 자기 자신을 재건할 수 없다.

- 3 -
제도혁신의 세 가지 시사점

러시아와 중국은 서로 다른 환경에 처해 있고, 각각 다른 전망을 하고 있다. 이들 국가는 지금 러시아에 재난을 가져다준 계획, 중국에서 흔히 시장경제로 나아가는 데 필요한 길이라고 인식하고 있는 개량적이고 점진주의적인 방식을 대체하면서 발전을 도모할 수 있는 방법을 어디에서 찾아야 할 것인가? 여기에 그 방법을 제시해줄 수 있는 세 가지 근거가 있다.

첫째, 서구 열강들이 이룩한 뚜렷한 경제적 성과이다. 미국이 경제적으로 성공할 수 있었던 뿌리는 공업이 발전하기 이전의 농업에 있었다. 성공한 다른 서구 국가들과 마찬가지로 미국의 농업도 19세기 중엽부터 미국정부와 개별농가 사이에 협력관계가 이루어지고 있었다. 정부는 토지를 제공했을 뿐만 아니라 시장가격을 조절해주었으며, 비료와 농기계를 배분하고, 매매까지 조직해주었다. 서구의 가장 선진적인 지역경제체제가 해결하고자 했던 문제는 어떻게 하면 정부와 개별생산자 간의 성공적인 협력관계 모델을 전체 경제영역으로 확대할 것인가 하는 점이었다.

둘째, 일본을 바짝 뒤쫓고 있는 '아시아의 네 마리 용'이다. 한국, 타이완, 싱가포르 등의 발전양식과 그다지 성공하지 못한 라틴아메리카 국가들의 발전은 서로 다르다. 아시아의 네 마리 용에 해당하는 국가들은 ① 평등한 개혁을 추진했다. 특히 토지개혁과 국민교육에 대규모 투자를 했다. ② 외국자본이 유입되는 것을 아주 신중하게 통제했고, 다국적기업을 국가발전계획의 통제하에 두었다. ③ 정부와 기업의 협력관계를 성공적으로 이끌었다. 하지만 이런 협력관계는 산업과 무역정책을 추진하는 중앙집권적인 국가부문이 종종 정경유착의 기구로 전락하는 문제점을 안고 있었다. 관료들의 독단적인 행동과 엘리뜨의 이익을 위해 대중의 이익을 희생시킨 결과 중대한 실책이 나타났다. 좀더 분권화되고 좀더 실험적이며 좀더 민주적인 모델로 그같은 협력관계를 재조정하는 것이 급선무이다. 예를 들어 국가의 지원을 받되, 재정적으로는 엄격한 통제를 받으며 사회적 책임을 부담하는 '공사(公私)혼합체'로 중앙집권적 관료기구를 대체하고, 이들 공사혼합체들이 국가의 각 지역과 경제영역에서 상호 경쟁하고 또 생산과 상업을 조직하는 데 더욱 활발하게 참여하는 씨스템을 생각해볼 수 있다. 노동자·지방정부·사회조직은 이같은 사회기금과 협조 네트워크를 공동으로 관리하고 감독해야 한다.

셋째, 공업 민주국가의 가장 성공적인 지역경제체제(예를 들어 이딸리아 북부, 까딸루냐, 덴마크, 서독 남부, 미국 중서부의 일부 지역)에서 나타나고 있는 협력형 경쟁체제이다. 중소형기업 혹은 대형기업의 탈중앙화된 부문들은 상호 경쟁하면서도 협력하고 있고, 재무·상업·과학기술 자원을 결합하고 있다. 경쟁과 협력의 결합, 집권과 분권화 정신, 대규모기업의 우수한 점을 한곳에 결합시킨 것이다. 좀더 넓은 의미로 말하면 이런 시도는 신속하게 학습할 수 있는 환경을 만들어주었고, 이런 환경은 이론과 실천 사이의 괴리를 점차 줄어들게 하였다.

지속적으로 경제를 성장시키는 집단능력 가운데 가장 중요한 것은 혁신과 협력 간에 긴장을 유지하는 것이고, 어려움이 산재한 가운데 성공을 유도하는 것이다. 조직적 실천과 기교 혹은 과학기술 면의 부단한 혁신은 사회적 감독하에서 이루어지는 모든 생산과 협력의 팀워크가 필요하다. 그렇지만 협력은 혁신역량을 훼손할 수도 있다. 특히 협력이 기득권이 유지되는 씨스템에서 이루어지게 될 때, 생산기회가 있는 부문은 협애한 이익에 빠져들 수도 있다. 경제를 성장시키는 데 근본적이고 영속적인 문제 가운데 하나는 혁신을 위한 협력비용을 최소화하면서도 최대 성과를 낼 수 있는 협력제도를 찾는 것이다. 협력하면서도 경쟁하는 일부 지역경제체제는 바로 이러한 요구에 부합하는 것이며, 성과도 많이 내고 있다.

그렇지만 이런 포스트포드주의(post-Fordism) 경제는 일반적으로 포드주의 이전의 조건, 즉 기술노동자들이 장기간에 걸쳐 육성했던 전통과 다양한 '사적' 조직과 지방정부를 결합시키는 응집된 공동체 생활네트워크에 기초하고 있다. 이딸리아 북부의 지역경제가 그 전형적인 예이다. 그렇지만 대다수 개발도상국과 공업화된 국가들은 그같은 조건들을 갖추지 못했다. 그렇다면 반드시 정치구상과 정치행동을 통해 포스트포드주의가 요구하는 포드주의 이전의 조건에 기능적으로 필적할 만한 내용들을 육성하고 발전시켜야 한다. 그런 조건은 교육에 대량으로 투자하는 것과 사회의 다양한 영역에서 독립적인 조직을 만들어낼 수 있도록 정치·경제제도를 재정비하는 것 등을 포함한다.

앞에서 제기한 세 가지 민주화 발전전략과 민주화된 시장경제가 출발하려면 사회기금과 은행 등 정부와 기업을 연결해주는 중개조직이 필요하다. 이런 중개조직은 자신과 교류하고자 하는 기업과 공동체, 나아가 이들 조직을 운영하도록 보장하는 정부에 대해 책임을 질 수 있고, 또 책임을 져야 한다. 이들 중개조직은 의사결정 면에서 상당히 독립적이어야 하고 상호 경쟁해야 하며 파산을 감수할 위험부담을 안고 있어야 한다. 결국 이런 체제를 확립하기 위해서는 전통적인 단일재산권을 분할하고, 권리가 있는 다양한 사람들에게 그 분할된 권리를 재분배하는 '새로운 재산권체제'를 발전시킬 필요가 있다. 그리고 민주정부·사회기금·지방정부·기업·노동자 모두는 그들이 창조한 생산자원과 소득을 관리하고 감독해야 한다.

중국의 개혁은 이미 다양한 형식의 소유제가 공존하는 길로 접어들었다. 서구의 전통적인 재산권이 포괄하는 각 권리들은 각각 다른 소유자들에게 분산적으로 배분되었다. 중화인민공화국의 국가 소유제는 전통적으로는 중앙정부 소유제와 지방정부 소유제로 나뉘어 있다. 1978년부터 전개된 점진적인 개혁으로 이익관련자의 범위는 확대되었다. 쟝 이웨이(蔣一偉)의 경제민주이론 구상은 이런 경험에 대한 실용주의적 성찰이 시작되었음을 알리는 대표적인 예이다.

− 4 −

제도혁신에서 중국이 유리한 점

이런 서로 다른 시사점의 근원을 종합해보는 것은 중국을 비롯한 일부 개발도상국들이 발전할 수 있는 길을 찾아보기 위해서이다. 중국은 비슷한 규모의 다른 국가들보다 더 가난하다. 그리고 국가의 민주화 문제에서도 풀어야 할 더 많은 어려움을 안고 있다. 그러나 중국은 공공부문과 사적 부문의 주도성, 사회적 소유와 사적 소유, 공업과 농업, 선진기술과 원시기술 등을 결합하는 것을 기반으로 해서 일련의 혁신을 추진할 수 있는 결정적으로 유리한 점들을 갖고 있다.

세계에서 가장 발전된 지역들이 경험을 통해 제시하는 발전방향은 경쟁기업들 역시 상호 협력하여 재무·상업·과학기술 자원을 집중하는 협력형 경쟁체제를 형성하고, 그런 경쟁체제를 정부와 기업의 협력관계, 공공부문 혹은 사회조직과 개인생산자의 협력관계 등과 연결시켜나가는 것이다. 개인생산자들의 협력과 경쟁 네트워크는 지방과 지역정부의 협력자로 발전해야 한다. 이런 협력기구는 '공사(公私) 혼합기금'과 은행, 과학기술 쎈터를 통해 운영되어야 한다. 그리고 이런 기구들은 어느정도는 독립적이어야 하고, 재정 면에서는 법률의 엄격한 통제를 받아야 하며, 상호 경쟁해야 한다. 이들 기구는 독립성을 갖는 동시에 그보다 위에 있는 민주정부에 대해, 그리고 그보다 밑에 있는 기업과 노동자에 대해 책임을 져야 한다. 중앙정부와 지방정부, 사회조직, 노동자가 이들 기구를 공동으로 소유해야 한다.

이같은 구조는 시장사회주의에 대한 구상과 경제영역의 민주적인 실험에 실질적인 의의를 부여해준다. 동시에 그것은 선진적인 과학기술자와 후진적인 과학기술자 간의 동맹에 제도적으로 가장 유리한 기초를 제공해준다. 선진적인 과학기술자는 후진적인 과학기술자가 자신의 과학기술이 흡수할 수 있는 정도에 맞추어 흡수할 수 있도록 후진적인 과학기술자의 수요에 맞추어 투입품과 기계를 생산한다. 만약 중국의 탈집중화된 제조업체들이 이같은 선진적인 과학기술자들의 협력을 받을 수 있다면 점차 자신의 체제를 성공적으로 전환시킬 수 있을 것이다. 선진적인 부분과 후진적인 부분이 상호 학습하는 것이다. 학습과 협력의 결합은 성공적이고 지속적인 경제성장을 이루는 데 필수불가결한 요소이고, 특히 대중적 민주와 국가통합을 조화시키는 성장방식에서는 더욱 그렇다.

이런 동맹을 발전시키는 기본조건은 경제에서 발전을 책임지고 있는 선진적인 경제영역과 그 영역을 후진적인 경제영역과 연결시켜주는 경제영역을 '단기주의'(short-termism, 단시간 내에 이익을 얻으려는 행위)의 질곡에서 해방시키는 것이다. 선진적인 경제영역과 후진적인 경제영역의 협력관계는 즉각적이지는 않지만 쌍방 모두에게 풍부한 경제적 성과를 주게 될 것이다. 바로 이 때문에 우리가 일찍이 제시한 바 있는, 장기정책을 계획하고 실시할 수 있는, 나아가 공동의 이익과 기회를 확인할 수 있는 제도적인 틀이 필요한 것이다.

그밖에 선진적인 경제영역과 후진적인 경제영역의 동맹은 민주화된 국가건설 전략에도 결정적으로 공헌하였다. ① 자본집약적인 선진적 경제영역이 노동집약적인 후진적 경제영역을 대신해 생산을 담당할 수도 있기 때문에 자본집약형 혹은 노동집약형 생산방식 하나만을 선택해야 한다는 이분법을 극복했다. ② 국가 내부에 이원적인 경제구조, 즉 한편에서는 자본과 과학기술, 정부의 지원을 획득하지만, 다른 한편에서는 산업예비군과 소비자의 시장으로 전락하고 마는 두 가지의 사회·경제씨스템의 출현을 방지해준다. 이런 이원적인 경제구조를 극복하지 못하면 브라질이나 멕시코처럼 국가는 기형적으로 발전하게 된다. 신자유주의자와 서구화 프로그램은 러시아를 그와같은 파괴적인 이원적 경제구조로 이끌어가고 있다. ③ 선진적인 경제영역과 후진적인 경제영역의 협력관계는 새로운 세계경제 속에서 배태되고 있는 중국과 그밖의 개발도상국들에 가해질 악운을 피하도록 해준다. 즉 이들 국가가 반숙련노동자가 경직되고 융통성 없는 기계와 생산과정을 조작하여 표준화된 상품을 대량생산하는, 이미 한물간 포드주의 방식의 수용소로 전락하는 것에서 벗어날 수 있도록 해준다. 낙후되고 이류로 전락해버린 포드주의는 끊임없이 임금을 억누르는 상황에서만 경쟁력이 있을 뿐이다. 포드주의는 국가경제를 세계에서 가장 임금수준이 낮은 국가와 선진적인 생산국 사이에 몰아넣어 진퇴양난에 처하게 한다. 가장 중요한 것은 경제발전의 핵심이라고 할 수 있는 집단적인 학습과 혁신과정을 더디게 만든다는 점이다. 러시아경제가 이원적인 경제구조로 변화하면서(혹은 일찍이 존재했던 이원적 성격이 또다른 형식으로 변화하면서) 러시아경제는 점차 포드주의의 예속적 지위의 수렁으로 빠져들고 있다. 현재 중국과 러시아는 모두 세계경제에서 이원적 경제와 포드주의의 역할을 담당하도록 요구받고 있는데, 중국이 이같은 운명을 피하기 위해서는 민주정치를 확립하는 것이 절대적으로 필요하다.

이같은 제안은 1958년 마오 쩌뚱(毛澤東)이 가장 먼저 제기했는데, 1978년 이후로는 농촌의 공업하청계약과 도시 내부의 선진적인 국유기업의 합작으로 발전한 중국의 '두 다리로 걷는〔兩條腿走路〕' 공업정책에서 그 출발점을 찾고 있다. 이런 독특한 합작동맹은 선진적인 경제부문과 후진적인 경제부문 간의 협력관계를 기초로 형성되었고, 대중이 받아들일 수 있는 민주적인 경제성장전략으로 변화하였다. 이는 중국에서 한편에서는 관대한 대우를 받고 다른 한편에서는 냉대를 받는, 경제·사회가 완전히 두 부분으로 분리된 라틴아메리카식의 이원적인 경제구조가 형성되지 않도록 해주었다. 그것은 또 일찍이 소련의 공업화과정과 제도에 치명적인 약점을 가져다준 바 있는 '협상가격차이'[3] 구조가 형성되지 않도록 해주었다.

'협상가격차이' 제도에서 중앙정부는 농산품가격을 억제했고, 농민이 공업에 투자할 수 있도록 하였으며, 농업이 공업을 보조하도록 강요했다. 이런 정책하에서 1927년부터 1928년까지 식량위기가 발생했고, 스딸린(I. V. Stalin)은 농민의 삶을 고려하지 않고 마침내 1938년 농민들이 투자하여 건설한 집체농장이 경영하던 농촌공업마저 금지시켰다. 스딸린은 농민이 농촌공업을 통해 협상가격차이를 극복할 수 있었다는 점을 정확하게 알고 있었다. 그렇지만 소련이 강력하게 배척했던 농촌공업은 중국의 발전전략에서는 관건을 쥔 요소가 되었다. 1958년 마오 쩌뚱은 "인민공사는 반드시 농촌공업을 경영해야 한다"고 강조했다. 1961년 대약진운동이 실패로 끝난 후 류 샤오치(劉少奇)는 농촌의 인민공사가 경영하던 농촌공업을 금지시켰지만, 마오 쩌뚱이 1970년 농업기계화를 제창한 뒤 수많은 농촌공업이 다시 나타났다. 최근에 나타난 농촌의 '주식합작제(股份合作制)' 기업은 과학연구기관과 향진기업(鄕鎭企業)[4] 간에 융통성 있는 협력방식이 출현하였음을 보여준다.

앞서 열거한 새로운 발전전략을 위한 각각의 시도들 —— 정부와 개별농장 간의 협력형식을 전체 경제영역으로 확대하는 것, 기업들 사이에 협력을 기초로 한 경쟁체제를 형성하는 것, 정부와 개인생산자 간에 아시아의 네 마리 용이 시행했던 것과 같은 협력관계를 이끌어내는 실험적인 분권

---

3) 농업생산물과 공업생산물 간의 가격차이가 가위 모양으로 확대되어간다는 데서 비롯한 말이다. 소련의 경우 공업화를 추진하면서 농산품가격을 억제하는 정책을 폈기 때문에 협상가격차이가 구조화되었다 — 옮긴이.

4) 중국의 농촌 행정단위인 향(鄕)과 진(鎭)에 설립되었던 농촌의 공업기업을 말한다 — 옮긴이.

화를 추진하는 것, 선진적인 경제영역과 후진적인 경제영역을 결합하는 것 ── 은 모두 현재 중국의 실천에서 발견되는 것들이다. 만약 중국이 일관된 발전전략으로 이런 점들을 추진한다면 중국은 세계경제 내에서 포드주의의 함정에서 벗어나 생산요소의 조건에 따라 경쟁력이 좌우되는 늪에 빠지지 않게 된다. 만약 중국이 서구의 보수적인 자유주의 경제학자들과 국제통화기금, 세계은행 등과 같은 다변적인 경제조직, 그리고 서구 열강들의 제안을 받아들인다면, 중국은 단지 현재의 장점과 단점에 안주하는, 즉 대량의 염가노동자들을 풍부한 천연자원과 결합시키는 꼴이 될 뿐이다. 결과적으로 대부분의 노동력은 전통적이고 저급한 기술의 포드주의적 대량생산 부분에 배치되어 수출과 국내소비를 담당하게 되고, 나머지 노동력은 국가의 수요에 맞게 식량을 생산하는 데 종사하게 될 것이다. 이렇게 되면 중국은 묵묵히 정통 경제학자들이 중국에 부여한 역할을 수행하는 셈이 된다. 즉 중국은 정작 선진국들이 애써 탈피하려는 저임금과 낙후된 기술에 기초를 둔 포드주의를 확립하는 역할을 담당하게 된다.

이처럼 시대에 뒤떨어진 포드주의는 선진적인 경제영역과 후진적인 경제영역의 호혜에 기초한 협력을 방해한다. 왜냐하면 대량생산공업은 농업과 아직 충분히 발달하지 못한 제조업을 발전시키는 데 필요한 투입품과 기계를 생산하기보다는 오히려 표준화된 소비품을 복제하는 데 가장 적합한 생산방식이기 때문이다. 이같은 경제발전모델은 일부 노동자에게만 취업의 기회를 제공할 뿐이고, 그밖의 노동자에게는 자금이 결핍된, 제2의 경제영역으로 갈 것을 강요한다. 이러한 상황에서 수출경쟁력은 임금의 압력을 받게 된다. 비록 대량생산공업에 종사하는 노동자는 다른 부문에 종사하는 노동자들보다 나은 대우를 받지만, 공장이 상대적으로 낙후되었기 때문에 임금과 소비 면에서 심각한 제한을 받게 된다. 여러 원인들 때문에 포드주의를 경제발전과정에서 뛰어넘을 수 없는 단계로 보고 전면적으로 받아들이게 되면 경직된 이원적인 경제구조가 형성된다. 그렇지만 현재까지 중국은 대부분의 개발도상국들이 피할 수 없었던 그같은 운명을 피해왔다. 그같은 나쁜 운명을 피할 수 있었던 것은 경제적인 프로그램이 아니라 정치적인 프로젝트 덕분이다.

– 5 –
정치민주와 경제민주는 반드시 병행되어야 한다

정치는 경제보다 더욱 중요하다. 앞서 제기한 전략이 성공하려면 경제 엘리뜨의 이익에 따라 정책이 좌지우지되지 않고 일관되게 정책을 계획하고 실행할 수 있는 '강력한 정부'가 필요하다. 아시아의 네 마리 용은 평등한(냉전시기의 적대적인 환경에서 실시된) 개혁과 공공교육에 대한 대량 투자 같은 유리한 조건 이외에 라틴아메리카 대부분의 국가들보다도 더욱 유리한 조건, 즉 강력한 정부가 있었다. 소련은 브레즈네프(L. I. Brezhnev) 시기부터 약한 정부가 되었고, 러시아는 '초(超)드골주의적' 헌법이 있긴 하지만 여전히 상황을 역전시키지는 못했다. 다른 한편 비록 신자유주의와 국제통화기금의 시대착오적인 개혁이긴 하지만 개혁을 추진하고자 했던 라틴아메리카 국가들은 더욱 강력한 정부에 의존해서야 개혁을 추진할 수 있었다. 예를 들어 칠레는 중간노선의 동의하에 군사독재에 의존했고, 아르헨띠나는 정치적 배반과 권한을 위임받은 강력한 기술관료에 의존했으며, 멕시코는 더이상 과거의 경제적 비호주의(經濟的 庇護主義, economic clienteleism)에 의존하지 않고 개명된 기술관료들의 쌩씨몽주의적인 독재와 부정선거에 의존했다.

아시아의 네 마리 용에 해당하는 국가들에서 성행했던 정치적 권위주의는 강력한 정부를 형성하는 지름길이다. 그렇지만 이 지름길로 가려면 위험하면서도 값비싼 댓가를 치러야 한다. 정치적 권위주의는 필연적으로 정부의 힘을 약화시키고 경제적인 성과를 엘리뜨와 거래하는 사람들의 이익물로 만드는 정치관료와 경제엘리뜨의 상호 유착을 낳는다. 민주에 대한 요구가 커지고 민주 열망에 대해 양보해야 할 때 반(半)민주적인 강한 정부는 약화되고, 근본적인 민주와 시민사회의 자주성을 갖는 조직들이 확대될 때 약화되었던 정부는 다시 강화된다.

경제적 다원주의와 정치적 다원주의는 서로 연관되어 있다. 그렇지만 우리는 이들이 서로 연관되어 있다고 해서 민주적인 정치제도와 습관적으로 '자본주의'라고 명명하는 서구식 주류제도 간에 필연적인 관계가 있다고 오해하도록 만드는 '제도 물신주의'를 인정해서는 안된다. 현재 중국에서 진행되는 개혁은 비정통적인 시장제도를 대량으로 만들어내고 있고, 중국의 최근 역사는 새로운 제도의 형태로 직접민주나 대의제민주를 결합하는 체제혁신적인 내용을 포괄하고 있다. 변경에 위치한 샨시(陝西)·깐쑤(甘肅)·닝샤(寧夏)지구는 중국공산당운동 초기인 1937년에 처음으로 경선을 거쳐 정부관료를 직접 선출했다. 이런 경험은 1988년 6월부터 중국의 27개 성(省)에 걸쳐 진행되었던 촌민(村民)들의 직접적인 지도자 선거로 계승, 발전되었다.

정부엘리뜨들은 당-정치적 다원주의를 독재적으로 억압하면서 이같은 '원시적인 민주경험'(proto-democratic experiences)의 범위와 창조성을 제한하였다. 권력을 이용하여 공직을 사적인 특권으로 전환시킴으로써 나날이 부패해가고 타락해가는 엘리뜨들은 전통적인 서구식 자본주의 방식을 더욱 선호하였다. 탐욕스러운 상인과 폭군의 연합은 동서양의 역사에서 공통으로 나타나는 현상이다. 사금고를 채우기에 급급한 관료들은 부정적으로 축재한 재산을 전통적인 재산권의 울타리 뒤에 숨기고 있다. 노동자와 사회조직, 지방정부의 이익을 인정하는 재산권 구조와 생산구조를 확립하는 것과 정치적 권위주의를 조화시키는 것은 대단히 어려운 일이다. 왜냐하면 그러한 구조는 시민사회의 자주적인 조직 형성을 촉진하고, 감독과 집행 간의 날카로운 대립을 감소시키는 방식으로 생산을 조직하기 때문이다.

더욱더 확대된 민주정치제도와 시장경제의 민주화 형식을 요구할 때 종종 상식적인 반대의견에 부딪히곤 한다. 즉 국민의 교육 정도가 아직 보편적으로 제고되지 않은 상황에서, 국가의 대부분 지역에서 민주정치제도를 실시하는 것은 혼란만 조성할 뿐이라는 것이다. 정치억압은 폭력난동을 대처하게 해주는, 하늘이 부여해준 처방으로 변화한다. 그러나 이같은 편견은 '제도 물신주의'와 유사한 미신에 의존한다. 민주정치와 시장경제의 제도적인 형태는 그 성격과 내용 면에서 아주 다양할 수 있다. 바꿔 말하면 '양자를 모두 택하든지 아니면 모두 포기하든지' 하는 형식으로 표현되기보다는 범위와 정도에서 모두 가변적으로 수정될 수 있는 것이다.

대중 정치동원과 명확한 제도는 보수적인 정치학이 말하는 것처럼 그렇게 간단하게 대립되는 것은 아니다. 오히려 참여를 촉구하고 갈등을 완화하는 문제에서 자신만의 독특한 수정방식을 갖되 모두 다른 형태를 띠는 것이다. 경제를 성장시키고 국민들을 통합하며 제도를 쇄신하기 위해서 국가는 반드시 근본적인 개혁을 자주 추진해야 한다. 개혁은 정상적이고 평화로운 생활의 일부분임을 반드시 인정해야 한다. 반복하여 구조개혁을 추진하는 정치는 필연적으로 제도화된 갈등에 대한 관용과 더욱 광범위한 대중의 참여를 허용하는 '고에너지 정치'이다. 기술관료적이고 권위주의적인 '저에너지 정치'는 반복적으로 근본적인 개혁을 추진하는 정치를 할 수 없다. 더구나 저에너지 정치는 경제가 지속적으로 발전할 수 있는 가장 좋은 환경을 제공할 수 없다. 경제가 발전함에 따라 '강제적인 잉여 추출'(coercive surplus extraction, 강제성을 띤 저축과 투자)은 경제성장을 제약하는 요소로 변하기 때문에 반복적으로 근본적인 개혁을 추진하는 것과 비교했을 때 그 중요성은 점차 약화된다(비교사학의 한 연구에 따르면 명·청시대의 중국은 산업혁명시대의 영국보다 더 높은 저축률을 기록했다고 한다. 고도성장을 하지 못한 이유는 소비를 잘 억제하지 못해서가 아니라 사회와 기술을 잘 혁신하지 못했기 때문이다). 현재 중국이 추진해야 할 일은 전민(全民)정치, 풀뿌리정치, 사상영역의 정치 등 각종 정치를 통해 "풀어주면 혼란스러워지고, 강하게 죄면 경직되어버린다(一放就亂, 一收就死)"는 거짓명제를 극복할 수 있는 제도를 만드는 것이다. 그 방향으로 나아가기 위해서는 민주를 심화해야 한다.

민주를 심화한다는 것은 사회의 정치적 동원 수준을 제고할 수 있도록 제도를 정비하는 것을 뜻한다(예를 들면 정치캠페인에 대해 공공재정을 지원한다거나 정당과 사회운동에 대해 대중적 의사소통의 수단을 이용할 더 많은 권리를 부여하는 것이다). 전국민의 투표와 조기선거를 통해 호소함으로써 정부 부문간의 경색된 부분을 신속하게 해결할 수 있도록 헌법을 정비한다거나, 시민들이 지역적·기능적으로 국가기구 밖에서 자주적으로 조직을 건설하고 주동적이고 집단적으로 참여하는 가운데 집단의 문제를 해결하는 사회제도를 확립할 수도 있다. 세계에서 통용되는 일반적인 관점은 정치적 권위주의는 쉽게 강력한 정부를 확립하지만 불안정하고, 상대적으로 민주화된 체제(정치적으로 능동적인 엘리뜨와 상대적으로 동원 정도가 뒤떨어지고 불균등하게 조직된 사회의 민주체제)는 정부의 힘을 약화시키며, 사회가 좀더 철저하게 민주화된 후에야 정부의 힘은 다른 심화된 형태로 강력하게 나타난다는 것이다.

이런 점들이 중국에 시사하는 바는 아주 명확하다. 만약 조만간 민주를 심화하지 않는다면, 중국은 엘리뜨주의적이고 엘리뜨간에 상호 유착하는 방식의 강한 정부나 정치적 권위주의에서 점차 탈피하되 엘리뜨의 이익과 거래를 허용하고 공직을 개인의 특권으로 변화시키는 것을 용인하는 약한 정부 가운데 하나를 선택할 수밖에 없게 된다. 중국은 이미 오래전부터 후자의 방식을 채택해왔다. 중국의 지도자들이 그 길을 선택한 논리는 인민들이 충분한 교육을 받지 못했다는 것과 그런 상황이 중국의 경제와 사회를 혁신하는 데 제한요소가 된다는 것이다. 모든 후퇴가 그렇듯이 중국 지도부의 이런 태도 역시 언제든지 수습할 수 없는 후퇴로 바뀔 수 있다. 혼란에 대한 이런 공포가 바로 또 권위주의에 집착하도록 만드는 평계가 되고 있다.

그렇지만 중국인민의 이익은 다른 방향을 지향하고 있다. 대담한 민주적 실험(하루 만에 하자는 것이 아니라 한걸음씩 전진하자는 것이다)을 전개해야만 우리가 앞에서 그렸던 전략과 제도에 배태된 광범위한 경제실험을 구체적으로 실현할 수 있다. 그리고 이런 실천적인 실험정신만이 중국으로 하여금 분열과 절망의 사회로 변해버린 오늘날의 러시아의 전철을 밟지 않게 할 수 있다.

– 6 –
중국은 여전히 선택의 여지가 있다

현재 중국의 미래에는 두 가지 선택이 있다. 비교적 평탄한 길은 농촌기업과 향진기업 같은 현재의 개혁산물을 순전히 전통적인 개인재산권, 자유방임적 불평등, 반민주화된 정부를 향한 필연적인 과도물로 간주하는 것이다. 이는 러시아가 걸어갔던, 그리고 지금 러시아인들이 그 심연에서 필사적으로 탈출하려는 노선을 점진주의적인 것으로 바꾼 것이다.

또다른 길은 자신의 특성과 창조물을 기초로 경제와 정치영역에서 민주화 혁신을 단행하여 서구 강대국보다 시장경제와 정치민주에 더욱 근본적인 실험적 형식을 부여하는 것이다. 민족을 해방시키고 인민에게 권력을 부여해주는 이 두번째 길은 이미 간단하게 설명한 바 있다. 중국사회와 중국정부의 대다수 사람들이 그 기회를 포착하기로 결심한다면, 그리고 희망은 행동의 원인이라기보다는 결과라는 점을 이해한다면 그 길은 개척될 것이다.

마오 쩌뚱 문화대혁명이론의 득과 실

– 1 –
문화대혁명 연구의 필요성

이 글에서는 마오 쩌뚱 문화대혁명이론의 득과 실에 대한 분석을 통해 중국 혹은 세계의 '현대성' 재건 문제를 분석, 토론하고자 한다. 그전에 먼저 이 문제를 연구해야 할 필요성에 대해 간략하게 서술해보겠다.

왕 샤오꽝(王紹光)이 『문화대혁명에 대한 연구시야를 확대해야 한다(拓展文革研究的視野)』에서 지적했듯이, 현재 정부당국은 '안정과 단결'이라는 명목으로 문화대혁명 연구에 제재를 가하고 있는데, 이러한 제재는 사실 우리 민족이 문화대혁명에서 뼈저린 교훈을 얻는 데 도움이 되지 못한다. 문화대혁명의 복잡한 사회적 원인에 대해 공개적이고도 자유로운 학술토론을 할 수 있을 때만이 진정으로 우리나라는 '안정과 단결'의 민주법제사회로 나아갈 수 있다.

사실 이미 여러 현상에서 감지되듯이, 21세기가 다가오면서 문화대혁명에 대한 우리의 인식은 점차 다양해지고 심화되고 있다. 정말 다행스러운 것은 많은 사람들이 자신이 문화대혁명 당시 겪었던 재난을 초월하여 냉정하게 문화대혁명이 중국현대사에서 차지하는 위치와 중국 미래에 갖는 의의를 인식하고 있다는 점이다. 아래의 몇가지 예는 문화대혁명에 대한 심도있는 연구가 절실히 필요함을 잘 보여주고 있다.

첫째, 저명한 소설가 마 지차이(馬驥才)는 전기문학 『1백명의 십년(一百個人的十年)』에서 서로 다른 계층·직업·가정의 중국인 1백명이 문화대혁명 기간에 겪은 일들을 생동감 있게 묘사했다. 책을 꼼꼼히 읽은 독자라면 비록 이들 1백명이 모두 똑같은 어려움을 겪었지만 어려움을 겪게 된 원인은 아주 다르다(심지어 상반되기도 한다)는 사실을 알아차렸을 것이다. 마 지차이가 묘사한 훠 성성(活生生)[1]의 이야기는 다음과 같은 왕 샤오꽝의 설명방식에 하나의 근거를 제공한다. "당시 보수파든 아니면 조반파(造反派)든 모두 중국공산당 중앙의 '두 파 모두 잘못이다'라는 설명방식을 받아들일 수 없다. 보수파는 처음부터 문화대혁명의 급진적인 작풍을 반대했는데 무슨 잘못이 있느냐고 한다. 조반파는 자신들이 충격을 가한 것은 관료주의와 문화대혁명 이전의 극좌정책(예를 들어 성분구분)이며 자신들에겐 잘못이 없다고 한다." 따라서 '10년 동란' '10년 악몽' 같은 애매모호한 설명방식은 광범위한 감정적 공감은 불러일으킬 수는 있어도 문화대혁명 동안 각기 다른 사람들이 '겪은 고통'의 상이함과 그 사회적 근원의 상이함을 해석하는 데는 도움을 주지 못한다. 문화대혁명에 대한 사회과학적 연구는 반드시 '상흔문학(傷痕文學)'의 시각을 뛰어넘어야 한다.

둘째, 유명한 사회학자 페이 샤오퉁(費孝通)은 다음과 같이 말한 바 있다. "10년 동란으로 전국이 재난을 당했지만, 쟝쑤성(江蘇省) 남부에 위치한 농촌마을 우쟝(吳江)은 재난중에도 어느정도 복받은 곳이라고 할 수 있다. 당시 그 지역에서는 인민공사(人民公司)[2]와 생산대대(生産大隊) 공업

----

1) 1백명 가운데 한 사람에게 작가가 부여한 이름으로 '살아남아 있'으라는 뜻이 담겨 있다 ― 옮긴이.
2) 인민공사는 20~30가구를 기초로 설립된 농업생산 합작사(合作社)가 규모의 경제를 실현

이 발전했다. 그래서 일부 사람들은 인민공사와 생산대대 공업을 두고 '난세에 영웅이 배출됐다'라고 한다. 이 말을 들었을 당시에는 다소 의외라고 느꼈지만, 그후 인민공사와 생산대대 공장의 발전사를 듣고서야 비로소 그 말의 의미를 이해할 수 있었다. 아마 오늘날까지도 도시민들에게 악몽을 꾸도록 만드는지도 모를 대도시 내의 총칼을 든 듯한 투쟁, 간부와 지식청년의 하방(下放),[3] 이 두 사건은 다른 각도에서 보면 농촌 소형공업이 발전하는 데 필수불가결한 조건이 되었다."[4] 문화대혁명 후기에 쑤난(蘇南)에 하방된 간부, 지식청년, 늙은 숙련노동자는 인민공사와 생산대대 공업에 필요한 기술과 시장정보를 가져다주었는데, 이 점은 중국 향진기업 발전사를 연구하는 중국이나 해외학자들이 모두 인정하는 사실이다. 이는 한편으로는 문화대혁명의 경제상황이 '완전히 붕괴되었다'는 묘사처럼 그렇게 간단하지만은 않았음을 말해준다.

셋째, 중국대륙에서 1994년에 절찬리에 판매된 『제3의 눈으로 본 중국(第三隻眼睛看中國)』은 마오 쩌뚱의 문화대혁명이론에 대한 새로운 평가를 많이 담고 있다. 이 책은 다음과 같이 쓰고 있다. "문화대혁명 이후 중국사회에서 일어났던 수많은 비극적 사건은 마오 쩌뚱의 공산당 내에 부르주아계급이 존재한다는 이론의 오류를 증명하는 것이다. 이 오류에 대

하지 못하고 있다는 이유로 그 규모가 점차 확대되어가다가 1958년 「농촌에 인민공사를 설립하는 문제에 대한 중공 중앙의 결의(中共中央關于在農村建立人民公社問題的決議)」를 거쳐 나타난 새로운 제도이다. 토지소유주체와 정치권력이 분리되었던 과거와 달리 인민공사제도가 확립된 이후에는 인민공사가 정치권력을 행사했고 토지소유주체가 되어 경제를 운영했다. 인민공사는 공사(公社), 생산대대(生産大隊), 생산대(生産隊)의 3급체계로 나뉜다. 한 개의 향(鄕)에 하나의 공사를 설립하는 것을 원칙으로 삼았으나(약 2천 가구를 포괄한다) 몇개의 향이 하나의 공사를 설립한 곳도 있었다. 생산대는 촌(村)을 기반으로 설립되었고 생산대대는 중간조직이다 ― 옮긴이.

3) 하방이란 '농민과 노동자에게서 배워야 한다'는 마오 쩌뚱의 요구에 따라 간부와 지식청년이 농촌과 공장으로 들어가 농민과 노동자와 함께 노동하고 상호 학습하는 것을 말한다 ― 옮긴이.

4) 費孝通 『行行重行行』, 寧夏人民出版社 1992, 24면.

해서는 변명할 여지가 없을 뿐만 아니라 그 모든 잘못을 4인방(四人幇)[5] 에게 돌릴 수도 없다. 그렇지만 그 이론은 몇단계로 나누어 풀어야 할 문제이다. 처음부터 잘못 푼 것인가, 아니면 마지막 단계에서 착오가 생긴 것인가? (…) 마오 쩌뚱의 생각과 우려를 근본적으로 부정한다거나 문화대혁명을 일종의 신경과민증 환자의 공포형 억측이라고 간주하는 것은 불합리하다. 1989년 톈안먼(天安門)사건이 발생한 원인 가운데 하나는 바로 사회, 특히 공산당 간부의 부패행위에 대한 대중들의 불만이 사회적 공감대를 형성했기 때문이다."[6] 『제3의 눈으로 본 중국』의 저자가 누구이든, 그 책이 중국에서 아주 많이 읽혔다는 사실은 중국사회에서 마오 쩌뚱의 문화대혁명이론의 득과 실을 다시 인식하려는 객관적 수요가 있음을 보여준다.

넷째, 중국대륙에서 1995년에 인기리에 판매된 『꾸 쥔 문집(顧准文集)』[7] 에는 문화대혁명 기간에 실천되었던 '대민주(大民主)'의 제도화 문제가 여러 차례 언급되어 있다. 이 책에는 "우리는 한때 두 파로 나뉘어 무장투쟁을 한 적이 있지 않던가? 지금도 이 두 파는 상대방을 인정하지 않으려고 한다. 이는 정말 사회불안정의 근원이다. 무장투쟁을 전개했던 이 두 파에게 민주적인 규칙에 복종하도록 해서 서로 경쟁하도록 한다면, 화근이 될 요소는 진보의 동력이 될 수 있다"(365면)고 씌어 있다. 꾸 쥔은 젊은 시절 옌안(延安)으로 들어갔고, 해방 후에는 상하이(上海)시의 초대 재무국장을 지냈다. 쑨 예팡(孫冶方)이 1950년대에 제기했던 사회주의 상품생산과 가치규율은 꾸 쥔의 영향을 받았던 것이다. 정치운동의 피해를 여

---

5) 4인방은 마오 쩌뚱이 1974년 7월 정치국회의에서 왕 훙원(王洪文), 장 춘챠오(張春橋), 장칭(江青), 야오 원위안(姚文元)이 국내정치에서 파벌활동을 전개한 것에 대해 비판하면서 사용한 용어이다 — 옮긴이.
6) 王山 『第三隻眼睛看中國』, 山西人民出版社 1994, 164면.
7) 顧准 『顧准文集』, 貴州人民出版社 1994.

러 차례 입는 가혹한 환경에서도 꾸 쥰은 꾸준하게 기본이론을 탐구하여 『그리스 도시국가제도(希臘城邦制度)』를 썼으며, 슘페터(J. A. Schumpeter)의 『자본주의·사회주의·민주주의』(*Capitalism, Socialism and Democracy*) 등을 번역하기도 했다. 그는 불행하게도 1974년에 별세했지만, 오늘날에야 마침내 중국의 광범위한 지식인들에게 중국공산당의 고급간부들 내의 독립적인 사색가이자 '사회주의 시장경제' 개혁이론의 선구자로 인식되고 존경받고 있다. 따라서 문화대혁명중의 '대민주' 제도화에 관한 꾸쥰의 문제제기는 현대 중국민주이론 발전사에서 대단히 상징적인 의의를 갖고 있다. 그는 비록 문화대혁명의 두 파에서 왜곡된 형식으로 성장한 맹아(萌芽)이긴 하지만 그 속에서 '사회주의 양당제'[8]의 새로운 싹을 보았다.

이상의 네 가지 예에서 보듯이 국내의 수많은 사람들은 중국의 미래에 대해 고민하면서 문화대혁명의 역정(歷程)을 다시 바라보고 평가하고 있다. 이 글은 마오 쩌뚱의 문화대혁명이론의 득과 실에 대한 연구를 통해 그같은 집단적 성찰의 대열에 들어가고자 한다. 필자가 논증하려는 것은 다음의 세 가지이다.

(1) 마오 쩌뚱의 문화대혁명이론의 '득(得)'은 여러 곳에서 교조화된 맑스-레닌주의를 극복하고 '대민주'의 방법을 실험적으로 운용하면서 현존 사회주의체제의 일련의 내재적 모순을 해결한 점이다. 문화대혁명이론의 '실(失)'은 맑스-레닌주의를 철저하게 탈피하지 못해 진정으로 '대민주'의 경제·정치·문화로 향하는 제도적 경로를 찾지 못한 점이다.

(2) 교조화된 맑스-레닌주의(반드시 맑스 자신인 것은 아니다)는 서구의 주류학계에서 말하는 '현대성'의 내재적 모순의 집중적인 표현이지 모

---

8) 顧准, 같은 책 370면.

순의 해결은 아니다. 비록 미약하긴 하지만 마오 쩌뚱은 교조화된 맑스-레닌주의를 극복하고 있는데, 그것은 서구의 주류학계에서 말하는 현대성을 다시 재구성한 것이다. 그렇지만 그의 방법은 교훈으로 삼기에는 부족한 점이 있다.

(3) 중국의 20세기 혁명건국과 '개혁·개방'의 풍부한 경험 및 교훈을 기초로 하고 서구의 주류학계에서 말하는 현대성에 대한 비판적 성찰을 거울삼아, 21세기의 중국은 자신의 제도와 문화혁신을 통해 "인류를 위해 상당히 큰 공헌을 할 수 있다."

− 2 −
문화대혁명이론 해석: '당내 주자파'와 '대민주'

마오 쩌뚱 사상을 연구하는 국내외학자들은 후기 마오 쩌뚱의 문화대혁명이론은 정통 맑스-레닌주의에서 상당히 벗어나 있다는 점에 공감한다. 마오 쩌뚱의 공업비서를 지낸 리 루이(李銳)는 "청년 마오 쩌뚱의 사상적 첫사랑이 마치 만년에 다시 모종의 '옛날을 그리워하는 마음'을 불붙게 한 것 같다"[9]고 지적하였다. 이는 청년 마오 쩌뚱의 비맑스주의적 사상과 후기 문화대혁명이론 사이에는 뿌리깊은 연관이 있다는 사실을 의미한다. 리 루이는 심지어 1937년 『모순론(矛盾論)』을 집필할 당시에도 "마오 쩌뚱은 맑스주의 경전의 문제제기 방식에서 어느정도 이탈되어 있었다"[10]라고 힘주어 강조하였다.

비록 마오 쩌뚱이 맑스-레닌주의의 정통에서 이탈했다는 사실은 논쟁의 여지가 없지만, 이에 대한 연구자들의 가치판단은 상당히 다르다. 이 글은 맑스-레닌주의에 대한 마오 쩌뚱의 이탈이 바로 그의 사상의 가장

----

9) 李銳 『毛澤東的早年與晚年』, 貴州人民出版社 1992, 1면.
10) 李銳, 같은 책 233면.

중요한 핵심이라고 본다. 그의 실책과 비극은 교조화된 맑스-레닌주의를 철저하게 이탈하지 못한 데서 비롯되었다. 이 문제는 대단히 복잡하기 때문에 몇개의 절로 나누어 살펴보겠다.

1. 문화대혁명이 발생한 원인은 권력투쟁을 위한 것만은 아니다

잘 알려져 있듯이 마오 쩌뚱의 문화대혁명이 공격하고자 했던 대상은 '당내에서 자본주의의 길을 걷고 있는 당권파(當權派)'였다. 공격의 방법은 '대민주'였다. '당내 주자파(走資派)'와 '대민주'는 마오 쩌뚱 문화대혁명이론의 두 가지 중요한 개념이라고 할 수 있다. 마오 쩌뚱은 1965년 프랑스 문화부장관 앙드레 말로(André Malraux)와의 대담에서 사회주의사회에서 "신계급을 형성하는 역량은 아주 강력하다"[11]고 분명하게 밝혔다. 그해 마오 쩌뚱은 '네 가지를 청산하자(四淸)'는 운동과 '사회주의 교육운동'에서 다시 "관료주의자와 중농·하농·빈농은 첨예하게 대립하는 계급이다. 관료주의자들은 이미 노동자계급의 피를 빨아먹는 부르주아계급으로 탈바꿈하였거나 탈바꿈하고 있다"[12]고 강조했다. 분명히 '당내 주자파' 혹은 '공산당 내에 부르주아계급이 존재한다'는 이론은 정통 맑스-레닌주의의 교조에서 상당히 이탈한 것이다. 왜냐하면 생산수단의 공유제는 이미 계급을 낳는 객관적인 물질적 기초를 소멸시켰기 때문이다. 그렇다면 마오 쩌뚱은 어떻게 '당내 주자파' 이론을 만들어냈을까?

한 관점은 마오 쩌뚱의 '당내 주자파' 이론은 권력투쟁의 구실에 지나지 않기 때문에 진지하게 생각할 필요가 없다고 주장한다. 그렇지만 이 관점은 다음 두 가지 난점을 해결할 수 없다. 첫째, 적지 않은 국내외 학자들이 제기하듯이, 정말 류 샤오치(劉少奇) 등을 타도하기 위한 것이었다면

---

11) Malraux, André, *Anti-Mémoires*, Holt, Rinehart and Washington 1968, 373면.

12) 王紹光 『理性與瘋狂』, 牛津大學出版社 1993, 19면에서 재인용.

당시 마오 쩌뚱의 개인적 권위로도 충분한데 굳이 야단법석을 떨면서 수억 명이 동원되는 문화대혁명을 일으킬 필요가 없었다는 지적이다. 둘째, 마오 쩌뚱이 "조반[13]은 합당하다(造反有理)"며 대중들이 자신이 만든 당과 국가기구를 파괴하는 것에 호응했을 때, 만약 그가 단지 권력투쟁의 대상만을 타도하려고 했다면, 그같은 호응이 자신의 권력기초에도 영향을 미치게 될 것이라는 점을 생각하지 못했을 리가 없다는 지적이다. 이 두 가지 난점을 고려하여, 나는 마오 쩌뚱의 문화대혁명이론을 단지 권력투쟁을 위한 구실로 볼 것이 아니라 좀더 진지한 것으로 받아들여야 한다고 본다. 마오 쩌뚱 자신도 밝힌 바 있듯이 문화대혁명은 1949년 신중국 건국과 더불어 그의 일생 양대 사건 중의 하나이다.

한발 후퇴해서 설사 마오 쩌뚱이 문화대혁명을 일으킨 주요동기가 상층부의 권력투쟁이었다고 할지라도, '대민주'에 호소했다는 사실만으로도 그의 '당내 주자파' 이론은 독립적으로 연구할 만한 가치가 있다고 할 수 있다. 왜냐하면 이 글이 해석하고자 하는 것, 중요하다고 보는 것은 마오 쩌뚱 스스로가 그 자신의 이론을 어떻게 이해하고 있는가 하는 점뿐만 아니라 각 파벌의 대중들이 어떻게 그의 '당내 주자파' 이론을 운용하고 있는가 하는 점 때문이다. 이는 마치 루이 보나빠르뜨(Louis Bonaparte)와 비스마르크(Bismarck)가 보통선거권을 지지한 이유가 처음에는 정적을 타도하기 위해서였지만, 보통선거권이 도입된 후 보통선거권은 자기동력에 따라 발전논리를 획득하게 되었고 그 결과 보나빠르뜨와 비스마르크의 애초 의도를 훨씬 넘어서게 된 것과 같다. 역사적 경험이 보여주듯이 통치계급 중의 누군가가 내부 모순을 해결하기 위해 대중에 호소하는 방법을 채

---

13) 학생·노동자·농민 등 각 계급계층의 조직 내에서 전개되었던 마오 쩌뚱을 옹호하는 대중운동을 말한다. 이 대중운동은 마오 쩌뚱한테서 자본주의 노선을 걷는다고 비판받았던 류 샤오치 등 중국공산당의 상층 지도자들뿐만 아니라 각 계급계층 조직 내의 하층 지도자들도 비판하고 숙청했다 ― 옮긴이.

택했을 때 다양한 발전·변혁·혁신의 기회가 나타나는 것이다. 따라서 마오 쩌둥이 문화대혁명을 일으킨 동기가 어떻든(앞서 지적했듯이 필자는 권력투쟁이 주요동기는 아니라고 본다), 그의 문화대혁명이론('당내 주자파'와 '대민주')에 대해서는 좀더 심도있게 연구할 필요가 있다.

2. 중국 맑스-레닌주의의 난제 — 삭족적리(削足適履)[14]

엄격하게 말해 '당내 부르주아계급' 혹은 '신계급'의 관점은 세계 사회주의운동의 범위 내에서 마오 쩌둥이 처음 제기한 것이 결코 아니다. 뜨로쯔끼(L. Trotskii)와 질라스(M. Djilas)는 현존 사회주의국가의 관료집단이 '신계급'을 형성했다고 지적했다. 그렇지만 마오 쩌둥이 특별하게 주목받는 이유는 집권당 당수의 신분으로 사회주의사회에서 어떻게 하면 신계급 출현을 방지하고 '대민주'를 실현할 수 있는지에 대해 용감하게 이론을 제기하고 그것을 실천에 옮겼기 때문이다.

마오 쩌둥의 '당내 주자파' 이론은 맑스-레닌주의의 정통을 명백하게 이탈했을 뿐만 아니라 중국공산당의 전통과도 모순된다. 1966년 10월 3일 『홍기(紅旗)』 사론(社論, 논설)에 "부르주아계급 반동노선을 철저하게 비판한다"는 글이 발표된 이후 겨우 언라이(周恩來) 총리는 이에 대해 상당히 의아해했다. 그는 왕 리(王力)에게 "이제까지 당내 노선문제는 좌·우경 기회주의만 존재했는데, 어떻게 '부르주아계급'이라는 말을 사용하고 또 '반동'이란 말을 사용했을까? 주석을 만나봐야겠어"[15]라고 말했다. 맑스-레닌주의 전통과 중국공산당의 전통에서 바라보았을 때 마오 쩌둥의 '당내 주자파' 이론은 '이단(異端)'이라고 볼 수 있다.

----

14) 신발 크기에 맞추어 발을 깎는다는 뜻으로, 불합리하게 억지로 끼워맞춘다는 의미이다 — 옮긴이.

15) 王力 『現場歷史: 文化大革命紀事』, 牛津大學出版社 1993, 67면.

마오 쩌뚱의 '이단'사상은 이미 오래전부터 존재했다. 마오 쩌뚱의 문화대혁명이론이 중국 현대 혁명사에서 갖는 의미를 위해 우리는 맑스-레닌주의를 중국혁명에 적용하면서 발생했던 난제들을 살펴보아야 한다. "10월혁명의 총소리가 중국에 맑스-레닌주의를 가져다준" 이후 중국의 맑스주의자는 곧바로 아주 손대기 힘든 문제에 직면하게 되었다. 즉 중국은 산업프롤레타리아트가 매우 취약한 농민 위주의 사회인데, 정통 맑스주의에서 사회주의사회는 산업노동자를 기반으로 수립된다는 점이다. 마오 쩌뚱을 대표로 일련의 지식인들은 실제에서 출발해서 '농촌으로 도시를 포위하는' 농민혁명전쟁의 길을 걷기로 결심했다. 마오 쩌뚱이 『후난 농민운동 고찰보고(湖南農民運動考察報告)』를 썼을 때 취 츄빠이(瞿秋白)는 곧바로 서문을 쓰면서 "모든 중국혁명가는 펑 파이(彭湃)의 『하이펑 농민운동(海豊農民運動)』과 마찬가지로 마오 쩌뚱의 이 책을 읽어야 한다. 중국혁명가는 3억 9천만 농민을 대표해서 사업을 전개하고 전선으로 나가 분투해야 한다"[16]고 호응했다. 량 쑤밍(梁漱溟)이 내린 결론처럼 "중국혁명의 동력은 지식인들이 농촌으로 내려가 농민과 결합하는 데서 나온다." 그렇지만 량 쑤밍은 연이어 "중국공산당은 분명히 수많은 지식인과 농민으로 구성되어 있는데 스스로 무산계급이라고 말하고 있다. 이는 사실과 다르다"라고 지적하고 있다. 의미심장한 것은 량 쑤밍이 이처럼 "내용과 형식이 다른(名不其實)" 것에 대해 다음과 같이 대답하고 있는 점이다. "중국공산당 설립 30주년이 되어 펑 전(彭眞) 시장의 논문을 읽고서야 한 지식인 혹은 농민이었던 그들이 어떻게 특수한 환경에서 무산계급화의 과정을 겪게 되었는지를 알게 되었고, 문득 그 해답을 얻었다."[17] 펑 전은 어떻게 말하고 있는가? 그 해석의 대표성과 생동성 그리고 다음 논점과의 연관성을 고려해 여기서 그 내용을 인용해도 좋을 듯하다.

----

16) 李澤厚 『馬克思主義在中國』, 三聯書店 1988, 36면에서 재인용.
17) 梁漱溟 「兩年來我有了哪些轉變」, 『梁漱溟全集』 第6卷, 山東人民出版社 1993, 869~70면.

"그들(공산당)은 일종의 전시공산주의의 공급제 생활 속으로 들어갔다. (…) 또한 엄격한 집체생활을 하면서 적어도 산업노동자들에 뒤지지 않는 조직성·규율성·각오를 갖게 되었다. 현재 이들 당원의 실질적인 사회적 성분은 더 이상 농민이 아니다. 이들은 혁명가 혹은 혁명군인이다. 그들에게는 소위 농민성분이란 역사적 성분에 불과하다(그들은 이미 오래전에 소규모의 땅과 생산이 자신들을 속박하고 제한했던 지난날을 떠났다)."[18]

이 글을 지금 다시 읽으니 '삭족적리'의 느낌을 지울 수 없다. 인용문은 산업노동자는 반드시 '조직성·규율성·각오'를 갖추고 있고, 전시공산주의가 농민 공산당원을 산업노동자의 '기능적 등가물'로 성장하게 했다고 하는데, 이는 마치 산업프롤레타리아트만이 중국혁명에 맑스-레닌주의의 정통성을 부여한다고 말하는 것과 같다.

리 쩌허우(李澤厚)가 지적하듯이 마오 쩌뚱의 사상은 중국 고대의 '실용이론'과 '병가(兵家)의 변증법' 영향을 상당히 받았다.[19] 마오 쩌뚱의 실사구시(實事求是)의 기본태도는 확실히 위의 인용문의 '삭족적리'의 방법과 조화되기 어렵다. 그렇지만 중국공산당은 역사적으로 코민테른의 한 지부였고, 마오 쩌뚱 자신의 인식 역시 발전과정을 밟았기 때문에, 마오 쩌뚱도 상당기간 '삭족적리'의 범주 내에서 이론적 발전을 도모하지 않을 수 없었다. 이 점과 관련하여 대표적인 예가 바로 그의 '신민주주의' 이론이다. 마오 쩌뚱은 그후 '신민주주의사회' 이론을 방치했는데, 이는 그가 '당내 주자파'와 '대민주' 이론을 발전시킨 계기가 되었다. 따라서 마오 쩌뚱의 '신민주주의' 이론의 형성과 완결을 다시 살펴보는 것은 그의 문화대혁명이론을 이해하는 데 필수불가결한 요소이다.

---

18) 梁漱溟, 같은 책 870면.
19) 李澤厚, 같은 책 49면.

3. 모방에서 혁신으로 — '신민주주의론'의 발전과 쇠퇴

1938년부터 1952년까지의 마오 쩌뚱의 건국이론은 '신민주주의론'이다. 1940년 1월에 주간지 『해방(解放)』(이후 정부가 운영하는 출판사에서 나온 『마오 쩌뚱 선집(毛澤東選集)』이 아니다)에 발표된 마오 쩌뚱의 「신민주주의론(新民主主義論)」 원문에 대한 세밀한 고증을 기초로 왕 쟌양(王占陽)은 '신민주주의론'의 핵심은 "자본주의를 거쳐야만 비로소 사회주의에 진입할 수 있다"는 것이라고 지적하였다.[20] 마오 쩌뚱은 1939년 4월에 발표한 『5·4운동(五四運動)』에서 "공산주의자는 왜 먼저 부르주아 민주주의 사회제도의 실현을 위해 투쟁하고, 그 다음에 사회주의 사회제도의 실현을 위해 투쟁하는가라는 질문을 받는다면 그 대답은 역사적 필연의 길을 걷기 때문이다"[21]라고 분명히 밝히고 있다. 비록 마오 쩌뚱은 「신민주주의론」에서 '민족적·과학적·대중적 문화' 등과 같은 표현에서 보듯이 이미 맑스-레닌주의의 정통에 대해 적지 않은 변통과 혁신을 가하고 있지만, 실은 상당기간 정통 맑스-레닌주의의 '역사발전의 필연적 단계'를 중국에 적용하려 했다.

그렇지만 신중국 건국 이후, 특히 1952년 마오 쩌뚱이 "과도시기의 총노선"[22]을 제기한 이후, 마오 쩌뚱은 점차 '신민주주의론'과 그 이론적 기초인 정통 맑스-레닌주의의 역사발전의 필연적 단계론을 폐기해갔다. 1953년 6월 15일 마오 쩌뚱은 중앙정치국회의에서 "'신민주주의 사회질서를 확립하자', 도대체 어떻게 확립할 것인가? 매일 변화하고 있고, 사회주

---

20) 王占陽 『毛澤東的建國方略與當代中國的改革開放』, 吉林人民出版社 1993, 143면.
21) 王占陽, 같은 책 143면.
22) "과도시기의 총노선"이란 마오 쩌뚱이 1952년 9월 24일 중앙서기처회의에서 처음 제기한 것으로 중국사회가 사회주의사회로 변화하기 위해서는 10~15년의 기간이 필요하다는 내용이다. 이 "과도시기의 총노선"은 그후 몇차례의 토의와 검토과정을 거쳐 1954년 2월 10일 제7차 중국공산당대회 제4차 중앙위원 전체회의에서 정식으로 확정되었다.

의적 요소가 나타나고 있습니다. 확립하자고 하지만, 정말 어려운 문제요!" [23)라고 말했다. 마오 쩌뚱 자신이 제기한 신민주주의론을 스스로 폐기한 것은 정통 맑스-레닌주의를 초월한 마오 쩌뚱의 중대한 발걸음 중 하나이다. 중국공산당 제7차 당대회가 '마오 쩌뚱 사상'을 '중국인민의 올바른 혁명 건국이론', 즉 '신민주주의론'이라고 명시한 것에 대해 마오 쩌뚱은 심지어 '마오 쩌뚱 사상'이라는 명명 자체를 거부했다. 이것이 바로 1956년 중국공산당 제8차 당대회가 '마오 쩌뚱 사상'을 당의 지도사상에서 삭제한 진정한 이유이다. [24)

　'신민주주의론'의 폐기와 관련하여 마오 쩌뚱이 정통 맑스-레닌주의에서 벗어나게 되는 더욱 중요한 발걸음은 "낙후된 농·공업, 낮은 문화·과학 수준은 가장 새롭고 가장 아름다운 그림을 그릴 수 있는 상황(一窮二白, 好畵最新最美的圖畵)"이라는 관점을 제기한 것인데, 이는 마오 쩌뚱의 '생산력과 생산관계'에 대한 새로운 견해와 연관되어 있다. 시카고대학의 쩌우 땅(鄒讜) 교수는 이 문제에 대해 심도있게 연구했다. 그는 "생산관계는 일정한 조건하에서 결정적인 작용을 한다"는 마오 쩌뚱의 관점이 "최종심급에서는 생산력이 결정적인 작용을 한다"는 엥겔스(F. Engels)의 관점과 다르다는 점에 주의를 기울였다. 엥겔스는 '인과'적 의미에서 "생산력이 생산관계를 결정한다"고 보았고, 마오 쩌뚱은 일반적인 의미로 그 말을 사용했다. [25) "낙후된 농·공업, 낮은 문화·과학 수준"이 "가장 새롭고 가장 아름다운 그림을 그릴 수 있는 상황"이라는 관점은 마오 쩌뚱이 "생산력이 생산관계를 결정한다"는 정통 맑스-레닌주의의 관점을 초월하고 있음을 아주 적나라하게 보여준다. 이런 초월이야말로 그가 '역사발전의

23) 薄一波『若干重大決策與事件的回顧』(上卷), 中共中央黨校出版社 1991, 65면.
24) 이것은 왕 쟌양이 많은 자료를 기초로 결론을 내린 것이다(王占陽, 같은 책 637면). 후 챠오무(胡喬木)의『마오 쩌뚱 회고(回憶毛澤東)』(人民出版社 1994, 11면)에는 '마오 쩌뚱 사상'을 제기하지 않은 것은 소련이 반대했기 때문이라고 기술하고 있다.
25) 鄒讜『二十世紀中國政治』, 牛津大學出版社 1994, 74면.

필연적 단계'에 대한 구속에서 탈피하여 중국의 앞날을 설계할 수 있도록 해주었다. 만약 엥겔스가 언급한 아래의 내용을 대조한다면 "낙후된 농·공업, 낮은 문화·과학 수준은 가장 새롭고 가장 아름다운 그림을 그릴 수 있는 상황"이라는 마오 쩌뚱의 생각이 정통 맑스-레닌주의를 초월하고 있다는 점은 더욱 확연해질 것이다. 엥겔스는 "부르주아계급은 마치 프롤레타리아트가 그렇듯이 역시 사회혁명을 위한 하나의 필요한 선결조건이다. 누군가가 비록 프롤레타리아트가 존재하지 않고, 부르주아계급이 존재하지 않는 국가이지만 그같은 혁명을 더욱 쉽게 할 수 있다고 뜻밖에 주장한다면 그것을 증명해야 할 뿐만 아니라 사회주의 초보지식을 다시 학습할 필요가 있다"[26]라고 말했다. 그러나 마오 쩌뚱의 문제는 "사회주의 초보지식을 다시 학습해야" 하는 것이 아니다. 왜냐하면 그가 일찍이 '신민주주의론'을 제기했을 때 바로 그 '초보지식'을 중국에 적용했기 때문이다. '낙후된 농·공업, 낮은 문화·과학 수준'에 대한 마오 쩌뚱의 찬양은 그가 정통 맑스-레닌주의의 '역사발전의 필연적 단계'론을 폐기한 신사고의 결과이다.

이런 신사고를 기초로 마오 쩌뚱은 가장 이단적 색채가 농후한 문화대혁명이론을 제기했다. 그는 생산수단의 공유화 자체는 '당내 주자파'가 신관료계급을 형성하는 사회주의사회의 내재적 모순을 결코 해결할 수 없고, '대민주'의 방법만이 중국으로 하여금 사회주의의 길을 걷게 할 수 있다고 보았다.

이상의 토론을 기초로 우리는 마오 쩌뚱 문화대혁명이론의 '득'은 정통 맑스-레닌주의의 초월에 있다고 말할 수 있고, '대민주'와 결합되지 않은 '생산수단 공유제'는 노동대중이 주인이 되는 사회주의의 방향을 결코 보증할 수 없다고 단언할 수 있다. 그렇지만 마오 쩌뚱의 문화대혁명이론 역

---

26) 中共中央馬克思恩格斯列寧斯大林著作編譯局 編 『馬克思恩格斯選集』第2卷, 人民出版社, 616~17면.

시 상당한 실책이 있었는데, 그 핵심은 마오 쩌뚱 자신이 맑스-레닌주의 교조에 대한 속박에서 충분히 탈피하지 못해 '대민주'에 적합한 새로운 제도를 건설할 '담론구조'를 형성하지 못한 것이다. '당내 주자파'나 "공산당 내에 부르주아계급이 존재한다"는 그의 화법은 맑스-레닌주의 교조의 '낡은 담론구조'에서 충분히 벗어나지 못했기 때문에 실제 이를 적용할 때에는 마오 쩌뚱 자신의 애초 의도와는 다른 효과가 자주 나타났다.

리 쩌허우(李澤厚)가 지적하듯이 "'문화대혁명'을 간단하게 소수 야심가의 음모나 상층 최고지도부의 권력투쟁으로 돌리는 것은 천박하고 실제와 부합되지 않는다. 물론 그같은 내용과 요소가 있다. 그렇지만 당시 다수의 대중, 특히 청년학생들이 뭔가에 홀리듯이 그 혁명에 빠져들어갔다는 역사적 사실은 그러한 문제의식으로는 설명될 수 없다."[27] 문화대혁명은 사실 유산된 '대민주'의 실험이었다. 왜 이 실험이 비극적으로 종결되었는가? 이 문제와 관련하여 우리는 마오 쩌뚱 문화대혁명이론의 '실'의 측면을 토론하지 않을 수 없다.

4. 혁신의 장애 ─ 낡은 담론구조

본래 마오 쩌뚱 문화대혁명의 대상은 '당내 주자파'였다. 그렇지만 '당내 주자파'나 '당내 부르주아계급' 같은 말들은 정통 맑스-레닌주의의 '담론구조'에서는 합법적인 지위가 없다. 그래서 '당내 주자파'는 종종 사회의 부르주아지, 쁘띠부르주아지의 '당내 대변인'이 되지 않을 수 없었다. 이처럼 문화대혁명의 진정한 대상인 당내 관료집단에 대한 투쟁은 종종 '지주·부호·반동·악질·우파'와 지식분자에 대한 공격으로 대체됨으로써 투쟁방향이 바뀌게 되었다. 왕 샤오꽝(王紹光)의 연구에 따르면, 문

---

27) 李澤厚, 같은 책 85면.

화대혁명이 시작된 후 50일 동안 각급 지도자들은 문화대혁명을 '제2차 반우파투쟁'으로 여기고 운동을 전개했다고 한다. 후뻬이성(湖北省) 성장 (省長) 쟝 띠쉬에(張體學)의 발언은 후뻬이성 당위원회의 비밀을 드러내주고 있다. "삼가촌(三家村)[28] 하나를 골라내고, 다시 몇사람을 골라냈더니 일을 주동적으로 할 수 있게 되었고, 성위원회는 별 문제가 없게 되었다."[29] 이 말에서 알 수 있듯이 '낡은 담론구조'가 문화대혁명을 잘못 이끌고 있었다.

미국 학자 리처드 크라우스(Richard C. Kraus)는 문화대혁명중의 '자산 계급(資産階級)'이란 단어는 세 가지 뜻으로 통용되었다고 지적했다. ① 해방 전의 부르주아계급의 잔여세력 ② 사람의 정치적 태도·행위 혹은 '계급적 입장' ③ 가장 손대기 힘든 당내 관료집단.[30] 세번째 의미의 '자산계급'이 바로 마오 쩌뚱 문화대혁명의 진정한 대상이었다. 그렇지만 마오 쩌뚱은 정통 맑스-레닌주의의 '담론구조'와 철저하게 결별하지 못했고, 각 파벌들은 자신의 이익을 바탕으로 '자산계급'이라는 말이 갖고 있는 함의를 조작하면서 자신들의 필요공간을 만들었다. 결국 각 파벌들의 투쟁 결과는 그가 문화대혁명을 일으킨 본래의 의의에 완전히 위배되었다.

마오 쩌뚱이 정통 맑스-레닌주의를 철저하게 초월하지 못했다는 또다른 징표는 그의 문화대혁명이론이 과도하게 '자산계급법권(資産階級法

---

28) '삼가촌'은 문화대혁명 발발 당시 반사회주의자라고 박해받았던 떵 튀(鄧拓, 뻬이징시 당위원회 서기), 우 한(吳晗, 뻬이징시 부시장), 랴오 모샤(廖沫沙, 뻬이징시 당위원회 통전부장) 세 사람을 일컫는 말이다. 이들은 1961년 뻬이징시 당위원회의 이론잡지인 『전선(戰線)』의 '삼가촌 찰기(三家村札記)'라는 칼럼란에 번갈아 글을 기고했는데, 문화대혁명이 발발한 직후 반사회주의적인 내용을 썼다는 이유로 비판받았다. 쟝 띠쉬에의 말은 후뻬이성에서도 뻬이징시처럼 몇몇 사람을 골라 본보기로 비판하면서 문화대혁명을 전개했음을 보여준다 ― 옮긴이.

29) 王紹光, 같은 책 38면.

30) Kraus, Richard C., *Class Conflict in Chinese Socialism*, Columbia University Press 1981, 89~142면.

權)' 개념에 의존해서 그것을 '당내 자산계급'의 사회적 기초로 삼고 있다는 점이다. 우리는 맑스(K. Marx)가 『고타강령비판』(*Critique of Gotha Program*)에서도 여전히 '노동에 따른 분배(按勞分配)'를 일종의 '부르주아계급의 권리'로 여기고 있다는 점을 알고 있다. 쟝 춘챠오(張春橋)가 1958년에 '자산계급법권' 이론으로 당시의 '공급제' 폐지 이후의 신임금제도를 비판할 당시, 마오 쩌뚱은 1958년 10월 13일자 『런민일보(人民日報)』에 게재된 쟝 춘챠오의 글을 위해 편집자 비평을 썼다.[31] 그렇지만 단순히 '자산계급법권'의 시각에서 '당내 주자파'를 바라보는 것은 좁은 관점이다. 그같은 관점은 소득분배상의 불평등문제에 주목하고 있을 뿐, 좀 더 근본적인 문제, 즉 생산과정과 생산수단에 대한 '당내 자산계급' 혹은 관료집단의 통제문제를 바라보지 못하고 있다. 더욱더 중요한 것은 분배에만 착안한 '자산계급법권' 이론은 '뒤를 되돌아보는' 이론이어서 문화대혁명이 경제제도 안배에서 내포하고 있었던 건설적인 혁신성을 방해했고, 그 결과 "파괴는 있었지만, 그 가운데 건설은 없었다(破字當頭, 立却不在其中)"[32]는 점이다.

종합하면, 마오 쩌뚱의 '당내 주자파' 이론은 정통 맑스–레닌주의의 '담론구조'에서 철저하게 벗어나지 못했고, 여기에다 '자산계급법권'론이 긍정적인 경제제도 혁신을 방해한 것이 '문화대혁명'이 결국 비극으로 끝난 원인이라 할 수 있다. 그렇지만 이는 마오 쩌뚱의 문화대혁명이론 중에 정통 맑스–레닌주의에 대한 초월적 요소가 없다거나 '대민주'적 요소(광범위한 노동대중의 경제민주와 정치민주)가 없다는 것은 아니다. '대민주'는 마오 쩌뚱의 미완의 사업이자 그의 정치적 유산 중 우리가 가장 주목해야 할 부분이다. 마오 쩌뚱의 문화대혁명이론을 변증법적으로 지양하는

---

31) 鄒讜, 같은 책 85면.
32) 물론 문화대혁명중에도 1970년의 재정분권화와 향진기업 발전 등 적지 않은 긍정적인 제도 건설의 맹아가 있었다. 그렇지만 전체적으로 보아 '파괴'가 '건설'보다 많았다.

것은 21세기 중국의 민주적 정치체제를 건설하기 위한 필요조건이다. 이를 위해 우리는 정통 맑스-레닌주의가 서구의 주류학계에서 말하는 현대성 가운데 차지하는 위치에 대해 좀더 심도있게 이해할 필요가 있다. 마오쩌뚱과 정통 맑스-레닌주의의 관계는 실질적으로는 중국의 실천과 서구의 주류학계에서 말하는 현대성의 관계이다. 이런 관계에 대해 좀더 깊이 있게 인식해야만 우리는 비로소 새로운 '담론'을 창출할 수 있고, 이를 바탕으로 중국의 현재와 미래를 조각하고 희망을 가질 수 있다.

- 3 -
서구 현대성의 모순: 규율과 해방

필자가 보기에 서구 주류학계에서 말하는 현대성은 심각한 내재적 모순을 안고 있다. 서구의 주류학계가 말하는 현대성은 한편으로는 인간해방을 추구하면서도 다른 한편으로는 인간은 반드시 '규율'과 '이성'을 기초로 해서 해방되어야 한다고 요구한다. 정통 맑스-레닌주의는 서구 현대성의 모순의 집중적인 체현이지 그 모순의 해결은 아니다.

'규율'과 '해방'이라는 모순의 기원은 17세기의 데까르뜨(R. Descartes) 등 일부 사상가의 계몽정신에 대한 잘못된 해석으로까지 거슬러 올라갈 수 있다. 과거 서구의 주류학계는 데까르뜨와 갈릴레이(G. Galilei)로 대표되는 17세기의 과학·이성이 '현대'세계를 탄생시킨 정신적 지표라고 보았다. 그렇지만 최근 10여년간 서구 학계의 연구성과가 축적됨에 따라 학계는 그같은 전통적인 관점에 대해 강력하게 도전장을 내밀고 있다. 새로운 연구성과 가운데 여기서 특별히 제시할 만한 것은 두 권의 저서이다. 이 책들은 아주 간결하면서도 선명하게 서구의 현대성문제를 간파하고 있다.

첫번째 저서는 미국의 유명한 철학자 툴민(S. Toulmin)이 쓴 『국제도시: 은폐되어 있는 현대성 강령』(*Cosmopolis: The Hidden Agenda of Modernity*)

이다. 그는 아주 간단하면서도 종종 무시되는 사실에서 출발하여 다음과 같은 문제를 제기하고 있다. 왜 16세기의 콜럼버스(C. Columbus)는 17세기의 갈릴레이가 받았던 교회의 박해를 받지 않았는가? 이 물음은 '과학·이성'의 17세기가 사람들이 본래 상상했던 것처럼 '백화제방, 백가쟁명(百花齊放, 百家爭鳴)'의 시대가 아니었음을 생생하게 보여준다. 그와는 달리 17세기는 '반(反)문예부흥'의 시대였다. 15, 16세기 문예부흥기의 인도주의와 이성적(reasonable) 관용정신은 절대적 확신을 추구하는 것으로 대체되었고, 이에 따라 '이성'(rationality)과 '규율'은 '절대적 확신'으로 잘못 이해되었고 혼동되었다.

왜 17세기의 유럽 지식계는 절대적 확신을 추구하는 것을 사회적 기풍으로 삼았는가? 이 문제에 대답하기 위해서는 1610년 5월 14일 전유럽을 떠들썩하게 만들었던 사건[33]을 언급하지 않을 수 없다. 앙리 4세와 그의 친구 몽떼뉴(M. de Montaigne)의 종교적 관용정책은 효과를 거두지 못했다. 그후부터 30년간 유럽 전역에는 종교전쟁이 끊이지 않았다. 데까르뜨는 앙리 4세가 창립한 학교의 학생으로서 앙리 4세를 추도하는 의식에 참여했을 뿐만 아니라 몸소 종교전쟁에도 참여했다.[34] 그가 꾸준하게 추구했던 것은 바로 각 교파의 분쟁을 종식시킬 수 있는 기하학 같은 확실한 이론체계를 확립하는 것이었다. 이로부터 우리는 문예부흥기의 인도주의 가운데 레오나르도 다빈치 같은 과학의 거장이 존재했듯이, 계몽정신이 과학과 이성을 추구한 것이 결코 '절대적 확신'을 위한 과학적·이성적 기준을 이끌어내기 위한 것이 아니라는 사실을 알 수 있다. 과학·이성과 절대적 확신을 동일하게 만든 것은 17세기의 종교정치가 계몽정신을 잘못 이끈 데서

---

33) 자신 스스로가 개종을 거듭하면서 신·구교의 화해와 양립을 추구했던 프랑스의 왕 앙리 4세가 피살된 사건을 말한다 ─ 옮긴이.

34) Toulmin, Stephen, *Cosmopolis: The Hidden Agenda of Modernity*, University of Chicago Press 1990, 56면.

비롯되었다. '규율'로서 '인간의 해방'을 위한 수단들을 속박하기 시작한 것이다.

두번째 저서는 『현대의 합법성』(The Legitimacy of the Modern Age)인데, 저자는 당대 독일의 유명한 철학자 블루멘베르크(H. Blumenberg)[35]이다. 그는 기독교는 창세론과 말세론을 통해 고대 그리스인들이 깨닫지 못했던 문제, 즉 세계역사는 하나의 전체적 의의와 모형을 갖고 있다는 점을 제기했다고 한다. 중세가 끝난 후 '현대'사상가들은 '전체적 의의를 갖는 세계역사'에 대한 기독교적 답안을 버렸음에도 불구하고, '현대'사상 역시 기독교가 관심을 가졌던 문제에 대해 대답할 능력이 있음을 보여주기 위해서라도 기독교가 제기하는 문제에 대답하지 않으면 안되었다. 그런데 '현대'사상은 '규율'과 '이성'으로써 재점령된(reoccupy) 기독교의 창세와 말세라는 개념체계의 잘못된 길로 접어들고 말았다.[36] 본래 '이성'의 한계를 인식했다면, 굳이 '보편적 진리'라고 내세울 필요가 없었으며, 한계가 있는 이성으로도 '인간해방'을 촉진할 수 있었다. 그렇지만 기독교에 대항하기 위해, 또 기독교의 모든 문제에 대답할 수 있다는 점을 과시하기 위해, 현대사상은 '이성' '보편적 진리' '규율'의 작용을 과대포장했고, 이는 반대로 '인간해방'의 장애가 되었다.

이로부터 알 수 있듯이 17세기 이후의 서구 사회사상은 '규율과 해방'의 진퇴양난에 빠져들었다. 이것이 바로 서구 주류학계에서 말하는 현대성의 근본적인 내재적 모순이다. 19세기 독일철학은 이 모순을 해결하려 했다. 즉 주체와 객체, 규율과 해방의 모순이다. 니체(Nietzsche)가 말하듯

---

35) 중국어권 내에서 블루멘베르크는 하버마스(J. Habermas)만큼 잘 알려진 인물이 아니다. 그렇지만 블루멘베르크는 하버마스보다 더 창조성이 있는 당대 독일의 사상가이다. 하버마스가 그에 대해 토론한 내용에 대해서는 Habermas, Jürgen, Postmetaphysical Thinking, MIT Press 1992, 206~24면 참조.

36) Blumenberg, Hans, The Legitimacy of the Modern Age, MIT Press 1983.

이 "전체 독일철학 ─ 라이프니츠, 칸트, 헤겔, 쇼펜하우어 ─ 은 현재에 이르기까지 낭만주의적인 색채를 띠고, 안식처를 구하려는 최소한의 기본적인 형식을 취하고 있다."[37] 니체의 지적과 유사하게 엥겔스는 맑스주의의 탄생을 '독일 고전철학의 종언'으로, 즉 '객체와 주체' '규율과 해방' 사이의 모순이 해결된 것으로 여겼다. 그러나 필자는 맑스주의는 그 모순의 집중적 표현에 불과하지 결코 그 모순을 해결한 것은 아니라고 판단한다. 맑스주의는 한편으로는 '인간해방'을 가장 강력하게 요구하고 있지만, 다른 한편으로는 인류사회의 '자연사적 과정'의 '규율'을 힘주어 옹호하고 있다. 비록 맑스 자신은 "나는 맑스주의자가 아니다"라고 선언했을지라도 정통 맑스주의자는 여전히 노동대중의 해방사업을 속박하고 있다. 이 문제는 적어도 맑스주의의 세 가지 이론적 오류와 연관되어 있다.

첫째, 맑스의 '생산력-생산관계' 이론은 충분한 변증법적 성격을 결여하고 있고, 기술결정론적 경향을 갖고 있다. 최근 10여년간의 경제사 학계의 새로운 이론적 성과는 영국 산업혁명에 대한 맑스의 이해에 상당히 많은 문제가 있음을 보여준다. 예를 들어 맑스는 제니방적기[38]의 기능에 대해 지나치게 강조하고 있음에 반해, 자신이 소개하고 있는 제니방적기에 대한 유어(A. Ure)의 설명이 적절치 못하다는 점을 모르고 있었다. 유어는 제니방적기 상인에게 고용되어 제니방적기를 선전했을 뿐이다.[39] 이와같이 기술사에 대해 잘못 이해하고 있었기 때문에 맑스는 프루동(Proudhon)

---

37) Bannett, Jane, *Unthinking Faith and Enlightenment*, New York University Press 1987, 1 면에서 재인용.
38) 제니방적기는 1760년대 초 영국인 하그리브스(J. Hargreaves)가 발명한 기계로 방적기에 여러개의 방추(紡錘)를 달아 한꺼번에 여러 가닥의 실을 뽑을 수 있도록 만든 대량생산기계이다. 이에 반해 1790년대 후기에 프랑스인 자까르(Jacquard)가 발명한 자까르 직포기는 행과 열에 구멍을 뚫은 카드를 인식하여 자동으로 천을 짜는 기계로 카드를 교환함으로써 다양한 양식의 천을 짤 수 있었다 ─ 옮긴이.
39) Lazonick, William, *Competitive Advantage on the Shop Floor*, Harvard University Press 1984.

과 논쟁하면서 영국 산업혁명의 보편성을 과장했고, (농업인구가 대단히 많은 프랑스에서) 프루동이 이끈 (현대 컴퓨터의 선구라 할 수 있는) 자까르 직포기의 거대한 잠재력 —— 영국 산업혁명과는 다른 식으로 도시와 농촌, 공업과 농업의 갈등을 감소시켰으면서도 기술진보를 가능하게 한 —— 을 알지 못했다.

맑스가 영국의 제니방적기에 주목한 만큼 프랑스의 자까르 직포기에 주목하지 못한 데에는 심각한 이론적 원인이 있다. 엘스터(J. Elster)가 지적하듯이 맑스는 "주어진 싯점에서는 가장 효율적인 기술 한 가지만 존재한다"[40]고 생각했다. 맑스는 기술이 생산과정에 도입될 당시의 정치적 요소를 자주 강조했다. 즉 자본가는 비숙련 아동노동을 사용하고 상대적인 잉여노동시간을 연장하기 위해 기계를 도입한다는 것이다. 그렇지만 맑스는 기계설계 자체에 영향을 미치는 정치적 요소를 완전히 무시했다. 그는 기계설계는 현대 자연과학의 응용일 뿐이라고 여겼다. 맑스는 현대과학은 가장 효율적인 기계설계만을 허용하는 것은 아니라는 점을 이해하지 못했다. 예를 들어 자까르 직포기는 카드를 조작함으로써 패션 다양화의 요구에 신속하게 부응할 수 있다. 이에 비해 제니방적기는 단일한 양식의 옷만 생산할 수 있는 규모의 경제에 적합하다. 사회적·정치적 요인을 떠나 추상적으로 이 두 기계 가운데 어떤 것이 '더 효율적'인지 판단하기는 매우 어렵다.

맑스는 기계설계 자체에 영향을 미치는 정치적 요인을 인식하지 못했기 때문에 실제로는 아담 스미스(Adam Smith)의 분업이론을 초월할 수 없었다. 그는 의외로 스미스와 비슷하게 "이제 노동자료 그 자체의 성격이 노동과정의 협조적 성격을 결정하게 되었다"[41]고 말했다. 그뒤 엥겔스는

----

40) Elster, Jon, *Explaining Technical Change: A Case Study in the Philosophy of Science*, Studies in Rationality and Social Change, Cambridge University Press 1883, 163면.
41) 馬克思『資本論』第1卷, 人民出版社, 423면.

『권위에 대하여』(*On Authority*)에서 스미스와 매우 흡사하게 "공장에 들어서는 사람들은 모든 자유를 버리시오"라고 말했다. 만약 맑스, 엥겔스가 지금까지 살아 있었더라면 그들은 마오 쩌둥이 제창한 '안강헌법(鞍鋼憲法)'[42]을 반대했을 것이다. 왜냐하면 마오 쩌둥 경제사상의 핵심은 '경제민주'로써 '기술결정론'을 타파하는 것이기 때문이다.[43]

둘째, 맑스는 영국의 오늘이 다른 국가들의 내일인 것처럼 잘못 이해했기 때문에 산업프롤레타리아트가 점차 인구의 다수를 점할 것이라고 단언했다. 그러나 카우츠키(K. J. Kautsky)가 1899년 『농업문제』(*The Agrarian Question*)를 쓸 때 직면한 가장 큰 문제는 맑스의 예언이 유럽대륙에서 실현되지 않고, 농민·수공업자·사무직 등 비산업 노동자계급이 인구의 다수를 점하고 있었다는 점이다. 맑스가 농민문제를 간과한 것(독일 '인민'의 다수는 여전히 '농민'인데, 『고타강령비판』에서 '인민국가'라는 말을 반대한 것)은 이후 독일 사회민주당의 전략적인 실패에 직접적인 영향을 미쳤다.

예를 들어 19세기말 독일 사회민주당은 독일 남부의 빈농과 중농의 지지를 획득할 것인가라는 중대한 문제에 직면했다. 1895년 '프랑크푸르트 대표대회'는 사회민주당의 '농업위원회' 수립을 결정했는데, 이 위원회의 핵심멤버는 베벨(A. Bebel), 리프크네히트(W. Liebknecht) 등 유명한 지도자들이었다. 그렇지만 카우츠키는 자본주의적 생산방식은 반드시 소농을 축소시키기 때문에 "사회민주당의 자본주의 생산방식 내에서의 농업강령은 황당한 것"이라고 강력하게 주장했다. 카우츠키는 엥겔스가 자신의 관

---

42) '안강헌법'이라는 말은 1960년 3월 10일 마오 쩌둥이 안산강철회사(鞍山鋼鐵公司)가 작성한 「공업전선에서 기술혁신과 기술혁명을 대대적으로 추진하는 데 대한 보고(關于工業戰線上大搞 技術革新和技術革命的報告)」를 검토하면서 "안강헌법이 극동(極東)지역인 중국에서 출현했다"고 말하면서부터 유행했다 ― 옮긴이.

43) 이 문제에 대한 자세한 토론은 崔之元「鞍鋼憲法與'後福特主義'」, 『讀書』(1996年 3月) 참조. www. cc.org.cn/ziliaoku.cuizhiy/cuizhiy00.htm.

점을 지지하는 데 대해 감사하다고 말했다. 엥겔스의 권위 때문에 '농업위원회' 내에서 독일 남부 사회민주당 인사와 베벨의 의견은 묵살되었다. 따라서 독일 사회민주당의 농업정책은 기본적으로는 자본주의적 대농장이 소농을 집어삼키는 것을 기다리는 것이었지, '부르주아계급국가'를 이용해 소농을 돕는 것은 아니었다.[44] 독일 사회민주당은 1890년대에 선거에서 표를 가장 많이 획득한 대정당이었고, 1919년 이후에는 '바이마르 공화국' 시기의 집권당이었다는 점을 고려한다면, '노농연맹' 문제에서 그들의 실패는 카우츠키의 교조주의이론과 밀접하게 연관되어 있음을 알 수 있다. 사실 1930년대 독일(및 이딸리아)에 파시즘이 신속하게 부상한 것은 사회민주당이 확보하지 못했던 소농의 광범위한 지지와 소농에 대한 파시스트의 지지가 기반이 되었다.[45]

셋째, '노동자는 조국이 없다' '국가소멸론'을 지나치게 과신한 나머지 맑스는 완전한 국가이론을 발전시키지 못했다. 제1차 세계대전 이후 '민족'과 '국가' 문제가 점차 현재화될 당시 정통 맑스주의를 고집한 '제2인터내셔널'은 건설적인 행동강령을 내놓지 못했다. 맑스가 '국가'를 무시한 것과 '자본주의' 개념을 너무 포괄적으로 사용한 것 사이에는 내적인 연관성이 있다.[46] 맑스가 바라본 전형적인 자본주의, 즉 영국의 '국가성'은 유럽대륙의 '절대주의 국가'보다도 취약했다.

----

44) Salvadori, Mario, *Karl Kautsky and the Socialist Revolution 1889~1938*, Verso 1990, 56~58면.

45) Luebbert, Gregory, *Liberalism, Fascism or Social Democracy*, Oxford University Press 1991, 282면.

46) 하바드대 법학과 웅거(R. Unger)는 '자본주의' 개념을 심층적으로 분석하면서 구체적인 역사현상을 해석할 때의 이 개념은 "너무 포괄적이기도 하고 또 너무 협소하기도 하다"고 밝힌 바 있다(Unger, Roberto, *Social Theory*, Cambridge University Press 1987, 101~109면). 만약 '노동자와 자본가의 노동'으로 '자본주의'를 정의한다면 중국 송대(宋代)도 '자본주의'로 볼 수 있고, 만약 '산업자본가계급'으로 한정시킨다면 영국도 '자본주의'로 볼 수 없다.

영국과 유럽대륙 국가들의 국가성 차이는 영국이 1215년 '대헌장'을 발표했을 때 '보통법'(Common)으로 법률을 통일한 반면 프랑스대혁명 당시(1789년) 프랑스 전역에서는 여전히 360가지의 서로 다른 지방법률이 존재하였다는 점에서도 일부 원인을 찾을 수 있다. 영국 '자본주의'가 유럽대륙에 충격을 준 이후, 프랑스·독일 등은 세계적인 경제경쟁 문제뿐만 아니라 통일적인 민족국가 수립문제에도 직면했다. 이로 인해 '주권' 개념은 영국보다 유럽대륙에서 훨씬 더 호소력을 갖게 되었다. 영국의 경우 국왕과 의회의 상호보완성(이른바 King in Parliament) 때문에 주권 개념은 발달하지 못했다.[47] 맑스는 단지 '국내시장 통일'의 관점에서 '민족국가' 형성을 이해하고, 심지어 제국주의·식민주의가 피압박민족의 경제를 발전시키는 작용을 한다고 찬양하기도 했다. 엥겔스는 미국이 캘리포니아와 텍사스를 점령한 것을 명확하게 지지했는데, 그것은 "이 두 지역을 어떤 용도로 쓸지 알 수 없는 나태한 멕시코인"에게서 획득한 것으로 여겼기 때문이다.[48]

종합하면 비록 맑스주의는 가치있는 관점이 적지 않지만 '역사적 필연'을 너무 과도하게 사용해 '인간의 해방'을 구속함으로써 종종 후자의 실현을 가로막았다. 레닌이 지도한 '10월혁명'은 정통 맑스주의의 기술결정론을 부분적으로 극복한 것이지만, 혁명 이후 레닌은 국가기구를 통해 서구 열강과 동일한 공업화를 추진했고(이것은 레닌이 테일러주의와 포드주의를 높이 평가한 데서 비롯되었다), 결과적으로 소련은 서구의 주류학

---

47) 우드(E. Wood)는 영국에 언제 '자본주의'가 형성되었는지에 대한 당대 영국 맑스주의 역사학자의 논쟁을 생생하게 묘사하고 있다. 그 관점 중 하나는 뜻밖에도 1970년대가 되어서야 영국이 비로소 '자본주의'에 도달했다고 밝히고 있다! 이 논쟁은 '국가' 이론은 맑스주의의 취약한 고리임을 보여준다(Wood, Ellen, *The Pristine Culture of Capitalism*, Verso 1991).

48) Connor, Walker, *The National Question in Marxist-Leninist Theory and Strategy*, Princeton University Press 1989, 22면.

계에서 말하는 현대성의 내재적 모순을 초월하지 못하고 오히려 자멸하는 극단적인 형식으로 서구 현대성의 모순을 표출하고 말았다.

1917년 로자 룩셈부르크(Rosa Luxemburg)가 독일 감옥에서 『러시아혁명』(*The Revolution in Russia*)을 쓰면서 만약 사회주의 민주를 발전시키지 않으면 러시아혁명은 노동대중의 창조성을 압살하는 관료체제로 퇴화할 것이라고 단언한 점은 주목을 끈다. 러시아혁명 이후 70년간의 사태 전개는 룩셈부르크의 견해가 정확했음을 보여준다. 그러나 마오 쩌뚱의 반관료주의적인 '대민주' 이론은 로자 룩셈부르크의 이론과 상당히 유사한 점이 있다.

마오 쩌뚱은 1952년 '신민주주의' 론을 포기한 후, 점차 정통 맑스-레닌주의를 초월하려는 이론적 작업을 해나갔다. 그는 1958년 청뚜(成都) 회의에서 맑스 역시 사람이기 때문에 실수할 수 있다고 말했다. 비록 마오 쩌뚱의 이론적 혁신이 충분히 체계화되진 않았지만, 우리는 그 대체적인 윤곽을 그릴 수 있다. 필자는 마오 쩌뚱의 핵심적인 새로운 사상은 '인민대중이 역사를 창조한다' 는 것이라고 본다. 이 사상을 충분하게 전개한다면, 반드시 '자연사적 과정의 규율'에 따라 해방을 쟁취할 필요는 없다. 자연 역시 "낙후했어도 가장 새롭고 가장 아름다운 그림을 그릴 수 있다." 이로부터 우리는 마오 쩌뚱이 왜 소련의 『정치경제학 교과서』(*Textbook of Political Economy*)를 읽으면서 고도로 집중된 명령적인 계획경제는 '인민대중이 역사를 창조한다' 는 원리를 위배한다고 각주를 달아놓았는지 이해할 수 있다.[49] 현재 중국경제를 연구하는 수많은 국내외 학자들은 중국 경제체제개혁은 마오 쩌뚱이 1956년 『10대관계를 논한다(論十大關係)』를 쓰면서부터 시작되었다고 보고 있다. 이런 관점은 전혀 타당성이 없는 것이 아니기 때문에 지금의 개혁·개방시대와 마오 쩌뚱 시대에는 역사적 연

---

49) Zedong, Mao, *A Critique of Soviet Economics*, Monthly Review Press 1977.

속성이 존재한다고 볼 수 있다.

'인민대중이 역사를 창조한다'는 원리의 또다른 함의는 교조적인 정통 계급분석을 타파하고 있다는 점이다. 중국 학자 리 쥔루(李君如)는 '인민'이라는 개념이 마오 쩌뚱 이론에서 차지하는 중요성은 맑스이론에서 차지하는 것보다 훨씬 더 크다고 본다. 맑스는 『고타강령비판』에서 라쌀르(F. Lassalle)의 '인민국가' 개념을 신랄하게 비판하고 있다. 그는 "설사 당신이 인민과 국가라는 두 명사를 1천번 연결시킨다 할지라도 그 문제에 대해서는 도움이 되지 않는다"[50]고 지적하고 있다. 맑스는 독일 인민의 다수는 농민이었기 때문에 "인민이 권력을 장악하여 감독한다"는 등의 말에 대해서는 불만을 나타냈다. 그렇지만 마오 쩌뚱의 계급분석은 상당히 융통성이 있다. 그는 정태적으로 '사진을 찍는 것'이 아니라 동태적으로 '영화를 찍고 있다.' 비록 마오 쩌뚱은 정통 맑스-레닌의 '담론구조'를 철저하게 극복하지는 못했지만, '인민대중'에 대한 그의 강조는 정태적인 계급분석을 초월하여 사회등급을 새롭게 인식하는 사상이 형성되고 있음을 보여주는 것이다.

정통 맑스-레닌주의에 대해 마오 쩌뚱이 초월하고 있는 또다른 한 가지 내용은 그의 '국가주권'론이다. 왕 리(王力)의 회고에 따르면 마오 쩌뚱은 자신과 쟝 제스(蔣介石)는 "중국을 통일하고, 독립시켜야 한다는 두 가지 공통점을 가지고 있다. (…) 우리가 '한쪽 편을 들어' 소련을 옹호한다고는 하지만 결코 그들의 지휘봉에 따라 움직이지는 않는다. 쟝 제스는 미국에 기대어 반공을 외치고 미국을 옹호하지만 그 역시 독립국의 지위를 포기하지 않고 있다"[51]고 말한 바 있다. 량 쑤밍(梁漱溟)이 지적하듯이 "중국문제는 대외적으로는 민족해방, 대내적으로는 사회개조 두 가지를 포함하고 있는데"[52] 마오 쩌뚱은 이 문제들을 풀기 위한 실천과정에서 정통 맑

---

50) 李君如 『毛澤東與當代中國』, 福建人民出版社 178면.
51) 王力 『現場歷史: 文化大革命紀事』, 牛津大學出版社 1993, 136면.

스–레닌주의를 이론적으로 혁신하게 되었다. 중국혁명의 승리는 민족의 독립을 쟁취하려는 제3세계국가의 광범위한 해방투쟁을 고무시켰다.

앞서 지적했듯이 정통 맑스–레닌주의는 여전히 서구 주류학계에서 말하는 현대성의 내재적 모순의 집중적인 표현이다. 따라서 정통 맑스–레닌주의에 대한 마오 쩌뚱의 혁신은 실질적으로는 서구 주류학계에서 말하는 현대성을 중국이 재구축한다는 의미를 갖는다. 역사는 신의 뜻, '규율'이 결정하는 것이 아니라 인간이 창조하는 것이다. 이것이 바로 17세기 이후 서구의 절대이성주의가 잘못 인도해온 계몽정신의 정수이다. 미국의 유명한 사회이론가 하비(D. Harvey)는 바로 그런 점에서 "괴테(J. W. Goethe)에서부터 마오 쩌뚱에 이르는 현대정신" [53]을 논증하고 있다.

물론 '대약진'과 문화대혁명에서 발생한 엄중한 실책은 많은 사람들에게 마오 쩌뚱의 이론적 혁신이 '유의지론(唯意志論)'에 불과한 것으로 의심하도록 만들었다. 마오 쩌뚱이 확실히 적지 않은 '유의지론'의 실책을 범했기 때문에 사람들이 그렇게 생각하는 것은 이해할 만하다. [54] 그렇지만 심각한 문제는 '유의지론'과 '객관적 법칙' 사이에는 반드시 '실천의지'가 우선한다는 점이다. 즉 만약 실험적인 시도와 실천이 없다면 사람들은 '객관적 법칙'이 어디에 존재하는지 사전에는 알 수 없다. 더구나 인류사회에서 '객관적 규제'(그 자체는 과거 인류행위의 결과이다)는 '객관적 법칙'보다 좀더 정확하다는 말이 있다. 니체, 싸르트르, 하이데거 철학에 익숙한

----

52) 梁漱溟「兩年來我有了哪些轉變」,『梁漱溟全集』第6卷, 山東人民出版社 1993, 848면.

53) Harvey, David, *The Condition of Post-Modernity*, Blackwell 1990, 16면.

54) 실질적으로 마오 쩌뚱의 실책은 그렇게 간단한 것은 아니다. 루싼(廬山)회의를 연구한 중국 국내외 학자들은 모두 루싼회의 이전의 정져우(鄭州)회의와 청뚜(成都)회의에서 이미 마오 쩌뚱은 '허장성세(浮誇風)'를 없애라고 강조하고 있었다는 점을 인정하고 있다. 루싼회의에서 갑자기 '반우파 투쟁'으로 급전된 것은 마오 쩌뚱과 펑 떠화이(彭德懷) 사이의 역사적인 갈등, 펑 떠화이가 소련에서 갓 귀국한 점과 관련이 없는 것은 아니다. 마오 쩌뚱은 '객관적 법칙'을 전혀 고려하지 않고 간단하게 '유의지론'을 주장하는 사람은 결코 아니다.

사람들은 '실천의지가 우선한다'는 점에서 이들 철학자들과 마오 쩌뚱 사이에 공통점이 있음을 어렵지 않게 발견할 수 있다. 프랑스의 유명한 사상가 부르디외(P. Bourdieu)는 『실천의 논리』에서 '주관의 객관성'(Objectivity of the Subjective)[55]을 부각시켰는데, 이는 대단히 의의가 깊은 것이다.

이로부터 알 수 있듯이, 서구 주류학계에서 말하는 현대성의 모순, 즉 '규율과 해방'의 모순에 직면해서 마오 쩌뚱은 '해방'이라는 측면에서 모순을 해결하려 했다. 하이에크(Hayek)를 대표로 하는 서구 보수주의 역시 서구 주류학계에서 말하는 현대성을 비판하고 있지만(하이에크 등과 같은 비판자가 존재하기 때문에 이 글에서는 '주류학계에서 말하는 현대성'이라는 말을 쓰고 있다), 그들의 대안을 취하기에는 부족한 점이 있다. 하이에크는 17세기 이후의 절대이성주의를 강렬하게 비판하면서 『과학의 반혁명』[56]이라는 책을 집필했다. 그렇지만 그는 또다른 일종의 '규율' 즉 '자연진화'의 규율을 숭배하는 함정에 빠져들고 말았다. 하이에크는 경제적인 측면에서는 시장경제의 '자연진화'를 간섭하지 못하도록 중앙은행을 취소하고 개인들이 발행하는 화폐로 경쟁할 것을 요구했고, 정치적인 측면에서는 시장의 '자연질서'에 대해 민주의 간섭을 가능한 한 제한해야 한다고 주장했으며 의원들의 연령은 반드시 45세 이상이어야 하고 임기는 15년이 되어야 한다고 주장했다.[57] 그리고 문화적으로는 '사회'는 '자연'적인 것이 아니라 '인위'적인 것이기 때문에 이미 '독이 들어가 있는 단어'인 '사회'를 취소해야 하고, 따라서 '사회주의' '사회적 권리' 등의 단어도 사전에서 삭제해야 한다고 주장했다.[58] 비록 하이에크 자신은 과학이성을 부

55) Bourdieu, Pierre, *The Logic of Practice*, Stanford University Press 1990, 135면.

56) Hayek, F. A. Von, *The Counter-Revolution of Science*, Liberty Press 1952.

57) Hayek, *Law, Legislation and Liberty* Vol. 3, The University of Chicago Press 1979, 113면.

58) Hayek, *The Fatal Conceit* Vol. 1, The University of Chicago Press 1988, 115~19면.

정하고 있지만, 실질적으로 그는 규율, 즉 자연진화적인 '규율'로써 주류
학계에서 말하는 현대성의 모순을 극복하려 했다. 마오 쩌뚱이 '인민대중
이 역사를 창조한다'고 강조한 것과 비교했을 때 하이에크의 이론은 상당
히 보수적이다.

– 4 –

21세기 중국의 구상: 경제·정치 '대민주'의 제도화

앞의 두 절을 종합하면, 마오 쩌뚱은 '인민대중이 역사를 창조한다'는
관점으로 서구 주류학계에서 말하는 현대성의 모순을 극복하려 했다고 볼
수 있다. 문화대혁명 기간에 그가 제기한 '대민주'는 곧 '인민대중이 역사
를 창조한다'는 점을 실천에 옮긴 것이다. 비록 그 실천은 비극적으로 종
결되었지만(부분적으로는 마오 쩌뚱의 문화대혁명이론이 정통 맑스–레
닌주의의 교조를 극복하지 못한 데서 기인한다), 이는 우리가 21세기 중국
의 정치·경제체제를 건설하는 데 풍부한 경험적 교훈을 제공해주고 있다.
이 절에서는 마오 쩌뚱의 '대민주'에 대한 변증법적 지양을 통해 21세기
중국의 '경제민주'와 '정치민주' 체제를 구상하고자 한다.

무엇이 '대민주'인가? 이 개념을 처음 사용한 것은 마오 쩌뚱이 아니라
중국의 민주당파라는 점을 지적해둘 필요가 있다. 1957년 4월 27일 중국공
산당 중앙위원회가 「정풍운동[59]에 대한 지시(關干整風運動的指示)」를 발
표한 후 일부 민주당파 인사들은 소형좌담회와 소조회의 형식으로는 부족
하다는 것을 느끼고 '크게 말하고(大鳴)' '크게 터뜨리며(大放)' '크게 쓰
고(大字報)' '크게 논쟁할 것(大辯論)'을 요구했다. 마오 쩌뚱은 이 요구에

---

59) 정풍운동은 1956년 9월 15일에 개최된 중국공산당 제18차 당대회에서 마오 쩌뚱이 당내
   일부 동지들이 종파주의에 빠져 있다며 대중적 비판과 자아비판의 방법으로 당내 정풍운
   동을 전개해야 한다고 강조하면서 시작되었다 — 옮긴이.

동의하지 않았지만 "몇몇 사급(司級), 국급(局級) 지식인간부는 대민주를 요구하면서 소민주는 불만족스럽다고 말하고 있습니다. (…) 대민주·소민주식의 표현방식은 아주 형상적인데, 우리도 그 말을 빌려 쓰도록 합시다"[60]라고 말했다. 1957년 5월 19일 뻬이징의 일부 대학에 대자보가 붙자 마오 쩌뚱은 이에 대해 대단히 만족해하면서 "대자보는 좋은 것인데, 내가 보기에는 대대로 계승되어야 할 것입니다. 공자의 『논어(論語)』도 계승되었고, '오경(五經)' '십삼경(十三經)' '이십사사(二十四史)' 모두 이어져 내려왔습니다. 그런데 대자보는 왜 계승되지 말아야 합니까? 내가 보기엔 반드시 계승되어야 할 것입니다. 예를 들어 장차 공장 내에서 정풍운동을 전개할 때 대자보가 필요할까요, 필요하지 않을까요? 내가 보기엔 대자보를 사용하는 것이 좋고, 그것도 많을수록 좋습니다. 대자보에는 계급적 성격이 없습니다"[61]라고 말했다. 그후 문화대혁명 당시 마오 쩌뚱은 '대민주'에 대해 더욱 긍정하게 되었다. 그는 "우리의 지난날의 것들은 자본주의·봉건주의·소련과 별반 다를 것이 없었습니다"[62]라고 말했다.

앞에서 볼 수 있듯이 '대민주'라는 말은 마오 쩌뚱이 민주당파의 인사들에게서 차용한 것임을 알 수 있다. '대민주'는 소형의 좌담회가 아니라 전체의 제도화된 민주를 지칭한다. 그렇지만 이 글 제2절에서 분석한 바와 같이 마오 쩌뚱의 '당내 주자파' 이론과 '자산계급법권' 이론 자체에 중대한 결함이 있었기 때문에 '대민주'는 실천과정에서 왜곡되었고, 문화대혁명 후기의 중국사회에는 억압적인 독재 분위기가 만연했다.

지금 우리는 20세기 중국의 '혁명건국'과 '개혁개방'의 풍부한 경험적

---

60) 王地久『誰主沈浮: 毛澤東的民主與法制觀』, 中國政法大學出版社 1993, 210면.

61) 王地久, 같은 책 212면.

62) 王力『現場歷史: 文化大革命紀事』, 牛津大學出版社 1993, 103면. 이는 마오 쩌뚱이 73세 생일(1966년 12월 26일) 때 한 연설이다. 마오 쩌뚱은 본래 생일을 지내지 않았는데, 이때 생일을 지낸 것은 상당히 의미있는 일이다.

교훈을 기초로, 또 서구 주류학계에서 말하는 현대성에 대한 성찰적 반성을 거울삼아 마오 쩌뚱의 '대민주'를 비판적으로 계승하여 21세기 중국을 위해 다음과 같은 '정치민주'와 '경제민주'의 그림을 구상할 수 있게 되었다.

첫째, 마오 쩌뚱이 "7~8년마다 한번씩 문화대혁명을 개최해야 한다"고 말한 내용은 정기적인 직접선거를 통해 국가주석과 전인대(全人大) 상무위원을 선출하는 제도 변화를 촉구하는 내용으로 수정되어야 한다(현장縣長, 성장省長, 현인민대표대회, 성인민대표대회에서 시작할 수도 있다). 그리고 중국의 선거는 서구의 다른 국가들보다 더욱 투명하고 대표성을 갖도록 해야 하고, 금전과 개인의 대자본이 민주과정에 간섭하지 못하도록 막아야 한다. 미국은 1974년 이후 대통령후보의 경선경비는 공공재정에서 지출하도록 법률로 규정했으며, 1992년 대통령선거에서는 개인의 정치헌금 최고액을 규정해야 한다는 목소리가 매우 높았다. 중국은 미국의 이같은 경험을 참고할 수 있다. 브라질은 모든 시민은 반드시 투표해야 한다고 법률로 규정하고 있는데, 이 역시 중국이 참고할 만하다.

마오 쩌뚱이 "7~8년마다 한번씩 문화대혁명을 개최해야 한다"면서도 이를 직접선거로 제도화하지 못한 것은 민국(民國) 초기의 선거에서 나쁜 인상을 받은 것과 연관이 있다. 마오 쩌뚱은 차오 쿤(曹錕)이 저지른 금권선거의 나쁜 점을 여러번 언급한 바 있다.[63] 따라서 마오 쩌뚱은 1967년 2월 까뽀(H. Kapo), 바루꾸(B. Balluku)[64]와 대담하면서 "나는 선거를 믿지 않습니다"[65]라고 말했다. 이같은 마오 쩌뚱의 생각은 실질적으로 신고전 경제학의 대가인 빠레또(V. Pareto)가 선거를 불신했던 것과 일치한다. 빠레또와 같은 시기의 이딸리아 정치가 모스까(G. Mosca)는 선거란 영원히

---

63) 林克, 徐濤, 吳旭 『歷史的眞實: 毛澤東身邊工作人員的證言』, 香港: 利文出版社 1995, 231면.
64) 당시 알바니아 당중앙위원회 정치국위원으로 까뽀(H. Kapo)는 서기처 서기, 바루꾸(B. Balluku)는 국방부장이었다 — 옮긴이.
65) 魯凡之 『中國發展與文化構造』, 香港: 集賢社 1988, 280면.

형식적인 것이고, 사회는 영원히 '권력엘리뜨' 혹은 '정치계급'이 통치하는 것으로 인식했다. 흥미로운 것은 선거에 대한 레닌의 불신은 같은 시기의 빠레또와 모스까의 영향을 받아 형성되었다는 점이다.[66]

그러나 마오 쩌뚱은 선거가 반드시 금권선거로 되는 것은 아니라는 점을 인식하지 못했다. 선거 그 자체는 결코 부르주아계급의 것이 아니다. 예를 들어 고대 그리스 도시국가의 선거와 1787년 미국헌법이 전국 선거를 규정한 것은 공업자본주의가 출현하기 이전의 것들이다. 그후 부르주아계급이 금전을 이용하여 선거의 민주성을 훼손한 것은 틀림없는 사실이다. 그렇다고 해서 이런 사실이 공유제를 기초로 하는 사회주의에서는 선거를 민주적으로 치를 수 없다는 것과 동일시되어서는 안된다. 미국의 1974년 선거법조차 개인의 정치헌금이 1천 달러를 초과해서는 안된다고 규정하고 있다. 만약 중국이 공유제가 주도하는 '대민주' 선거를 발전시킨다면, 반드시 미국보다 더 좋은 결과를 얻을 것이다.

둘째, 현대과학기술은 '대자보'보다 더욱 유효한 민주수단, 즉 텔레비전을 보편화시켰다. '전자민주'의 출현은 정당이 서구 각국의 정치생활에서 차지하는 비중을 나날이 저하시키고 있다. 텔레비전을 통해 정보가 신속하게 보급됨으로써 유권자들은 구체적인 문제를 더욱 심층적으로 알 수 있게 되었고, 더이상 후보자의 소속정당으로 그의 정치적 취향을 판단할 필요가 없게 되었다. 18세기 이후 대의제민주는 세 단계를 거쳐 발전해왔다. 첫번째 단계는 정당이 아닌 개인화된 후보자를 특징으로 하는 단계이다. 미국헌법을 기초한 매디슨(J. Madison)과 제퍼슨(T. Jefferson)은 모두 정당을 반대했다. 두번째 단계는 19세기 중엽부터 나타나기 시작한 정당정치단계이다. 세번째 단계는 20세기 60년대말 이후부터 대중매체가 신속하게 발전하면서 후보자의 정당 신분이 덜 중요하게 되고 다시 '개인화'된

----

66) Hirschman, Albert, *The Rhetoric of Reaction*, Harvard University Press 1991, 148면.

후보자가 주도적인 지위를 점하게 된 단계이다.[67] 따라서 현재의 중국은 정당정치의 낡은 길을 걸을 필요 없이, 전국에 퍼져 있는 텔레비전 네트워크를 이용하여 '개인화'된 선거를 직접 치를 수 있다. 이는 다음과 같은 두 가지 요소 때문에 실행 가능하다. ① '반대당'의 민주화 요구가 반드시 초래하게 될 집권당과의 긴장 및 충돌을 피할 수 있다. ② 중국공산당이 1943년 이후부터 취해온 '당의 일원적' 지도방식은 이중성을 갖고 있는데, 한편으로는 당의 통제를 강화하면서 다른 한편으로는 당의 이익과 국가의 이익을 일체화시켰다. 이는 소련공산당이 정부와 평행선을 그으며 독립적인 당의 이익을 추구한 것과는 상당히 다르다. 일정한 조건하에서 중국공산당은 '개인화'된 선거를 허용하고 개인적인 매력이 있는 후보를 추천할 가능성이 있다.

셋째, '조반은 합당하다'는 것을 제도화하고, 동시에 '불가침권'과 '불안정권'(destabilization rights)을 수립해야 한다. 마오 쩌둥의 실책은 '불가침권'을 확립하지 못하고, 개인에게 정부와 기타 개인 및 집단의 불법적인 간섭을 받지 않도록 제도적으로 보장해주지 못한 것이다.[68] 실제 '불가침권'이 있어야만 개개인도 마오 쩌둥이 좋아하는 일상적인 '대민주'의 사회적인 실험에 적극적으로 참여할 수 있다. '불가침권'과 상호 보완관계에 있는 것이 '불안정권'이다. 불안정권의 목적은 어떤 개인 혹은 집체의 특권이 사회의 물질적·문화적 자원을 장기적으로 지배하지 못하도록 하는 것이다. '불안정권'은 지금 미국헌법에서 '평등한 보호'(equal protection)

----

67) Manin, Bernard, "The Metamorphoses of Representative Government," *Economy and Society* Vol. 23, No. 2 , May 1994.

68) 마오 쩌둥은 오히려 누차 "한 사람도 죽여서는 안되고, 여러 사람을 체포하지 않는다(一個不殺, 大部不抓)"라고 강조했다. 따이 칭(戴晴) 여사의 『왕 스웨이와 야생백합화(王實味與野白合花)』에서 마오 쩌둥은 처음에는 왕 스웨이(王實味)가 피살되었는지를 몰랐지만 이후에는 허 룽(賀龍)의 책임을 여러번 추궁했다고 기록하고 있다. 문제는 마오 쩌둥이 '불가침권'을 제도화하지 않은 데 있다.

로 초보적으로 실현되고 있는데, 이는 일부 법률이 일부 사회집단(예를 들면 흑인과 여성)을 상당히 불리한 지위에 처하도록 규정하고 있을 때 종종 사회운동의 압력을 받아 결정을 내리는 사법심사(judicial review)를 통해 그 법률을 뒤집어엎도록 해주는 준거가 된다. 이는 '조반은 합당하다'는 것을 제도화하여 맹목성을 피하게 해준다.

마오 쩌둥 사상의 영향을 받은 하바드대 법학과 교수 웅거(R. Unger)와 그가 이끄는 '비판법학운동'은 줄곧 '대민주'의 제도화를 위한 이론적인 탐색을 전개해오고 있다. 웅거는 오늘날 서구 법률의 '권리' 체계에는 큰 병폐가 있는데, 언론자유·정치참여의 기본권리와 개인재산에 대해 제한받지 않을 권리가 혼재되어 있고 이 모두를 '불가침권'으로 간주하고 있다고 지적했다. 그의 새로운 '제도화'된 '대민주' 권리체계 내에는 네 가지 권리가 포함되어 있다. ① 언론자유·정치참여권 등의 불가침권. 그러나 이 불가침권은 절대적 민주를 초월하는 절대적인 개인의 생산수단 소유권을 포함하지 않는다. ② 시장권. 이는 현재 '사회주의 시장경제'를 표방하는 중국의 분산된 경영권·하청권 등과 비슷하다. ③ 불안정권. 이는 '조반은 합당하다'는 것을 제도화한 것이다. 이 권리를 두는 목적은 어떠한 조직이라도 한번 만들어지면 굳어지고 보수화되는 경향이 있기 때문에 부단한 도전 속에서 '개방성'을 갖도록 하는 데 있다. ④ 단결권. 이는 고전적인 계약법 가운데 '상호 예측'과 '신뢰'에서 진일보한 발전이다.[69] 필자는 마오 쩌둥 사상의 영향을 받아 확립한 웅거 교수의 이 네 가지 권리에는 향후 중국이 '사회주의 대민주'를 제도화하는 데 참고해야 할 점이 상당히 많다고 생각한다.

넷째, 중국 경제체제의 지도사상은 '절대적 재산권'이 아니라 '경제민

---

69) '평등한 보호'는 미국헌법 제14조 수정안 제1항의 주요내용이다. 웅거는 이를 일반적인 '불안정권'으로 더욱 확대하고 있다. Unger, Roberto, *The Critical Legal Studies Movement*, Harvard University Press 1986.

주'여야 한다. 그 이유는 두 가지이다. ① 현재 서구 주류학계의 재산권이론은 재산권의 기능이 경제행위자의 전망을 확실하게 하는 데 있다고 강조한다. 그렇지만 실제 '경제민주'가 재산권보다 훨씬 더 심층적인 차원에서 경제행위자의 전망을 확실하게 하고 있다. 예를 들어 중국 농가토지 하청경영제도는 줄곧 재산권의 논리에 따라 개혁되어왔지만(즉 하청기간을 15년 불변에서 30년 불변으로 연장함), 최근 적지 않은 농가들은 자원해서 하청받은 토지를 촌(村)의 집체에 이양하고 노동에 참여하고 있다. 촌민위원회가 농업과 노동을 잘 안배하기 때문에 이들 농가들은 토지를 촌에 이양했다고 해서 전망이 불확실해졌다고는 생각하지 않는다. 이는 '경제민주' 방식을 통해 토지하청경영제 때보다도 더 심층적인 차원에서 전망을 확실하게 만들어주고 있다. ② '재산권'은 결코 하나의 권리가 아니라 잔여수취권·잔여통제권·자산관리권·양도권·위탁권 등으로 분리될 수 있는 '권리의 다발'(bundle of rights)이다. 중국에서든 서구에서든 이 권리의 다발은 분해되고 조합되는 과정중에 있는데, 문제는 어떻게 하면 이 분해와 조합을 '경제민주'의 방향으로 발전되도록 만들 것인가 하는 점이다. 중국의 국유기업은 개혁과정에서 집체 및 향진기업과 합자하여 연합경영을 하는 경향이 있는데(종종 전자는 토지를, 후자는 기술을 제공한다), 이는 원래 '국유기업의 재산권 다발'의 분해와 조합의 한 예이다.[70] 이같은 방법은 소련과 동유럽의 '사유화' 물결보다 더욱 '경제민주'의 발전을 촉진시킬 수 있다. '경제민주'의 중요한 내용으로서 '안강헌법'이 장차 새로운 생명력을 가질 수 있다고 믿을 만한 이유가 있다.[71]

다섯째, 21세기 중국은 문화적으로 "낡은 것을 밀어내고 새로운 것을 만들어내는(推陳出新)" 시대여야 한다. 우리는 현대의 문제에 대응하기

---

70) 페이 샤오퉁(費孝通)은 이같은 국유기업의 재산권 다발의 분리와 조합을 "한 공장 두 제도(一廠兩制)"라고 한다(費孝通『行行重行行』, 寧夏人民出版社 1992, 409면).
71) 崔之元, 같은 글.

위해 전통문화를 창조적으로 해석하지 않으면 안된다. 마오 쩌뚱은 일찍이 '비림비공(批林批孔)' 운동[72]을 전개한 바 있다. 니체가 플라톤(Platon)과 기독교를 맹렬하게 비판했다고 해서 플라톤, 기독교, 니체 모두가 서구 문화전통의 경전이 되는 것을 방해하지 않았듯이 마오 쩌뚱이 공자를 비판한 것 역시 우리가 중국 문화전통에서 영양분을 흡수하여 오늘날의 제도와 문화를 혁신해나가는 것을 방해하지 않는다. 사실 마오 쩌뚱은 "전통을 오늘에 응용하고, 서양문물을 중국에서도 사용하며, 백화제방하고, 낡은 것을 밀어내고 새로운 것을 만들어낸다(古爲今用, 洋爲中用, 百花齊放, 推陳出新)"는 방침을 온몸으로 실천했다. 예를 들어 마오 쩌뚱은 중앙과 지방 관계를 고려할 때 류 쭝위안(柳宗元)의 '봉건론'과 왕 푸즈(王夫之), 쟝 타이옌(章太炎)의 글을 참고한 바 있다. 그렇다고 해서 마오 쩌뚱과 류 쭝위안의 관점이 동일하다는 것은 결코 아니다. 단지 역사적 경험이 오늘날의 혁신에 시사하는 바가 있다는 점을 의미한다.

좀더 상징적인 의의가 있는 것은, 마오 쩌뚱의 국제문제비서를 오랫동안 담당해온 린 커(林克)의 회고에 따르면 마오 쩌뚱은 자주 『육조단경(六祖壇經)』을 읽으면서 제6대 선종대사 후이넝(慧能)을 생각하곤 했다는 점이다. 후이넝은 인도 불교가 중국 내에서 절대적인 지위를 차지하는 것을 용감하게 타파하고 혁신하면서 밖에서 들어온 불교를 중국화했고, 심지어 '욕하기(喝佛罵祖)'까지 했다. 이는 마오 쩌뚱 이론과 정통 맑스–레닌주의의 관계와 상당히 비슷하다.[73] 필자는 마오 쩌뚱과 정통 맑스–레닌주의의 관계는 노동대중이 자유·평등·민주를 쟁취하는 해방사업과 정통 맑스–레닌주의의 관계이며 양자는 결코 동일한 것으로 취급되어서는 안된

---

72) 비림비공은 린 뺘오(林彪)와 공자(孔子)를 비판한다는 의미이다. 문화혁명이 한창이던 1973년 5월에 개최된 중앙공작회의에서 마오 쩌뚱이 린 뺘오를 비판하면서, 그를 비판할 때 공자와 함께 비판하라고 지시하면서 전개된 운동이다 — 옮긴이.

73) 林克, 徐濤, 吳旭『歷史的眞實: 毛澤東身邊工作人員的證言』, 香港: 利文出版社 1995, 250면.

다고 생각한다. 전자는 후자보다 더욱 근본적이고, 후자의 정확한 부분에서 영양분을 섭취할 수 있다. 그렇지만 후자의 오류는 결코 전자를 속박해서는 안된다. 그렇지 않으면 주객이 전도되어 노동대중의 해방사업을 방해하는 중대한 오류를 범하게 된다.

종합하면, 마오 쩌뚱의 문화대혁명이론은, 특히 그의 '대민주' 이론의 득과 실은 우리들이 21세기 중국의 청사진을 그리는 데 절대적으로 필요한 경험적 자료를 제공해주었다. 오늘날의 세계를 보면 서구의 주류학계에서 말하는 현대성의 '규율과 해방'의 내재적인 모순은 여전히 인류를 곤혹스럽게 만든다. 푸꼬(M. Foucault)는 세상을 뜨기 전에 하버마스와 미국이라는 '중립지대'에서 '현대성' 문제를 토론하기로 계획한 바 있는데, 이는 현대성의 모순이 여전히 해결되지 않았다는 사실을 반증해준다. 만약 21세기의 중국이 '경제민주'와 '정치민주'로써 마오 쩌뚱이 묵묵히 추구했지만 결국은 이룩하지 못한 '썩지 않는(流水不腐, 戶樞不蠹), 개방적인' 제도를 확립할 수 있다면, 그것은 중국이 자신의 실천을 통해 서구 주류학계에서 말하는 현대성을 재구축하는 것이며, 따라서 "세계의 민족들 속에 자립해서 인류를 위해 비교적 큰 공헌을 하는 것이다."

제도혁신과 제2차 사상해방

– 1 –
들어가는 말

1978년 이후 중국현대사는 개혁·개방의 새로운 장을 열었다. 개혁·개방의 함의는 처음부터 아주 명확했다. 경제영역에서는 농가하청 경영제를 실시하고, 도시 국유기업의 '두 가지 권리를 분리'한다는 것이다. 그리고 정치와 법영역에서는 '사회주의 민주와 법제' 확립을 강화한다는 것이며, 사상과 문화영역에서는 극좌사상을 바로잡고 사상해방운동을 전개한다는 것이다.

1978년의 '사상해방' 운동이 일어난 지 눈 깜짝할 사이에 16년이 경과했다. 이 기간에 중국에서는 천지개벽의 변화가 일어났다. 경제 면에서 국제통화기금(IMF)은 1993년에 이미 중국이 세계 제3대 경제대국이 되었다고 진단했다. 정치적으로도 우여곡절을 겪었다. 사상영역에서 가장 중대한 변화는 확실하게 개혁·개방의 큰 방향을 정립한 것이다. 그렇지만 개혁의 구체적인 함의는 개혁·개방 초기만큼 명확하지는 못하다. 예를 들어 '사회주의 시장경제'에서의 소유형태는 도대체 무엇인가? 어떻게 해야 '시장경제하의 중앙과 지방의 재정관계'는 무난하다고 간주할 수 있을까? '주식 붐'과 '외자 붐'이 일고 '도시로 진입해오는 민공(民工潮)'들이 확대되는 상황에서 어떻게 하면 노동자의 합법적인 권리를 보장할 수 있을까? 시장경제의 발전에 더 잘 적응할 수 있는 것은 '신권위주의 정체'인가 아니면 '민주정체'인가? '자본주의'와 '민주주의'는 동일한가? '시장경제'라는 말은 현재 중국의 제도를 가장 잘 표현하는 개념인가? "모든 것이 돈을 바라보는(一切向錢看)"[1] 상황에서 어떻게 중화민족의 정신적 자원을 응집할 수 있을까?

이런 일련의 문제들은 중국의 이론계에 던져진 새로운 도전이다. 21세기에는 새로운 사상이 필요하다. 냉전시기의 낡은 개념 범주들은 이제 더이상 중국과 세계의 수요를 충족시키지 못한다. 시대는 제도와 이론의 혁신을 바라고 있다. 중국은 새로운 '사상해방'운동이 필요하다.

이런 새로운 사상해방운동 가운데 우리는 '신진화론' '분석적 맑스주의' '비판법학'에서 유익한 시사점을 얻을 수 있다. 그 다음 중국이 겪었던 수많은 경험을 기초로 하여 중국에서 이미 나타나고 있는 일부 제도와 이론적 혁신의 맹아들을 발육시키고 성장시켜야 한다.

– 2 –

신진화론과 제도 형태의 무한성

물론 일부 사람들은 '개혁'의 함의가 초기보다 덜 명확하다는 문제제기에 대해 그렇지 않다고 반론을 제기할 수도 있다. 이들은 1989년에 소련과

---

1) 본래 "모든 것이 앞을 바라본다(一切向前看)"라는 건전한 의미의 구호가 "모든 것이 돈을 바라본다(一切向錢看)"라는 부정적인 의미로 바뀐 것이다. 한자의 '前'과 '錢'의 발음이 동일하기 때문에 말을 할 때에는 양자의 의미가 구분되지 않는다. 황금만능주의 등 개혁·개방정책의 부정적인 측면을 비꼬는 이 말은 1980년대 중국대륙에서 생겨나 급속히 유행하였다 — 옮긴이.

동유럽이 붕괴한 것이 '역사의 종언'을 의미하고 사회주의국가의 체제개혁은 현재 서구 선진국가의 제도로 통일되어야 한다고 생각한다. 그렇지만 이 관점에는 두 가지 치명적인 약점이 있다.

먼저 현재 서구 선진국가의 통일되지 않은 제도가 사회주의국가의 개혁목표라는 점이다. 클린턴(B. Clinton) 미국대통령의 정책연구반은 미국의 노동자훈련과 정경협조관계는 독일과 일본을 본받아야 한다고 지적했다. 의미심장한 사실은 독일과 일본의 이론계와 기업계의 최근 흐름은 그들이 미국의 현체제를 본받아야 한다고 여기고 있다는 점이다. 최근 2년 동안 두 권의 베스트셀러는 '제도모델'을 모색하는 가운데 전개되는 세계적인 혼란을 보여준다. 한 권은 프랑스 최대의 보험회사 총재 미셸 알베르(Michel Albert)가 쓴 『자본주의 대 자본주의』이고, 다른 한 권은 MIT 경영대학 학장 레스터 서로우(Lester Thurow)가 쓴 『머리를 맞대고』이다.[2] 이 두 권의 책은 서구 학계가 최근 10여년간 작업해온 주요한 결과, 즉 통일된 '서구 자본주의' 개념을 포기한다는 것을 보여주고 있다.

그 다음 더욱 중요한 것은 "개혁목표는 서구 자본주의로 통일되어야 한다"는 '역사적 종언'론의 관점은 여전히 지난날의 '사회진화론'을 기초로 한다는 점이다. 이 '자연선택'이론에 따르면 소련과 동유럽이 1989년에 붕괴된 것은 '서구'가 '적자(適者)'이고, '적자'만 '생존'할 수 있다는 것을 증명한 것이라고 한다. 그렇지만 최근 10여년간의 생물학 연구성과를 기초로 '신진화론'이 형성되고 있다. 이 이론의 주요 결론 가운데 하나는 자연선택의 결과가 영원히 최종적인 것은 아니라는 것이다. '격세유전(隔世遺傳)' 현상을 예로 '신진화론'의 핵심사상을 설명해보자.

우리는 일상생활에서 닭은 이가 없고, 말은 발톱이 하나뿐이라는 사실

----

2) Albert, Michel, *Capitalism vs. Capitalism: How America's Obsession with Individual Achievement and Short-Term Profit has led its to the Brink of Collapse*, Four Walls Eight Windows 1993; Thurow, Lester, *Head to Head*, Morrow 1992.

을 관찰할 수 있다. 그렇지만 『사기(史記)』에는 수레를 끄는 말의 발톱이 다섯개라고 기록되어 있다. 그리고 우리는 간혹 손가락이 여섯개인 사람을 볼 수 있다. '자연선택'을 강조하는 전통적 진화론은 이같은 '격세유전' 현상을 이론적으로 해석하지 못하고 단지 '돌연변이'로 취급하고 있을 뿐이다. 그렇지만 '신진화론'은 격세유전 현상을 생물 유기체가 과거의 유전자정보를 완전히 상실한 것은 아니라는 증거로 인식한다. 예를 들어 말은 발톱이 하나 이상일 수 있다는 유전자정보를 완전히 상실하지 않았다는 것이다. 1980년 2월 29일에는 놀랄 만한 생물학적 실험이 성공을 거두었다. 닭과 쥐의 유전자를 결합한 뒤 닭에게서도 이가 자란 것이다! 이 실험은 '자연선택'의 결과는 결코 최종적인 것이 아니며, 과거의 유전자정보는 새로운 조건하에서 다른 유전자와 결합하여 새로운 형태로 나타날 수 있음을 보여준다.[3]

우리는 모두 중국의 향진기업이 14년간의 개혁·개방시기에 아주 빠르게 발전하여 중국경제를 활성화시킨 역군임을 지켜보았다. 그렇지만 적지 않은 사람들은 향진기업이 1958년 '대약진(大躍進)' 시기에 처음으로 나타났다는 점을 잊지 않고 있다. 스딸린 모델에서 공업은 공산품과 농산품의 '협상가격차이'에 의존해서 축적되었기 때문에 스딸린은 1938년 집체농장이 공업을 운영하는 실험을 폐기했다. 이유는 명백했다. 공산품의 가격이 비싸고 이윤이 많기 때문이다. 만약 집체농장이 공업을 운영하는 것을 허용한다면, '협상가격차이'의 축적 메커니즘은 유지되지 못하고, 농민은 공업부문으로 이동한다는 것이다. 그렇지만 마오 쩌둥은 1958년에 "인민공사는 반드시 공업을 운영해야 한다"는 명언을 남겼다. 뽀 이뽀(薄一波)의 회고에 따르면, 마오 쩌둥은 1956년부터 소련모델의 경제체제를 개혁하기

----

3) '신진화론'의 대표적인 인물은 하바드대 생물학과 교수 굴드(S. J. Gould)이다. 그가 쓴 『닭의 이와 말의 발톱』(*Hen's Teeth and Horse's Toes*, Norton 1983)은 '격세유전' 현상과 닭과 쥐의 유전자결합에 대한 실험분석 내용을 담고 있다.

시작했다.[4] 빠 투(巴圖)의 연구에 따르면 마오 쩌둥은 1958년에 "왕 전(王震)이 일본을 방문했을 때 수많은 공업들이 농촌에 분산되어 있음을 발견했습니다. 우리도 일본의 그같은 방법을 배워야 합니다. 성(省)·지구(地區)·현(縣) 모두 공업을 발전시켜야 합니다"[5]라고 말했다. 그렇지만 '대약진'의 '모험주의'적 실책 때문에 1961년 중국공산당 중앙은 인민공사는 더이상 공업을 운영해서는 안된다고 규정하고 말았다.[6] 마오 쩌둥은 1966년 3월 1일 『농업기계화 문제에 대한 편지(關于農業機械化問題的一封信)』에서 다시 "농업기계화를 위해 (…) 지방이 일부분의 기계제조권리를 쟁취해야 한다"고 밝혔다. 쟝쑤성(江蘇省)은 1970년 북방농업공작회의의 농업기계화 요구기회를 포착해 마침내 향진기업이 다시 등장하게 되었다. 그리고 '공업으로써 농업을 보충한다(以工補農)'는 제도혁신을 통해 일부 농민들은 안심하고 농업생산에 참여할 수 있게 되었고, 결과적으로 '협상가격차이'라는 국가의 '대순환(大循環)' 하에서 지방이 향진공업을 발전시키는 '소순환(小循環)'이 형성되었다. 1978년 이후 향진공업은 더욱 발전하였다. 중국의 향진공업 발전사는 '대약진'은 실패했지만, 그 실패가 결코 그 가운데 합리적인 요소, 즉 향진공업이 새로운 조건하에서 다시 등장하는 것을 방해하지 못했음을 아주 생생하게 보여주고 있다.

한편 우리는 "따쟈이(大寨)[7]에서 농업을 배워야 한다"는 운동이 전개되는 가운데 수많은 형식주의가 존재했고, 농민들이 피해를 입었다는 점을 알고 있다. 그렇지만 『눙민일보(農民日報)』의 우 쓰(吳思)가 심층적인 조사를 통해 밝히고 있듯이 '따쟈이의 실험' 가운데 존재하는 합리적인 요

----

4) 薄一波『若干重大決策與事件的回顧』(下卷), 中共中央黨校出版社 1993, 785면.

5) 巴圖『生存, 溫飽, 發展: 毛澤東的人權觀』, 中國政法大學出版社 1993, 81면.

6) 莫遠人 外『江蘇鄕鎭工業發展史』, 南京工學院出版社 1987.

7) 샨시성(山西省) 시양현(昔陽縣)의 조그마한 산촌이다. 마오 쩌둥이 "따쟈이에서 농업을 배우라"고 말한 뒤 6, 70년대를 거쳐 약 1천만명 정도가 따쟈이촌을 방문했다 — 옮긴이.

소, 즉 농업수리시설 건설과 천 융꾸이(陳永貴)의 '땅을 깊이 파서 종자를 심는 농법(深鉋法)'은 현재의 중국 농업발전에도 여전히 유용하다.[8] 실제 오늘날 중국 농촌에 광범위하게 존재하는 '주식합작제(股份合作制)'의 향진기업은 순수한 사유제도, '규모가 크고 공유제 성격인(一大二公)' 인민공사도 아니다. 그것은 '주식 매입에 기초해 이익을 배당하는 방식(入股分紅)'과 '노동에 따라 분배하는 방식(按勞分配)' 양자를 상호 결합한 일종의 '초급사(初級社)'[9]의 '격세유전'이다.

일부 사람들은 '신진화론'을 사회현상에 대비하는 것은 타당하지 않다고 문제를 제기할지도 모른다. 그렇지만 문제는 오늘날 대부분의 생물사학자들이 다윈(Darwin)의 '자연선택·적자생존' 사상이 맬서스(Malthus)와 아담 스미스(A. Smith)의 영향을 받아 형성되었다는 점을 공인하고 있다는 데 있다. 사회관이 자연관을 형성시켰지 자연관이 사회관을 형성시킨 것은 아니다.[10] 따라서 '신진화론'은 우리가 원하든 원하지 않든 인류사회를 바라보는 우리의 사유방식에 반드시 영향을 미칠 것이다. 신진화론이 시사하는 점 가운데 가장 의의있는 것은, 우리는 피동적인 '자연선택'에 대해서도 주의해야 하지만 능동적인 '돌연변이'에 대해서도 좀더 많은 주의를 기울여야 한다고 일깨워준다는 점이다. 즉 '자본주의/사회주의'라는 전통적인 이분법으로는 제도혁신 가운데 나타나는 유형들의 무한성을 결코 포괄할 수 없다! 사실 다윈 자신도 '돌연변이'를 대단히 중시했다. 그는

---

8) 吳思『陳永貴沈浮中南海: 改造中國的實驗』, 花城出版社 1993.

9) 1953년 중국공산당 중앙이 「농업생산 합작사를 발전시키는 데 대한 결의(關于發展農業合作社的決意)」를 발표한 뒤 농업에 대한 사회주의적 개조가 전개되었다. 1955년 상반기에는 호조조(互助組)·초급사·고급사·국영농장 등 다양한 형태의 합작형태가 제기되었다. 초급사는 토지·가축·농기구 등 주요 생산수단은 개인이 소유하되 초급사라는 집체가 공동으로 사용하는 형태를 말한다. 분배 측면에서 초급사는 노동에 따른 분배방식과 생산수단에 따른 분배방식 양자를 결합하는 방식을 취했다 — 옮긴이.

10) Gould, Stephen Jay, *Eight Little Piggies*, Norton 1993, 148면.

'격세유전' 현상을 '돌연변이'를 이해하는 핵심으로 보았고, 그의 가장 긴 저서를 『가정에서 기르는 동식물의 돌연변이』라고 명명했다.[11] 그후 다윈을 왜곡한 '사회진화론' 때문에 사람들은 제도혁신의 무한한 가능성을 보지 못했고, 나아가 소수 사람들의 기득권을 옹호하기 위해 일부 제도를 생존경쟁에서 살아남은 '적자'로 취급하기 시작했다.

- 3 -
분석적 맑스주의가 시사하는 것

'분석적 맑스주의'는 1980년대 이후 서구 학계의 중요한 학파 가운데 하나로서, 로머(J. Roemer)는 이 학파의 대표 인물 가운데 한 사람이다. '분석적 맑스주의'는 맑스 학설에 대한 엄격한 해석을 통해 현대의 조건 속에서 인류의 전면적인 해방과 개인의 전면적인 발전을 추동하려는 이상을 실현하고자 한다.

중국 학계에서는 대단히 익숙한 맑스의 『정치경제학 비판 대강: 서문』 (*A Contribution to the Critique of Political Economy: Preface*)에서는 한 사회의 생산력이 계속 발전하는 이상 그 사회는 멸망하지 않는다고 지적하였다. 그렇지만 맑스의 『자본(資本)』에서는 자본의 유기적 구성이 고도화되면 이윤율이 저하된다는 법칙을 제시하고 있다. 맑스는 '자본의 유기적 구성이 고도화되는 것'은 기술의 진보 때문이라고 밝혔다. 이는 마치 상호 모순되는 것처럼 보인다. 즉 '유기적 구성의 고도화'와 '기술의 진보'라는 말은 맑스가 자본주의사회의 생산력이 정체될 것이라고 인식하지 않았음을 의미하는데, 이런 인식이 『정치경제학 비판 대강: 서문』과 결합되면 자본주의사회는 멸망하지 않는다는 의미가 된다. 분석적 맑스주의 학자 엘

----

11) Gould, *Hen's Teeth and Horse's Toes* 186면.

스터(J. Elster)는 이 표면적인 모순에 주의를 집중했다. 그는 고증과 새로운 해석을 통해 소위 "생산관계가 생산력 발전을 방해한다"고 했을 때, '방해한다'는 말을 '생산력을 더이상 발전하지 못하게 하는 것'으로 이해해서는 안되고 '생산력의 진일보한 발전과 관련해서 볼 때 현존의 생산관계는 덜 중요하다'는 의미로 이해해야 한다고 지적했다. 바꿔 말하면 생산력이 현재의 생산관계 속에서 여전히 발전하고 있지만, 다른 생산관계 내에서는 더욱 빠른 속도로 발전할 수 있다는 것이다.[12] 이런 새로운 해석은 기술결정론의 병폐를 극복하고 제도혁신에 대한 사람들의 상상의 공간을 확대시켜준다. 최근 10여년간 공업화의 역사와 현상에 대한 서구 학계의 새로운 연구는 이와같은 생산력과 생산관계의 상호작용에 대한 새로운 해석을 충분히 뒷받침해주고 있다. '포드식 생산방식'과 '유연전문화' 논쟁을 통해 '비기술결정론'을 좀더 심도있게 살펴보자.

1913년 포드(H. Ford)는 미시건의 자동차 제조공장에서 'T형 모델'을 전문적으로 생산하기로 결정했다. 이는 아담 스미스에서부터 헨리 포드에 이르기까지 이들의 공업발전이론이 제왕적 지위를 점하게 되었다는 의미이기도 하다. 이 이론은 스미스의 기술분업론을 기초로 공정을 세분화하고 기계를 전문화하면 기능노동자에 대한 요구를 감소시키고 '규모의 경제'를 실현할 수 있다는 것이다. '포드주의'(Fordism)는 '단위비용을 지속적으로 감소시키는 단일상품의 대량생산'을 의미한다. 그렇지만 '포드주의'는 상품생산을 다양화하기 힘든 특성이 있다. 포드주의는 '규모의 경제'를 실현했지만, '범위의 경제'(economy of scope)를 희생했다.

1984년 MIT대의 피오르(M. Piore)와 쎄이블(C. Sabel)은 '포드주의'에 대응해 '유연전문화' 이론을 제기했다. 그들은 엥겔스가 레오나르도 다빈치 시대 때 이미 인류는 기계제도의 원리를 파악하고 있었다는 사실에 주목

---

12) Elster, Jon, *Making Sense of Marx*, Cambridge University Press 1985.

했다고 지적했다. 그후 기계설계는 '포드주의'적 방향 —— 전문화되긴 했지만 상호교환하여 보편적으로 통용될 수는 없는 기계와 노동자의 기능을 감소시킬 뿐 확대시키지는 않는 —— 으로 발전했는데, 이는 결코 기술발전에 내재된 필연적 법칙 때문에 그렇게 된 것은 아니다.

영국에 제니방적기가 나타났던 것과 같은 시기에 프랑스 리용(Lyon)에서는 자까르 직포기가 나타났다. 제니방적기가 대량생산할 수 있는 반면, 자까르 직포기는 수요에 맞추어 소량생산할 수 있고, 카드 조작을 통해 모델을 바꿀 수 있어 기술을 연구하는 현대 사학자들에게는 컴퓨터의 선구로 인식되었다. 자까르 직포기는 제니방적기와 경쟁해서 승리하지 못했는데, 그것은 기술 자체에 내재된 원인보다는 사회·정치투쟁의 결과에서 비롯된 것이다.[13] 이 사례는 제니방적기를 사용한 시기에도 여전히 생산력이 발전하고 있었지만, 만약 다른 생산관계가 자까르 직포기 사용을 지지했더라면 생산력은 더욱 발전했을 가능성이 있음을 보여준다.

중국의 유명한 학자 페이 샤오퉁(費孝通)이 일찍이 1940년대에 '포드주의'를 비판했다는 점이 눈에 띈다. 그는 샹하이(上海)의 상당수 대공장들이 항일전쟁 시기에 부득이 농촌으로 이전했지만 생산량은 결코 저하되지 않았다는 점을 민감하게 관찰했다. 이는 경영규모와 제조규모는 동일한 것이 아니며 기술법칙이 경영규모를 지배하는 것은 아니라는 사실을 보여준다.[14] 10여년간 발전해온 중국의 향진기업은 "작은 배가 뱃머리를 잘 돌릴 수 있다"는 말처럼 포드주의와 대립되는 '유연전문화'의 좋은 사례이다. 놀랄 만한 것은 '포드주의'와 '지령성 계획경제'는 본질적으로 동일하다는 점이다. 이들 모두는 반드시 정치수단을 통해 '수요를 안정적으로 확보'하고(독점자본주의 혹은 중앙의 명령을 통해 상품 판로를 보증한다),

----

13) Sabel, Charles, *Work and Politics*, Cambridge University Press 1985.
14) 費孝通『鄕土重建與鄕鎭發展』, 牛津出版社 1994.

만약 판로가 확보되지 않으면 포드주의에 내재된 모델을 전환하기가 곤란하여 대량생산의 장점은 감소하고 만다는 공통점을 안고 있다.[15]

중국의 향진기업이 한 단계 더 발전하기 위해서는 굳이 포드주의적인 대공장의 형태를 취할 필요가 없다는 점을 지적해둘 필요가 있다. 기술결정론을 탈피한다면 '규모의 경제'가 반드시 한 가지 형태로만 실현되는 것이 아니라는 것을 알 수 있다. 중국의 향진기업 구조를 개편할 때 참고할 만한 것은 지금 세계의 일부 지역에서 발전해나가는 '경쟁과 합작이 상호 결합되는' '네트워크방식의 생산'인데, 이는 페이 샤오퉁이 제창한 "큰 고기는 작은 고기를 데리고 다니고, 작은 고기는 새우를 데리고 다닌다(大漁幇小漁, 小魚幇蝦米)"는 새로운 향진기업 발전모델을 실현하는 것이다.

로머가 '분석적 맑스주의'의 '시장사회주의' 이론을 확립할 때 그는 구 소련과 동유럽국가들이 '사유화 바우처'(privatization voucher) 발행을 통해 국유자산을 대규모로 사유화하는 방법에 대해 엄중하게 비판했다. 1992년 12월 러시아는 '주식구매증'으로 '사유화 바우처' 1억 5천 주를 러시아 시민에게 발행했는데, 한 주의 가격은 1만 루블에 달했다. 문제는 '주식구매증'이 현금으로 자유롭게 전환되는 것을 제한하지 않았기 때문에 현금이 필요한 가난한 사람들이 '주식구매증'을 팔아버렸다는 사실이다. 이렇게 해서 얼마 지나지 않아 소수의 부유층들(혹은 그들이 통제하고 있던 주식기구들)한테 주식이 집중되었다.

로머는 소수의 사람들이 사회의 재부를 차지하는 비중이 크면 클수록 그들의 '외부성 부담' 역시 커지게 된다는 공식을 증명하고 있다.[16] 예를 들어 미국의 한 방송사가 이라크 출병 전에 여론조사를 했는데 다수의 사람들은 석유값이 약간 오르더라도 '석유 운송을 금지'한 조치가 효력이 있

---

15) Piore, Michel and Charles Sabel, *The Second Industrial Divide*, Basic Books 1990, 184면. 레닌(Lenin)이 테일러(Taylor)와 포드를 좋아한 것은 우연이 아니다.

16) Bardhan, P. and J. Roemer eds., *Market Socialism*, Oxford University Press 1993, 99면.

는지 여부를 시간을 두고 관찰해야 한다고 답한 데 반해, 대형 석유회사들은 석유값이 오른다고 해서 그들이 집중하고 있는 자산에 손실이 오는 것이 아니기 때문에 기다릴 필요가 없다고 답했다.

'분석적 맑스주의'는 사회주의의 이상을 대다수 노동대중의 '경제민주'를 통해 소수 경제·정치 엘리뜨의 사회적 자원 장악을 대체하는 것으로 본다. '분석적 맑스주의'의 또다른 대표자 셰보르스끼(A. Przeworski) 시카고대 교수는 '자본주의 민주'는 '자본주의'와 '민주'의 타협이지만, 사회주의는 경제·정치민주의 동의어라고 지적하였다. 중국이 제기한 '양쪽의 참여, 하나의 개혁, 세 가지 결합(兩參一改三結合)'[17]의 '안강헌법(鞍鋼憲法)'은 경제민주를 체현한 것이다. 일본 기업들이 노동자들을 품질관리에 참여시키고, 서독 회사들이 이사회 성원의 1/3을 노동자로 구성하도록 규정하고 있는 점 등은 모두 '안강헌법'의 영향을 받아서이다. 정치민주는 소수의 사람들이 공유자산을 '자발적으로 사유화'하는 것을 막을 수 있는 필요조건이다. 19세기 말 미국에서는 10여년간 '진보운동'과 '평민운동'이 매우 치열하게 전개되었는데, 당시 이들 운동의 강령은 소수 철도회사가 본래의 공유제 토지를 '자발적으로 사유화'하는 것을 반대하는 것이었다. 미국과 비교했을 때 오늘날의 러시아와 동유럽에는 대규모의 '자발적인 사유화'를 억제하는 대중운동이 없다. 이들 지역의 '자본주의 민주'에는 '민주'가 매우 취약하다는 사실을 알 수 있다.

---

17) '양쪽의 참여'란 기업의 관리자가 관리에만 전념하는 것이 아니라 생산노동에도 참여하고 노동자는 생산노동에만 참여하는 것이 아니라 기업관리에도 참여하는 것을 의미한다. 또 '하나의 개혁'이란 불합리한 생산규칙을 개혁해 생산성 향상을 도모하는 것을 말하며, '세 가지 결합'이란 생산성을 제고하기 위해 생산과 관리에 기업의 지도간부·기술자·노동자가 협력해야 한다는 것을 의미한다 ― 옮긴이.

– 4 –
비판법학: 사회주의와 자본주의라는 이분법을 초월한다

이 글에서 사용하고 있는 '자본주의'와 '사회주의'라는 개념은 이미 전통적인 사용법과 다르다는 점을 지적해둘 필요가 있다. 이 글에서 말하는 '자본주의'는 소수의 경제·정치 엘리뜨가 사회자원을 조종하는 제도를 가리키고, '사회주의'는 노동대중의 경제민주와 정치민주를 가리킨다. 1980년대 미국에서 발전한 '비판법학'은 바로 전통적인 사회주의/자본주의라는 이분법을 초월하는 방향으로 나아가고 있다.

비판법학의 중요한 이론적 성과 가운데 하나는 18세기 이후 민법의 핵심적인 내용, 즉 절대재산권이 이미 해체되고 있음을 보여준 것이다. '절대재산권'이란 재산의 '최종 소유자'가 재산에 대해 배타적인 처분권을 갖는 것을 말한다. 1982년 미국철강회사(U. S. Steel)가 소도시에 있던 두 개의 공장을 폐쇄하고자 했을 때 노동자와 현지 주민들은 반대했다. 미국철강회사는 회사 법인이 절대적 재산권을 갖고 있다는 이유로 노동자와 주민들의 요구를 받아들이지 않았다. 비판법학의 영향을 받은 진보적인 법률가는 '이혼'을 예로 들면서 노동자와 주민을 변호했다. 심리과정은 다음과 같다. 왜 이혼할 때 쌍방은 결혼 전의 재산이 같지 않았는데도 원칙적으로 재산을 절반으로 나누어 갖는가? 그것은 바로 결혼의 '장기적 관계' 그 자체 때문에 쌍방에게 동등한 재산권을 부여하는 것이다. 미국철강회사는 노동자 및 주민과 '장기적인 관계'를 맺어왔다. 따라서 노동자와 주민 역시 재산권을 일부 갖고 있기 때문에 미국철강회사는 '절대재산권'이라는 이유로 독단적으로 폐쇄결정을 내려서는 안된다.

미국철강회사의 사례는 비판법학의 '절대재산권 해체론'의 응용사례 가운데 하나이다. 비판법학은 20세기 초 미국 대법관 올리버 홈스(Oliver Holmes)의 '법률현실주의' 전통을 계승한 것이다. 홈스가 내린 유명한 판결 가운데 하나는 주택임대자의 '소유권'은 임차권자에 대한 임의적인 배타적 처분권까지 포함하는 것은 아니라는 점이다. 비판법학은 '소유권'은 하나의 권리가 아니라 '잔여수취권' '잔여통제권' '현존자산관리권' '처분권' '위탁권' 등으로 구성되는 권리의 다발이라는 일반론을 제기하고 있다. 이런 일련의 권리는 서로 다른 권리를 가진 사람 혹은 기구로 분해될 수 있고, 분해되고 있는 중이다.

서구에서 재산 '권리 다발'의 분해와 조합은 자주 발생하는데, 문제는 그러한 분해와 조합을 어떻게 경제민주와 정치민주의 방향으로 더욱 발전시킬 것인가 하는 점이다. 예를 들어 현재 진행되고 있는 논쟁의 초점 가운데 하나는 미국 노동자의 주식소유계획에서 노동자주식의 투표권을 인정할지의 여부이다. 미국의 경제엘리뜨는 경제민주에 대해 항상 마음껏 요리할 수 있다. 경제조직의 '복합적인 인쎈티브 구조'에 대한 중국 학자들의 연구와 비판법학에서 말하는 '재산권분해' 이론은 일맥상통한다.[18] '재산권 다발'의 관점에서 볼 때 '소유권과 경영권의 분리'라는 말보다 좀더 정확한 표현은 '잔여수취권과 경제권의 분리'이다. '소유권'은 '권리의 다발' 그 자체로서 분리되고 해체되는 것이다. 이렇게 해서 우리는 개념 차원에서 '사유제/국유제'의 이분법을 초월하여 실질적인 문제, 즉 '재산권 다발의 분리와 조합'을 통해 어떻게 경제민주를 확대할 것인가라는 문제에 주의력을 집중할 수 있게 되었다.

비판법학의 또다른 주요한 관점은 하바드대 법학과 교수 웅거가 지적하듯이 '기본권리'의 개념을 거부하는 것이 아니라 재해석하고 있다는 점이다. 전통적인 자본주의는 인간에 대한 기본권리의 승인 및 보장을 '절대재산권'에 대한 승인 및 보장과 혼동하고 있다. 그것은 사실상 절대재산권

---

18) 鄧英淘「經濟組織中分立型與複合型激勵結構的比較」, 『科技與發展, 中國發展專刊』(1994年 1月).

을 인간의 생명과 자유 위에 놓는 것이다. 미국헌법을 기초한 사람 가운데 하나인 모리스(G. Morris)는 "일반적으로 생명과 자유가 재산보다 더 가치 있다고 잘못 이해하고 있다. 그렇지만 재산은 사회의 주요 목적이다. 야만의 나라에서는 아마 문명국보다 생명과 자유를 더욱 중시할지 모르겠지만 문명세계만이 재산 보호를 위해 정부를 수립한다"[19]고 명백히 밝혔다. 이 말은 전통적인 자본주의가 재산권에 우선적인 지위를 부여하고 있음을 보여준다. 말을 하지 않아도 명백하게 나타나듯이 비판법학이 이론적으로 '재산권 다발'을 분리한 후 생명과 자유의 권리는 재산권보다 더욱 중요한 헌법적 지위를 얻게 될 것이고, 따라서 더욱 발전하고 헌법으로 보장받게 될 것이다.

주목할 만한 사실은 최근 미국헌법학의 중요한 저서 가운데 하나인 『시대에 뒤떨어진 봉건주의』(Belated Feudalism)에서 미국 자유주의헌정의 역사발전에 대해 새로운 해석을 하고 있다는 점이다. 미국은 봉건적 전통이 없고 '탄생 때부터 자유로운 나라'라는 일반적인 이론과 반대로 이 책은 미국의 많은 주(州)들은 19세기 영국의 중세기 민법을 계승하고 있기 때문에 미국의 노동제도에는 '봉건성'이 팽배해 있다고 주장한다. 노동계급이 19세기 말 이후의 투쟁을 통해, 그리고 1935년 '신정부'가 노동조합을 자유롭게 조직할 수 있는 「와그너 법안」(Wagner Act)을 허락한 뒤에야 미국의 자유주의헌법이 비로소 확립되었다는 것이다.[20] 이 연구는 우리에게 노동계급은 서구국가에 이미 존재하는 자유와 민주권리를 더욱 확대하는 동력이고, 이 점과 관련하여 사회주의 중국은 더욱 잘해야 하고 또 더 잘할 수 있다는 시사점을 던져준다.

----

19) Nedelsky, Jennifer, *Private Property and the Limits of American Constitutionalism*, The University of Chicago Press 1990, 68면.

20) Orren, Karen, *Belated Feudalism: Labor, the Law and Liberal Development in the United States*, Cambridge University Press 1991.

- 5 -
'제도 물신주의' 비판

1978년에 시작된 제1차 '사상해방'운동은 혼란을 바로잡고, '두 가지는 모두 옳다(兩個凡是)'[21]는 노선의 편향을 바로잡으면서 역사에 크게 공헌했다. 그렇지만 개혁과 개방은 지금 다시 새로운 관문 앞에 있다. 개혁 목표는 초기만큼 간단명료하지 않다. 이처럼 혼란스러우면서도 유혹과 희망이 충만한 역사적 시기에 '사유/국유' '시장/계획' '중체서용(中體西用)/전반서화(全盤西化)' '개혁/보수' 같은 이분법은 현실을, 그리고 미래를 상상하는 효력을 잃고 있다. 우리에게는 제2차 사상해방운동이 필요하다. 이 운동의 초점은 더이상 '보수파'에 대한 단순한 부정에 있는 것이 아니라 제도혁신을 위한 상상력의 공간을 확대하는 데 있다. 그리고 이 운동은 이것은 올바르고 저것은 그르다는 식의 이분법에 구속되지 않고 경제민주와 정치민주를 지도사상으로 하면서 각종 제도혁신의 기회를 찾고자 한다.

'신진화론' '분석적 맑스주의' '비판법학'은 제2차 사상해방운동에 상당히 많은 시사점을 던져준다. 그런데 가장 근본적인 것은 중국의 현실에 뿌리를 내리는 것이다. 우리는 '제도 물신주의'가 중국 현실에서 나타나는 제도혁신 사례를 인식하지 못하도록 방해하고 있다는 사실을 인식해야 한다.

'제도 물신주의'는 중국 국내외를 막론하고 영향력이 매우 큰 사유방식 가운데 하나로, 모종의 구체적인 제도안배를 추상적인 이념과 동일시하는 특징이 있다. 예를 들어 사람들이 미국회사를 '시장경제'와 동일시한다거

---

21) 문화대혁명 직후 화 궈펑(華國鋒) 등은 마오 쩌둥의 노선을 계승하고자 했지만, 문화대혁명 시기에 피해를 입은 떵 샤오핑(鄧小平) 등은 이를 비판하는 입장을 취했다. '두 가지는 모두 옳다(兩個凡是)'는 말은 전자의 노선을 상징한다. 이 말은 1977년 2월 7일 『런민일보(人民日報)』에 "우리는 마오 쩌둥이 내린 모든 결정을 굳건하게 옹호하고, 그가 내린 모든 지시를 빠짐없이 수행해야 한다"는 글이 실린 이후 보편화되었다 — 옮긴이.

나 양당제를 '민주'와 동일시하는 것 등이다. 이런 사유방식은 특정한 역사적 조건에서 형성된 구체적인 제도안배를 초역사적인 신비적 '필연성'으로 인식한다. 여기서는 이를 '제도 물신주의'라고 부르겠다.

이제 중국에서 개혁을 추진하는 가운데 나타난 두 가지 사례를 들어 '제도 물신주의'가 제도혁신을 방해하는 위험성을 설명하고자 한다.

사례 1: 주식합작제

최근 중국의 향진기업 가운데 새로운 경제조직 형식, 즉 주식합작제(股份合作制)가 나타났다. 그 특징은 주식제와 합작제의 원칙이 결합된 것이다. 주식제의 원칙은 '한 주에 한 표, 주식에 따른 배당'이다. 합작제의 원칙은 '한 사람에 한 표, 노동에 따른 분배'이다. 주식합작제는 이 두 가지를 결합하여 일부 이윤에 대해서는 주식제의 원칙을 적용하고, 다른 일부 이윤에 대해서는 합작제의 원칙을 적용한다. 비록 각 지역마다 '주식합작제' 형태를 취하고 있는 기업의 정관이 다 다르지만 거의 대개가 이 두 가지 원칙을 결합하고 있다.

'주식합작제'를 어떻게 볼 것인가? '주식합작제'는 낙타도 아니고 말도 아닌 '진정한 주식제'를 향한 과도기의 산물일 뿐이라는 관점이 널리 퍼져있다. 이 관점이 바로 '제도 물신주의'의 한 표현이다. 왜냐하면 '진정한 주식제'가 '시장경제'의 추상적 이념을 체현할 수 있다고 보기 때문이다. 이와같이 '과도기의 산물'이라고 보는 사람들은 제도혁신으로서 '주식합작제'를 바라보지 않는다(혹은 그것이 가진 제도혁신의 잠재력을 무시하고 있다).

사실 '주식합작제'는 여러가지 경험을 많이 한 중국이라는 나라에서 나타난 것이고 세계적으로도 의의가 있는 제도혁신 가운데 하나이다. 중국에서 '주식합작제'를 처음 실험한 지역인 샨뚱성(山東省) 쯔뽀시(淄博市) 져우춘구(周村區) 져우춘진(周村鎭) 챵싱촌(長行村)의 경우를 살펴보자.

1982년 농가하청경영제도 개혁이 챵싱촌에 도입되었을 때 농민들은 한 가지 난점에 부딪혔다. 트랙터, 소 등 원래 존재하던 일부 집체재산은 분할하여 개인에게 나누어주기 힘들다는 것이다. 일부 지역에서는 트랙터를 분해하고 소를 잡아 환전해서 개인에게 나누어주었지만, 챵싱촌의 촌민들은 쟝 줌싱(張中興) 주임의 지도로 "원래 촌의 집체재산은 주식으로 개인에게 분배하고 민주적인 관리를 실시한다"는 실험을 전개했다. 나이 든 사람들 가운데 적지 않은 사람들이 이미 그 촌을 떠났고, 현재의 집체재산이 현재 촌민들만의 노동성과로 형성되었다고 볼 수 없었기 때문에, 집체재산 전부를 개인에게 주식으로 되돌려주기 힘들었다. 그래서 일부 '공유주식(公股)'을 두었다. 10년간의 실천을 통해 져우춘(周村)의 '주식합작제' 기업은 '향촌집체주식(鄕村集體股)'과 '직공기본주식(職工基本股)' 두 가지를 기본으로 하는 주식으로 형성되었다.

'향촌집체주식'은 원칙적으로 '한 사람에 한 표'라는 민주적인 방식을 채택했고, '직공기본주식'(이는 다시 근무연한주식, 기본임금주식, 직책주식, 위험부담주식 등으로 나뉜다)은 '한 주식에 한 표'라는 결정방법을 채택했다. 농업부가 1990년 2월에 발표한 「농민주식합작기업 잠정조례(農民股份合作企業暫行條例)」는 농민들의 이런 방법에 근거를 제공하였는데, 농촌에서 나타난 이런 새로운 형태의 기업은 도시의 기업개혁에도 영향을 미쳤다.

'주식합작제'는 '과도기의 산물'일 뿐이라고 생각한 사람들은 '집체주식'의 '한 사람에 한 표' 등의 방법을 '규범적이지 않다'면서 '진정한 주식제'와는 거리가 멀다고 생각했다. 그들은 '진정한 주식제'에 대한 '물신주의'에 사로잡혀 있다.[22] 많은 장애가 있고 또 진전이 더디지만, 뜻밖에도

----

22) '주식합작제'에 대한 각 입장간의 논쟁에 대해서는 王立誠 『中國農村股份合作制』, 査振祥主編, 北京農業大學出版社 1992 참조. 이 책은 최근에 진행된 '주식합작제'에 대한 토론을 가장 잘 모아놓았다.

일부 서구 지식인들은 '진정한 주식제'를 '주식합작제'로 바꾸려고 시도하고 있다. 실제 19세기 서구에서 유한책임회사법이 등장한 것은 '조합사회주의자' 밀(J. S. Mill) 등의 노력이 뒷받침되어서이다. 당시의 노동자 합작사는 개인 대자본보다 '무한책임'을 더 감당할 수 없었기 때문에 오언(R. Owen)을 적극 지지했던 밀은 '유한책임'을 적극적으로 주장했고, 마침내 1865년 영국에서 유한책임회사법이 입법되었다.[23] 비록 노동자 합작사는 '유한책임' 때문에 경쟁 속에서 숨돌릴 틈을 찾긴 했으나 자본주의라는 거대한 환경에서는 여전히 모순점을 안고 있었다. 외부의 개인투자가에게 주식을 발행할 경우 내부의 '한 사람에 한 표'라는 민주적 통제를 쉽게 상실하게 될 것이고, 외부에서 자금을 모으지 못한다면 대자본의 개인기업과 경쟁할 수 없게 된다. 따라서 20세기 초까지 노동자 합작운동은 '한 주에 한 표'라는 '진정한 주식제'에 패배했다.

이로부터 알 수 있듯이 '진정한 주식제'는 결코 시장경제에 내재화된 제도적 요구가 아니고, 자본주의라는 거대한 환경에서 각종의 사회역량이 타협한 결과물이다. 1970년대 미국이 베트남전에서 패배하고 석유위기가 도래하면서 서구 지식인들 사이에서는 노동과 자본이 상호 대립하는 회사제도 개혁을 탐색하기 시작했다. 노벨경제학상을 수상한 미드(J. Meade)는 '노자협조제(勞資協助制)'를 제창하면서 세금납부 후의 일부 이윤에 대해서는 '한 사람에 한 표'에 따라 분배하고 또다른 세금납부 후의 일부 이윤에 대해서는 '한 주에 한 표'에 따라 분배를 결정해야 한다고 주장했다. 1980년 미국에서는 노동자 합작기업이 대외적으로 '투표권을 갖지 않는'

23) 중국 내에서는 밀의 '주식합작제' 관점이 잘 알려지지 않았다. 그리고 서구인들도 그의 『자유론』에 대해서는 많이 논하지만 그의 사회주의이론에 대해서는 잘 이야기하지 않는다. 실제 그의 『정치경제학원리』(常務印刷館 1991) 하권 제4편, 제7장의 제목이 '노동자계급의 가능한 미래'인데, 여기에 그의 조합사회주의이론이 설명되어 있다. 밀의 사회주의이론은 상당히 복잡한데, 현재까지 가장 상세한 연구로는 홀랜더(S. Hollander)가 쓴 *The Economics of John Stuart Mill* Vol. 11(Basil Blackwell 1985)을 들 수 있다.

주식을 발행하고 뉴욕 증권거래소에 상장할 수 있도록 법으로 보장했는데, 이는 앞에서 언급한 것처럼 '대외 자본모집(向外籌資)과 통제권 상실'의 모순을 부분적이나마 해결하도록 한 조치이다. 클린턴 대통령의 경제고문위원회 타이슨(L. Tyson) 의장과 블라인더(A. Blinder) 고문은 미국의 출생률이 독일과 일본에 비교해 상대적으로 낮은 것은 노동과 자본의 대립적인 생산관계 때문이라고 지적했다. 일본의 평생고용제와 독일의 노동자 참여경영은 전통적인 자본주의적 생산관계를 어느정도 탈피하고 있다.[24] 1993년 말 미국의 최대 항공회사 가운데 하나인 유나이티드항공(United Airlines)은 내부 노동자가 주식을 지배하는 회사로 전환하였다.[25] 이론적으로나 실천적으로나 서구의 일부 지식인들이 '진정한 주식제'의 길을 모색하고 있음을 어렵지 않게 발견할 수 있다. 예일대의 유명한 정치학자 달(R. Dahl)은 이런 탐색을 '경제민주'에 대한 추구로 해석하였다.

그렇지만 서구 개인 대자본의 기득권은 이런 탐색을 하는 데 상당한 장애요인이다. 중국의 '주식합작제'의 '향촌집체주식'과 달리 미드의 '노자협조제'의 '자본'은 여전히 어쩔 수 없이 개인의 대자본을 위주로 한다.[26] '주식합작제'를 '과도기의 산물'이라고 여기는 사람들은 '향촌집체주식'에 대해 여전히 '재산권이 불명확하다'고 말한다. 그렇지만 '집체주식'이 '재산권이 불명확하다'고 할 필연적인 이유는 없다. '한 사람에 한 표'라는 민주관리를 성실히만 집행하면 '집체주식'의 '재산권은 아주 명확하다.' 우리가 '진정한 주식제'에 대한 '제도 물신주의'를 탈피하면 '주식합

------

24) Blinder, Alan ed., *Paying for Productivity: A Look at the Evidence*, Brookings Institution 1990. 이 책은 생산관계 측면에서 미국과 일본의 차이를 논한 역작이다.

25) *New York Times* 1993. 12. 31. 비록 장애요인은 많지만 미국에서는 1980년대 이후 노동자가 지배주주가 된 회사(ESOP 회사)가 점차 많아지는 추세다. 이 문제에 대해서는 Blasi, Joseph Raphael and Douglas Kruse, *The New Owners*, Harper Business 1989 참조.

26) 미드의 협조제이론에 대해서는 Meade, James, *Alternative Systems of Business Organization and Workers' Remuneration*, Allen and Unwin 1986 참조.

작제'는 대외적으로는 융통성있게 자본을 끌어들이고, 내부적으로는 민주관리를 보장할 수 있는 제도혁신임을 알 수 있다. 주식합작제가 좀더 발전하고 완성되려면 우리의 공통적인 노력이 필요하다. 적어도 우리는 '진정한 주식제' 때문에 '주식합작제'를 경시하거나 편견을 가지고 대해서는 안 된다.

사례 2: 촌민위원회 선거

1987년 11월 24일 제6차 전인대 상무위원회 제23차 회의는 '촌민위원회 조직법'을 통과시켰는데, 그 법안 제9조는 "촌민위원회의 주임·부주임·위원은 촌민의 직접선거를 통해 선출한다"고 규정하고 있다. 촌민위원회 간부의 임기는 3년이며, 연임할 수 있다. 이 법안에 따라 1988년 6월 1일부터 전국 각지에서 촌민위원회 선거가 실험적으로 실시되었다. 현재 전국의 27개 성(省), 자치구(自治區), 직할시(直轄市)에서는 촌민위원회법을 집행하고 있고, 촌민위원회 직접선거는 이미 두 회기를 거쳤다. 이는 유사 이래 처음 있는 큰 변화이다. 예를 들어 랴오닝성(遼寧省) 톄링시(鐵嶺市)에서는 1988년에 처음으로 촌민위원회 선거를 치렀는데, 876개 촌(촌위원회 총수의 44%를 점한다)에서 경선을 치렀다.[27]

상당수의 중국 국내외 지식인들은 촌민위원회의 직접선거에 대해 반대당이 경선에 참여하지 않았기 때문에 '진정한 민주'라고 보기 힘들다고 했다. 그렇지만 이 관점 역시 양당제 혹은 다당제를 '민주'와 대등한 것으로 간주하는 '제도 물신주의'에 사로잡혀 있다고 할 수 있다. 뜻밖에도 미국 헌법을 기초한 매디슨(J. Madison)과 제퍼슨(T. Jefferson) 등도 정당을 반대했다. 미국의 양당제는 건국 이후 한참이 지나서야 정착되었다. 따라서 양당제를 기준으로 중국 기층농민이 경선을 통해 촌민위원을 선출하는 중

----

27) 필자는 촌민위원회 선거상황에 대해 소개해준 민정부 기층정권 건설사의 왕 전야오(王振耀) 선생에게 이 자리를 빌려 감사드린다.

대한 의의를 부정할 이유가 없다.

한편 중국의 기층민주 건설을 적극적으로 지지하자 사람들은 기층민주는 시기상조이고, '중산층'이 나타난 이후에야 거론할 수 있다고 했다. 이 관점 역시 '제도 물신주의'의 또다른 표현이라고 할 수 있다. 이 관점은 자본주의와 민주를 대등한 것으로 보는데, 이는 자본주의와 민주의 내재적 모순을 보지 못하는 것이다.[28] 자본주의의 논리는 '돈이 많을수록 발언권도 강하다'는 것인 데 비해, 민주의 논리는 '모든 사람들이 평등한 발언권을 갖고 있다'는 것이다. 현재 서구의 '자본주의 민주'는 '자본주의'와 '민주'의 타협물이다. 사실 유럽의 민주정치발전사에서 민주주의를 발전시키는 데 가장 공헌한 것은 노동자계급과 사회주의정당이다. 영국의 차티스트운동(Chartist Movement)은 보통선거권을 요구했을 뿐만 아니라 신문가격을 인하할 것도 요구했다. 당시 귀족과 부르주아계급 등 '엘리뜨들'은 신문 가격을 높게 매김으로써 대다수 노동자대중의 정치참여를 제한했다. 따라서 개인 대자본의 통제를 극복한 사회주의제도하의 민주는 더욱더 발전되어야 한다.

보·갑장(保甲長)[29] 등 지방 향신(鄕紳)들이 기층정치를 지배해왔기 때문에 중국의 유구한 역사 속에서 광범위한 인민대중의 민주라고 말할 수 있는 것은 없다. 1937년 공산당이 통치하던 샨시(陝西)·깐쑤(甘肅)·닝샤(寧夏)의 변경지구에서 처음으로 린 뽀취(林伯渠)가 수도하는 가운데 기층정권의 직접선거가 치러졌다. 미국 학자 마크 쎌던(Mark Selden)은 이들

---

28) 자본주의와 민주 사이의 모순에 대해서는 Przeworski, Adam, *Capitalism and Social Democracy*, Cambridge University Press 1985 참조.

29) 보·갑제는 북송 중엽에 도입된 농촌조직제도이다. 방어를 목적으로 10가구를 '보(保),' 50가구를 '대보(大保),' 500가구를 '도보(都保)'로 편성하고 각 보에는 정보장(正保長)과 부보장(副保長)을 두었다. '갑'은 조세를 거두는 것을 목적으로 편성되었다. 10~30가구를 하나의 갑으로 편성하고, 갑에는 갑장(甲頭)을 두어 세금을 거두게 했다. 이는 명·청시대에도 이어졌다 ─ 옮긴이.

변경지구에서 치러진 직접선거는 국민당 통치지구의 민주운동 추동에 큰 영향을 미쳤다고 했다. 1958년 이후에 설립된 인민공사의 정치·경제 통합체제는 비록 지금의 농가하청 경영제도만큼 탄력적으로 운용되진 못했지만 현재의 촌민 민주자치의 중요한 기초가 되었다. 우선 토지의 집체소유는 향촌 민주자치를 위한 아주 유리한 전제가 되었다. 인도의 지방선거가 자주 대지주에 의해 조종되는 현상은 사회주의가 민주를 촉진하는 기능을 하고 있다는 점을 보여준다. 둘째, 현재의 농가하청 경영제도는 토지를 농가마다 나누어주고 농가마다 독립적으로 농업에 종사하게 하는 단순한 제도가 아니라 '이중적 경영'을 하도록 만드는 제도이다. 즉 향촌의 공공건설, 생산을 전후로 한 써비스 등 '집체적인 면'이 더욱 중요해지고, 각 농가가 향촌 공공재정을 위해 세금을 납부할 때 반드시 정치참여와 감독을 요구하도록 만들며, 따라서 향촌 민주자치를 위한 물질적 이익이라는 동기를 부여하는 제도이다. 이 문제와 관련해서 앞서 지적한 향진기업의 '주식합작제'는 대단히 중요한 작용을 한다. 주식합작제는 중국 기층의 '경제민주'와 '정치민주'의 공생적인 발전을 위해 밝은 미래를 열어놓았다.

지금까지 필자는 중국의 '주식합작제' 기업과 '촌민위원회 직접선거'를 예로 들어 '제도 물신주의'는 우리가 '제도혁신'을 판별하고 추진하는 것을 방해한다는 점을 설명했다. '제도 물신주의'는 일부 구체적인 제도안배에 '허구적인 필연성'을 결합시키고, 구체적인 제도안배를 직접 추상적인 이념과 같은 것으로 취급한다. 이같은 사유방식은 인류의 상상력과 창조력 그리고 민주적인 잠재력을 파괴한다. 이러한 사유방식을 극복해야만 중국의 개혁 속에서 이미 출현한 수많은 제도혁신들은 중국 국내외의 충분한 주목을 받게 되고 연구되어 한층 더 발전할 수 있다. 이것이 바로 '제2차 사상해방운동'의 임무이다. 이를 실현해야 할 중국 지식계와 각 분야의 '전문가'들의 임무는 무겁고, 갈 길은 멀다.

경제민주의 두 가지 함의

필자가 이해하는 '경제민주'는 미시적인 의미와 거시적인 의미의 두 가지 함의를 갖고 있다. 거시적인 의미의 경제민주는 현대 민주국가의 이론적인 원칙, 즉 '인민주권'(popular sovereignty)을 경제영역에 관철하여 각 경제제도가 대다수 인민의 이익에 근거해 안배되고 수립되며 조정되는 것을 말한다. 미시적인 의미의 경제민주는 기업 내부에 포스트포드주의의 민주관리를 관철시키고 노동자의 창조성에 근거하여 경제적 효율성을 제고하는 것을 의미한다.

우선 거시경제의 '경제민주'에 대해 토론해보자. '인민주권'의 원칙이 경제영역에 관철되는 것이 어떤 의의를 갖는지 이해하기 위해 '인민주권'의 이론적 역사를 간략하게 살펴보도록 하자.

– 1 –
국왕의 두 개의 신체로부터 인민의 두 개의 신체로

'인민주권' 이론은 1640년부터 1660년까지 영국혁명중에 처음 나타났다. 이 이론은 영국 중세후기의 '국왕의 두 개의 신체'(King's two bodies) 이론과 복잡한 관계를 맺고 있다. '국왕의 두 개의 신체' 이론에 따르면 국왕은 두 개의 신체를 갖고 있는데, 하나는 '자연적 신체'이고 다른 하나는 '정치적 신체'이다.[1] 전자는 구체적이고 후자는 추상적이다. 당시 이 이론의 영향력은 아주 컸다. 심지어 국왕의 친위대가 1642년 의회를 향해 총을 겨누었을 때 의회는 처음부터 국왕의 '정치적 신체'는 여전히 의회와 함께 있고, 교전 쌍방은 의회와 국왕의 '자연적 신체'라고 강력하게 주장했다.[2] 그러나 교전하는 가운데 의회는 '국왕의 두 개의 신체' 이론을 임시로 이용하는 것이 아니라 자신들이 '인민'의 대표임을 자처해야만 국왕을 규제할 수 있다는 사실을 깨닫게 되었다.

그러나 의회가 자칭했던 '인민' 대표 자격은 '평등파'(the Levellers)의 도전에 직면했다. 1647년 크롬웰(O. Cromwell)의 군대와 평등파는 선거를 치르지 않고 태동된 상원을 해산할 것, 하원의원에 대해서는 선거를 치를 것, 범죄자를 제외한 모든 남성에게 선거권을 부여할 것, '비례대표제'를 실시할 것을 요구했다.

'평등파'의 요구는 사실상 '국왕의 두 개의 신체'를 '인민의 두 개의 신체'로 발전시킨 것이다. 그것은 평등파가 국왕의 '정치적 신체'를 이용해 국왕의 '자연적 신체'를 규제하려 했던 의회의 경험을 차용해서 더욱 광의적이고 추상적인 '인민주권'으로 의회를 규제하려 했기 때문이다. 여기서 '인민의 두 가지 신체'는 누구라도(의회를 포함해서) '인민'을 대표한다고 자칭할 수 없음을 의미한다. 정부는 인민의 구체적인 신체에 불과하지만,

---

1) '국왕의 두 개의 신체'에 대한 내용은 Kantorowicz, Ernst, *The King's Two Bodies: A Study in Medieval Political Theology*, Princeton University Press 1957 참조. '국왕의 두 개의 신체' 이론은 또다시 '그리스도의 두 개의 신체' 이론과 복잡한 연관을 맺고 있다.

2) Morgan, Edmund, *Inventing the People: The Rise of Popular Sovereignty in England and America*, W. W. Norton 1988, 55면. 이 책은 '인민주권' 이론의 기원을 연구한 가장 훌륭한 책 가운데 하나이다.

'인민주권'은 인민의 추상적인 신체이다. 전자는 규제를 받고 후자가 변화하면 따라서 변화한다.

이 글은 현대 민주국가의 이론적 기초로, '인민주권'의 의의에 대해 상세하게 논술하지 않으려 한다.[3] 이 글에서 필자는 단지 '경제민주'와 특별하게 연관된 내용, 즉 '인민주권'은 '동태적인 이상'이라는 점, 인민주권은 우리에게 현재 상황을 부단히 개선하도록 만들고, 대다수 인민의 이익에 기초해서 각 제도를 조정하고 변화하도록 만들기 때문에 "인민주권을 완전하게 실현하는 것은 영원히 불가능하지만, 인민주권은 추구할 만한 것"[4]이라는 점만 지적해두고자 한다.

'인민주권'이 '동태적인 이상'이라면, 그리고 이미 역사의 무대에 등장했고 부단히 확장되고 있는 추세라면, 인민주권은 반드시 정치적인 영역에서 경제적인 영역으로 발전해야 한다. 미국의 유명한 정치학자 달(R. Dahl)은 『경제민주주의 서론』[5]에서 민주주의가 확대되어가는 추세에 대해 심도있게 분석하였다. 간략하게 요약하면 소수인의 경제적인 특권은 정치과정에서 반드시 실현되고, 따라서 '인민주권'을 위배하게 되는데, 만약 우리가 '인민주권'을 견지하고 부단히 발전시키려면 반드시 경제제도를 대다수 인민의 이익에 근거해서 확립하고 조정해나가야 한다는 것이다. 이것이 바로 필자가 말하는 '거시적인 차원'의 '경제민주'이다.

− 2 −
'인민주의'가 미국 경제제도에 미친 영향

흔히 제기되는 거시적인 '경제민주'에 대한 반대의견은 경제생활은 자

----

3) 崔之元「盧綾新論」, 『讀書』, 1996年 7月에서 '인민주권'에 대한 토론 참조.

4) Morgan, 같은 책 306면.

5) Dahl, Robert, *A Preface to Economic Democracy*, University of California Press 1985.

신의 '철의 기율(鐵的紀律)' 또는 '자연적인 법칙'이 있기 때문에 '민주'는 '경제'로까지 확대되어서는 안된다는 것이다.

그러나 경제사 연구의 새로운 성과는 이같은 주장이 설득력이 없음을 보여준다. 한 가지 설득력 있는 예가 '인민주의'가 미국 경제제도에 미친 영향력이다.[6]

또끄빌(A. de Tocqueville)에서부터 호프스태터(R. Hofstadter)에 이르기까지 수많은 학자들은 '인민주의'(populism)가 미국의 민주사상과 정치문화의 핵심 가운데 하나라고 지적하고 있다. 인민주의는 미국 역사에서 '평민운동' '진보운동' '뉴딜정책'을 촉발시켰고, 미국의 경제제도 변화에 큰 영향을 미쳤다.

인민주의의 핵심내용 가운데 하나는 경제권력의 분산, 즉 소수에게 집중된 경제권력 반대이다. 미국의 반독점법이 1894년에 입안된 것은 당시 들끓었던 '평민운동'의 결과이다. 미국이 은행과 보험회사의 공업기업 주식소유에 한도를 정하고 있는 것 역시 금융과 산업자본의 결합을 반대하는 인민주의의 산물이다. 미국 '인민주의'의 뿌리깊은 전통을 이해해야만 로우즈벨트(T. Roosevelt) 대통령이 1933년에 임명한 초대 연방증권거래위원회 위원장 더글라스(W. Douglas)가 『민주와 금융』[7]이라는 책을 왜 썼는지 이해할 수 있다.

---

6) '인민주의'가 경제제도에 미친 영향에 관한 최근의 연구성과에 대해서는 Roe, Mark, *Strong Managers, Weak Owners: The Political Roots of American Corporate Finance*, Princeton University Press 1994 참조.

7) Douglas, William, *Democracy and Finance*, Yale University Press 1940. 더글라스는 이후 미국 대법원 법관으로 임용되었다.

– 3 –

경제자유로부터 경제권리를 도출할 수 없다

거시적인 차원의 '경제민주'에 대한 또다른 반대의견은 '민주'는 '경제자유'를 방해한다는 것이다. 이 반대의견은 호펠드 이전(pre-Hohfeld) 시기의 법학적 관점에 기초해 있는데, 이 관점은 호펠드 이후(post-Hohfeld)의 법학 발전으로 강력하게 반박당하고 있다.

호펠드(W. Hohfeld)는 1913년 예일대 법학과에서 발간한 학술지에 시대를 가르는 논문 「사법적 추리에 응용되는 일부 기본법학개념[8]」을 발표했다. 그는 지난날의 법학이론은 치명적인 논리적 실수, 즉 '자유'의 논리에서 타인의 간섭을 받지 않을 '권리'를 포함하는 실수를 범했다고 예리하게 지적했다. 바꾸어 말하면 호펠드는 누군가가 어떤 일을 할 수 있는 법률적 자유가 있다는 것은 그가 그 일을 할 때 타인의 간섭을 받지 않을 '권리'를 향유하는 것은 결코 아니라고 주장한다. 예를 들면 노동자의 노동조합 결성이 사실 고용주가 비노동조합원을 고용할 '자유'를 간섭하는 결과를 가져오더라도 고용주는 비노동조합원을 고용할 '자유'를 위해 노동자의 노동조합 결성의 '권리'를 억압할 수는 없다는 것이다.[9]

'자유'가 곧 '권리'를 도출할 수는 없다는 주장에 대한 더욱 일반적인 법학적인 논증은 '경쟁성 손해'(competitive injury) 또는 '보상을 받지 못하는 손해'(damnum absque injuria)이다. 시장경제의 발전으로 현대의 경쟁은 상대방의 권익에 손해를 입힌다. 만약 호펠드 이전 시기의 잘못된 관점에 따르면 시장경제는 충분하게 발전될 수 없다. 필자는 이미 다른 글에

----

8) Hohfeld, Westey, "Some Fundamental Legal Conceptions as Applied in Judicial Reasoning," *Yale Law Journal* Vol. 23, 1913.

9) Horwitz, Morton, *The Transformation of American Law: 1870~1960*, Oxford University Press 1992, 155면. 이 책은 미국 역사학회가 수여하는 최고상을 받았다.

서 시장경제는 절대적인 재산권을 타파함으로써 비로소 발전할 수 있음을 지적한 바 있다.[10]

따라서 호펠드 이후 시기의 법학이론은 자유가 있다는 것이 반드시 간섭받지 않을 권리가 있다는 의미는 아니라고 한다. 이것이 바로 시장경제의 본뜻이다. 물론 여기서 말하는 간섭이란 임의적인 행위가 아니라 민주와 법제의 과정을 거쳐 다시 확정한 경제행위자의 권리를 의미한다. 바꿔 말하면 '권리'는 '자유'의 개념에서 논리적으로 도출되는 것이 아니고, 민주적인 과정을 거쳐 확정되는 것이다. 예를 들면 미국의 기업이 주식거래의 '자유'를 갖는 것은 자동적으로 미국 기업이 어떤 '권리'를 갖는 것이 아니고 1933년 민주적으로 통과된 '연방증권거래법'이 확정한 권리를 갖는 것이다. 이 점에서 본다면 '경제민주'는 '경제자유'를 방해하지 않을 뿐만 아니라 '경제자유'에 대한 구체적인 기초를 부여해주고 있다.

필자는 이상에서 간략하게나마 거시적인 차원의 '경제민주'의 함의를 밝혔고, 두 가지 반대의견에 대답했다. 이제는 미시적인 차원의 '경제민주'에 대해 토론할 것이다.

– 4 –
포스트포드주의와 고정비용의 탄력성

필자가 말하는 미시적인 차원의 '경제민주'는 기업생산에서 '포스트포드주의' 원칙이 관철되는 것을 의미한다. 포스트포드주의 원칙의 핵심은 필자가 다른 글에서 언급한 바 있는 '적기생산 혹은 재고없는 생산'(just-in-time, or inventoryless production)이다. 적기생산의 좋은 점은 보관비용을 절약할 수 있을 뿐만 아니라 생산과정에서 발생하는 질적인 문제를 그

----

10) 崔之元「美國二十九個州公司法變革的理論背景及對我國的啓發」,『經濟研究』1996年 4月 號 참조.

자리에서 파악할 수 있다는 데 있다. 재고가 쌓여 있을 경우 노동자는 자신의 앞뒤 공정의 반(半)제품상태를 잘 살펴보지 않고 피동적으로 관리자의 명령에 따라 생산한다. 그러나 재고가 없거나 혹은 아주 적을 경우 노동자는 자신의 전후 공정의 질적인 문제에 관심을 갖고 팀별 협력에 적극적으로 참여하지 않을 수 없게 되고, 따라서 질적인 문제를 즉시 발견하고 해결할 수 있게 된다.[11]

이로써 '적기생산 혹은 재고없는 생산'은 일종의 '배수의 진'을 치는 생존철학임을 알 수 있다. 이 방식은 노동자의 창조성·주동성·협조성을 충분하게 발휘하도록 '만든다.' 여기서 경제민주와 경제적인 효율성은 통일을 이루게 된다.

'배수의 진'을 치는 것과 연관이 있는 '포스트포드주의'의 또다른 핵심 내용 가운데 하나는 '고정비용을 탄력있게' 한다는 것이다. 즉 고정비용을 '고정'되지 않은 것으로 변화시킨다. '고정비용'은 오직 기술설비에 따라서만 결정되는 것이 아니고, 생산조직의 융통성과 밀접한 연관이 있다. 예를 들어 유명한 '토요다(豊田, Toyota, 포스트포드주의의 선구자) 생산방식'은 본래 고정비용이라고 여겨왔던 모델전환(die-change)시간을 감소시킨 데서 시작되었다. 그렇게 함으로써 소량을 생산하더라도 수지타산이 맞을 수 있었다. 왜냐하면 '규모의 경제'의 중요성은 고정비용을 탄력적으로 만드는 데 있으므로 수요에 따라 생산량이 많을 수도 있고 적을 수도 있기 때문이다. 여기서 주목해야 하는 것은 토요다가 '모델전환' 시간을 감소할 수 있었던 것은 '모델전환 전문가'를 없애고 일선 노동자들이 협력하여 모델을 전환한 결과라는 점이다.[12] 여기서 경제민주와 경제적 효율성은 다시 결합되고 있다.

----

11) 崔之元 「鞍鋼憲法與後福特主義」, 『讀書』, 1996年 3月 참조.
12) Womack, James et al., *The Machine That Changed The World*, Harper Perennial 1991, 53면. 이 책은 MIT 세계자동차공업연구 프로젝트의 주요한 성과이다.

경제민주가 중국의 현 개혁에 갖는 의의

앞에서는 거시적·미시적 차원의 경제민주 개념을 간략하게 살펴보았다. 이제 '경제민주'가 중국의 현 개혁에 갖는 의의를 살펴보고자 한다. 이 점이 바로 필자가 최근 몇편의 글에서 '경제민주' 문제를 제기하게 된 동기이다. 객관적으로 보았을 때 중국은 지금 '사회주의 시장경제' 확립의 핵심적인 제도선택과 제도혁신의 시기에 들어서 있다. 우리는 각 경제제도가 대다수 인민의 이익에 근거해서 확립되고 조정되도록 해야지 소수의 특수한 이익집단이 중국의 경제제도와 경제정책을 조종하도록 만들어서는 결코 안된다. 최근 들어 점차 심각해져가는 중국 금융시장의 투기문제를 예로 들어보자. 중국에서 유통 가능한 국채는 4백여억 위안(元)밖에 되지 않지만 일일 국채선물거래량은 최고 수천억 위안에 달한다.[13] 1995년 5월 17일 중국정부는 국채선물거래를 잠시 중단시킨 바 있다. 이 결정은 올바른 것으로 거시적인 차원의 '경제민주'를 체현한 것이었다. 똑같은 이유로 '경제민주'는 주식시장의 제도 규범화를 요구하며, '큰손'이 '개미군단'의 이익을 침해하는 시장조종행위를 근절시킬 것을 요구한다. 종합하면, 경제개혁이 추진되는 가운데 이루어지는 제도실험과 거시적인 경제정책은 전국민이 관심을 갖고 토론하고 감독하는 대상이 되어야 하고, 그렇게 되어야만 '인민주권'이 경제영역의 거시적인 '경제민주' 원칙으로까지 관철되는 것이다.

미시적인 차원에서 보았을 때 중국의 공유제기업은 지금 아주 어려운 상태에 놓여 있다. 수많은 기업이 적자 상태에 놓여 있는 것은 일부 사람들이 공유재산을 빼돌렸기 때문이다. 이 문제를 해결하는 한 가지 관점은

---

13) 歐陽衛『中國金融市場導論』, 經濟管理出版社 1996, 1면.

'잘못된 것은 잘못된 것(將錯就錯)'으로 인정하고 차라리 대규모의 사유화를 추진하자는 것이다. 그러나 이같은 관점은 재산의 재분배에서 해결책을 찾고 있는데, 그것은 기껏해야 새로운 자산계급을 만들어낼 뿐 경제적 효율을 높이지는 못한다. 필자가 제기하는 미시적인 차원의 '경제민주'는 사실상 또다른 관점을 대표하고 있다. 이것은 앞에서 언급한 관점에 반대하고, '어려움은 있지만 앞으로 나아가(知難而上)' '공유제'에 기초한 '경제민주'의 진면목을 실현하자는 것이다. 선진적인 '포스트포드주의' 생산방식과 노동대중의 광범위한 민주 참여와 감독을 통해 중국의 공유제기업이 '사회화' '민주화'된 새로운 모습으로 등장하도록 만들고, 중국인민이 40여년간 축적했던 재부를 전체 인민을 부유하게 만드는 데 사용해야지 소수인과 특수 이익집단이 갉아먹는 데 사용해서는 안된다고 주장하는 것이다.[14] 부여된 임무는 막중하고 갈 길은 멀지만 필자는 거시적·미시적인 '경제민주'가 중국에서 실현될 것임을 확신한다.

---

14) 주 10과 11 참조.

중국은 어디로 가고 있는가
중국의 소유권개혁에 대한 담론과 실천

중국은 어디로 가고 있는가? 이 질문은 최근까지 서구의 중국전문가나 관계자들에게 가장 대답하기 어려운 수수께끼로 남아 있다. 이 질문에 대답하는 데 요구되는 지적 작업은 매우 까다롭고 벅찬 일이기 때문에 그 대답을 섣불리 포괄적으로 일반화하기는 힘들었다. 그러나 1997년 9월 12일에 개최된 중국공산당 제15차 당대회와 함께 중국의 미래상은 중국의 향방을 예의 주시해왔던 서구의 중국전문가들에게 갑자기 좀더 분명하게 다가왔다. 국가주석 겸 당 총서기인 쟝 쩌민(江澤民)이 국유기업의 개혁방안으로 '주식제'를 제기함으로써 이제 중국은 '자본주의'의 길로 들어섰다는 것이다. 많은 관측자들이 제15차 당대회를 광범위한 사유화의 시작을 알리는 신호로 해석하면서 환영했던 반면, 서구의 일부 좌파세력들은 중국이 결국 자본주의의 세계화 압력에 무릎을 꿇었다고 해석하고 중국을 비판했다.[1]

----

[1] 이딸리아의 공산주의자이자 의원이기도 한 만또바니(R. Mantovani)는 "우리는 중국의 최근 결정을 진정으로 비판한다." 그리고 "그 결정은 중국이 미국이 추진하는 세계화의 보루이자, 유럽 노동자를 위협하는 세력이 되었음을 보여준다"고 말했다(*New York Times* 1997. 9. 21).

그러나 필자는 이 글을 통해 중국공산당 제15차 당대회의 결정에도 불구하고 왜 '중국은 어디로 가고 있는가'라는 질문이 여전히 논의할 여지가 있는지에 대해 몇가지 이유를 제시하고자 한다. 이 짧은 글을 통해 중국의 미래에 대한 주류 그리고 좌파세력들의 해석을 정면으로 반박하는 것은 대단히 어렵다. 이 글에서 할 수 있는 것은 중국 미래의 가능성을 이해하는 데 필요한 몇가지 핵심적인 주제들에 초점을 맞추는 일이다.

글은 다음의 순서로 진행된다. 제1절은 상하이(上海)와 선전(深圳)의 증권거래소에 상장된 중국 기업들의 재산권 조정의 기본특징에 대해 간략하게 묘사한다. 그리고 중국의 경험을 기초로 기업지배구조(corporate governance)에 대한 이론적 문제들에 초점을 맞출 것이다. 예외를 통해 법칙을 증명하는 것이다. 여기서 필자는 중국 기업들의 재산권 조정에서 나타나는 '비정상적' 특징들이 서구의 전통적인 소유권이론의 취약성을 예리하게 드러내고 있다고 주장한다. 제2절에서는 재산권개혁에 대한 중국인들의 담론에 대해 논의할 것이다. 필자의 관점에서 볼 때, 오늘날의 중국을 연구하는 것은 마치 움직이는 물체를 맞추는 것과도 같다. 아무것도 확정되어 있지 않은 상태이기 때문이다. 그러므로 단순히 중국이 얼마나 걸어왔는지를 기록하는 것보다 오히려 중국의 인민들이 앞으로 나아가고자 하는 지향점을 이해하는 것이 더 중요할 것이다.

– 1 –
중국의 경험과 기업지배구조에서 해결되지 않은 이론적 문제들

1. 전도된 국가소유권

현재 중국에는 두 개의 증권거래소가 있다. 하나는 1990년 12월 19일에 개장한 상하이 증권거래소이고, 다른 하나는 1991년 7월에 개장한 선전 증권거래소이다. 이 두 증권거래소에 상장된 주식회사들은 보통 세 가지 유형의 주식을 보유하고 있다. 국가주식(國家股), 법인주식(法人股), 그리고 개인주식(個人股)이다.

① 국가주식이란 정부(중앙 및 지방 정부) 또는 정부 독점소유의 기업들이 소유하고 있는 주식을 의미한다. ② 법인주식이란 다른 주식회사, 비은행 금융기관, 그리고 그밖의 사회기관들이 소유하고 있는 주식을 의미한다. ③ 개인주식이란 일반 인민들이 소유하고 매매할 수 있는 주식을 의미한다. 이들의 주식은 매매 가능한 A주식이라고 하는데, 이는 외국인 투자가들에게만 제공되는 B주식과 구분하기 위해서이다.

샹하이 혹은 선전의 증권거래소에 상장된 전형적인 중국 기업들의 주주는 보통 위에서 언급한 세 가지 유형의 주식 소유자들, 즉 국가·법인·개인이다. 각 소유자들은 전체 발매주식 중 30%가량을 소유하고 있다.[2] 1997년 7월말, 두 증권거래소에 상장된 전체 기업 수는 590개에 달했다. 그러나 이 두 증권거래소에서는 오직 개인들이 소유한 증권에 한해서만 매매가 허용되었고 나머지 두 유형의 주식, 즉 국가주식과 법인주식은 매매가 허용되지 않았다.

현재 증권거래소 내에서의 국가주식 매매 허용여부를 놓고 열띤 정책 논쟁이 전개되고 있다. 국가주식 매매에 부정적 태도를 취하는 사람들은 주로 이데올로기적인 이유로 이를 반대하고 있다. 이들은 '국가주식의 매매'가 곧 '사유화'를 의미한다고 생각한다. 반면 국가주식 매매를 찬성하는 사람들은 국가가 정부의 관료를 기업의 이사로 임명해야 하기 때문에 주식의 상당량을 점하고 있는 국가주식이 정부관료의 인위적인 경영간섭을 저지하는 데 아무런 도움을 주지 못한다고 주장한다. 이러한 시각차는 최근 들어 점차 국가는 잔여수취권(residual claimant)을 행사할 수는 있지

---

2) 정부는 매매 가능한 A주식은 초기 발행주식의 25% 이하가 될 수 없다고 규정하고 있다.

만, 기업의 경영에 대해서는 통제권을 갖지 않는 수동적 성격의 주주로 자리매김되어야 한다는 의견으로 좁혀지고 있다.[3]

여기서 필자는 국가주식의 매매가 갖는 본질적 장점을 평가하고자 하는 것은 아니다. 오히려 필자가 강조하고자 하는 것은 만약 국가가 통제권을 행사할 수 없는 수동적 '잔여수취권자'가 된다면, 이는 '잔여통제권'과 '잔여수취권'을 일치된 것으로 보던 소유권에 대한 전통적인 해석에 정면으로 배치된다는 사실이다. 소유권에 대한 기존의 관점은 밀그램(P. Milgram)과 로버트(J. Robert)가 가장 잘 보여준다.

"잔여수취권과 잔여통제권을 하나로 묶는 것은 소유권이 갖는 인센티브 효과의 핵심이라 할 수 있다. 정책결정자는 자신의 선택이 가져올 일체의 재정적 영향을 감내해야 하기 때문에 그 효과는 매우 강력하다고 할 수 있다. 한 예로 노동, 물질적 투입을 공급하는 몇몇 사람들이 관련된 거래에 대해 생각해보자. 만약 관련행위자 가운데 일부 사람들이 계약에 명시된 가치의 고정할당량을 받고 잔여수취권은 오직 하나만 존재하는 상황이라면, 잔여수취권자에게 돌아가는 가치를 극대화할 수 있는 방법은 결국 모든 관련자들에게 돌아가는 가치의 총합을 극대화하는 방법과 같다고 할 수 있다. 만약 잔여수취권자가 잔여통제권도 행사할 수 있다면, 잔여수취권자는 단순히 자신의 이익을 추구하고 자신의 배당량을 극대화하는 것만으로도 효율적인 결정을 내릴 수 있게 된다."[4]

이러한 기존의 시각에 따르면 결국 잔여수취권과 잔여통제권을 하나로 묶는 것은 매우 효율적인 방법이다. 따라서 만약 중국이라는 국가가 주주(잔여수취권자)라면, 잔여통제권도 당연히 국가에 귀속되어야 할 것이다.

---

3) Zongyu, Wen, "Timing and Channels of Trading of State Shares," *Gaige* No. 5, 1997.

4) Milgram, Paul and John Robert, *Economics, Organization and Management*, Prentice Hall 1992, 291면.

그러나 국가가 잔여통제권을 행사하는 것에 대해서는 대다수가 반대한다.[5] 그러므로 만약 이러한 견해를 수용한다면, 소유권에 대한 기존의 시각, 즉 잔여수취권과 잔여통제권을 하나로 묶는 것이 효율적이라는 관점은 잘못되었다고 할 수 있다.

혹자는 국가가 주주가 되는 상황이 너무 특수하기 때문에 이로부터 어떤 일반적인 이론적 통찰을 제시하는 것이 어렵다고 생각할지도 모른다. 그러나 미국의 저명한 자유사상가 하츠(L. Hartz)는 1776년부터 1860년까지의 펜실베이니어주 '혼합기업'(mixed corporation)의 역사를 저술했다.[6] 여기서 '혼합'이란 말은 주 정부가 여타의 개인 주주들 사이에서 한 명의 주주로 행위하는 것을 의미한다. 이러한 역사를 볼 때, 미국의 주들이 자신들의 재정지출과 산업정책의 일환으로 주식을 보유했다는 사실은 그리 놀라운 일이 아니다. 참고로 미국에서 소득세가 합법화된 것은(소득세가 합법화되었다고 해서 사유재산이 부정된 것은 아니다) 1913년 2월 제6차 미국헌법 개정이 있고 난 뒤부터였다.[7]

미국역사에서 나타난 '혼합기업'의 사례는 우리에게 주주로서의 국가가 결코 특수하거나 예외적인 경우가 아님을 상기시켜준다. 실제 전세계에 걸쳐 국가소유권의 역사는 잔여수취와 잔여통제 사이의 분화에 대해 많은 교훈을 던져주고 있다. 예를 들어 영국은 자국의 철강·전기·철도 그리고 석탄산업을 제2차 세계대전 직후 모두 국유화했다. 그러나 영국이라는 국가는 잔여수취권이 없는 잔여통제권자였다. 왜냐하면 국가는 "결코 국가의 자유로운 재정지출을 목적으로 이윤을 수취하지 않았기 때문이다.

----

5) 이런 견해는 세계은행 보고서에 잘 나타나 있다. The World Bank, *China's Management of Enterprise Assets: The State as Shareholder* 1997.

6) Hartz, Louis, *Economic Policy and Democratic Thought: Pennsylvania 1776~1860*, Harvard University Press 1948.

7) Stanley, Robert, *Dimensions of Law in the Service of Order: the Origins of the Federal Income Tax 1861~1913*, Oxford University Press 1993.

(…) 오히려 국가가 수취한 이윤은 국유화계획의 보상비용을 마련하기 위해 발행한 국채의 이자 지불 때문에 상쇄되었다. 따라서 국가는 소유자-관리자가 될 수는 있었지만, 증가된 수입에 대한 수혜자는 될 수 없었다."[8]

노벨경제학상을 수상한 미드(J. Meade)는 영국의 국유화과정을 반전시킬 것을 제안하였다. 그가 소위 '전도된 국유화'(topsy-turvy nationalism)라고 명명한 것은 본질적으로 주주인 국가에 잔여수취권을 부여하고 반대로 잔여통제권을 인정하지 않는 것이다. 미드에 따르면 '전도된 국유화'의 두가지 장점은 다음과 같다. 첫째, 정부는 주식을 보유함으로써 '사회배당금'(social dividend)에 재정 조달을 할 수 있다. 이는 모든 사람들에게 최소한의 소득을 보장함으로써 노동시장의 유연성을 확보할 수 있게 만든다. 둘째, 정부는 자신이 부분적으로 소유한 기업의 정책결정 과정과 미시적 관리작업에서 자유로울 수 있다.

미드의 시각과 최근 국가를 수동적인 주주로 자리매김하려는 중국의 정책 사이에는 몇가지 닮은 점이 있다. 더욱이 지방의 실천 속에서 '사회배당금'이라는 개념이 부분적으로 등장한다. 꽝뚱성(廣東省)의 슌떠시(順德市)는 사회보장기금을 마련하기 위해 정부지분을 매각해왔다. 이 때문에 필자는 중국에서는 국가가 수동적 주주로 전환될 것이라는 전망을 '전도된 국가소유제'(topsy-turvy state ownership)라고 명명하고자 한다.

2. 법인주식을 위한 독립시장

국가주식과 마찬가지로 법인주식 역시 샹하이와 선전의 증권거래소에서는 매매할 수 없지만, 1990년과 1993년에 각각 설립된 '전국 증권자동매출신청씨스템'(全國證券自動報價系統, Securities Trading Automated Quotations

---

8) Meade, James, *Liberty, Equality and Efficiency*, New York University Press 1993, 95면.

System)과 '전국 전자거래씨스템'(全國電子交易系統, National Electronic Trading System)을 통해서는 거래할 수 있다.

이 법인주식시장의 흥미로운 특징 가운데 하나는 샹하이나 선전의 증권거래소들보다 가격변동이 심하지 않다는 점이다. 전자의 경우 가격배당소득의 비율은 15%인 반면, 후자의 경우에는 60%에서 200% 이상이다. 중국의 법인주식 주주들이 주로 비은행 금융기관(미국의 기관투자자들과 비슷하다)과 그밖의 회사라는 점을 고려할 때, 이같은 현상은 '기관투자자들'의 단기성 투자에서 비롯한다고 여기는 높은 변동성이나 투기와 대조적이다.

이처럼 중국에서 법인 주주들의 단기성 투자가 상대적으로 적은 원인은 부분적으로 다음의 사실에서 기인하는지도 모른다. 이러한 유형의 주식시장은 개인주식을 위한 주식시장과 제도적으로 분리되어 있다. 즉 이는 한 법인의 주식은 또다른 법인들의 주식에 의해서만 교환될 수 있음을 의미하는 것이다. 이러한 제한은 확실히 법인주식의 유동성을 제한하기도 하지만, 동시에 '전국 증권자동매출신청씨스템'과 '전국 전자거래씨스템'에서 투기를 억제하는 역할을 하기도 한다.

우리는 중국의 상업은행법(1994년 통과)은 은행들이 기업주식을 보유하지 못하게 금하고 있고, 법인주식은 전체 주식의 1/3까지만 허용하며, 국가 주주는 점차 수동적 성격을 띠어갈 것이라는 점으로 미루어보아 법인 주주가 핵심역할을 담당하는 기업지배구조를 전망해볼 수 있다. 과연 중국이 향후 싸이먼(W. H. Simon)이 예측했던 상황, 즉 재산소유 규모가 감독에 따른 인쎈티브를 부여할 만큼 큰 규모로 유지되는 동시에 부정이득이나 자체거래 담합을 방지할 수 있을 정도의 작은 규모로 유지되는 상황으로 나갈 수 있을지 살펴보는 것은 이론적 측면에서 볼 때 도전적인 작업이라 할 수 있다.[9]

3. '권리문제'와 '국가주식의 감소'

만약 규제를 가하지 않으면 세 유형의 주식들이 차지하는 현재의 비율(국가·법인·개인이 각각 30%)은 안정성을 상실할 것이다. 이는 특히 '권리문제, 다시 말해 기존의 세 유형의 주주들에게 새로운 공동주식(common stocks)의 문제' 형태로 선명하게 드러날 것이다. 국가는 이 새로운 주식들을 구매할 능력이나 인센티브가 없기 때문에, 그 권리를 행사하지는 않는다. 개인과 법인 주주가 권리를 행사할 경우, 국가주식의 비율은 감소하게 된다.

그럴 경우 상당수의 국가주식을 보유하고 있는 주주들(주로 지방정부)은 나머지 두 유형의 주주들, 즉 법인과 개인에게 자신들이 아직 행사하지 못한 권리들을 매각하게 된다. 중국의 증권감독관리위원회(Securities Regulatory Commission)[10]는 1994년 4월 긴급조치를 취한 바 있다. 그 골자는 국가에서 행사하지 않은 권리들을 매입한 구매자들은 상하이와 선전의 증권거래소에서 이 주식들을 전매할 수 없다는 조치이다. 이 조치는 이 글을 쓰고 있는 현재까지도 여전히 유효하다.

확실히 이 조치는 행사되지 않은 국가주식 권리에 대한 다른 투자가들의 구매의욕을 떨어뜨렸다. 이 조치의 주요동기는 오직 이데올로기적 이해관계 안에서만 발견할 수 있다. 즉 국가의 주식 점유를 통한 공유제의 비율을 충분히 보전하려는 것이 그 목적이라 할 수 있다. 이는 또한 로(M. Roe)가 미국적 환경에서 사용했던 표현을 빌리자면, 중국의 기업지배구조에 대한 '정치적 이론'으로도 바라볼 수 있다.

----

9) Simon, William. H., "The Legal Structure of the Chinese 'Social Market' Enterprise," *The Journal of Corporation Law* Vol. 21, No. 2, 1996.

10) 미국의 증권거래위원회(Securities and Exchange Commission)에 해당하는 기관으로 증권시장의 투명성을 보장하기 위해 설립된 기구 — 옮긴이.

그러므로 우리는 현재 중국 기업들의 주식보유 씨스템은 아직 마무리되지 않았음을 알 수 있다. 지금까지 변화되어왔듯이 앞으로도 이 씨스템은 변화를 거듭할 것이지만 이론적·이데올로기적 논쟁의 영향력에서 결코 자유롭지는 않을 것이다. 이 글의 제2절에서는 재산권개혁에 대한 논쟁을 좀더 심층적으로 검토할 것이다.

- 2 -
재산권개혁에 대한 세 학파의 관점

중국공산당 제15차 당대회에서 쟝 쩌민이 발표한 보고문 가운데 가장 인상적인 부분은 다음과 같다. "공유제는 다양한 제도적 형태로 구현될 수 있고 또 그렇게 되어야 한다."[11] 쟝 쩌민은 이에 대해 "일반적으로 주식제는 공유제나 사유제 어느 한쪽에 속한 것은 아니다. 관건은 누가 통제력을 행사하는지에 달려 있다"고 부연 설명하고 있다.

주식제와 공유제의 양립 가능성에 대한 쟝 쩌민의 발언은 지난 10년간 중국의 지식인·정책자문가·정부관료 사이에 계속되어왔던 재산권 논쟁을 종결시켰다. 쟝 쩌민의 발언내용은 세 학파가 내놓은 관점의 절충 혹은 통합이라고 볼 수 있다.

가장 영향력있는 첫번째 학파는 중국 국유기업의 핵심문제는 재산권이 명확하지 않은 데 있다고 지적한다. 두번째 학파는 국가소유권은 충분히 명확하게 규정돼 있다고 반박하고 오히려 본질적인 문제는 효율적인 관리의 부재와 유연성을 상실한 지난날의 지배구조라고 주장한다. 세번째 학파는 현장참여(workplace participation)와 국가자산의 관리를 책임지고 있는 관료들의 공적 책임을 포괄하는 '경제민주'(economic democracy)를 강

---

11) 중국어를 그대로 번역한 것은 아니다. 보고서 전문에 대해서는 Foreign Broadcast Information Service(FBIS), *Daily Report on China*, 1997.9.22 참조.

조한다.

각 학파들의 관점은 내부와 외부의 토론과정을 통해 독특하면서도 정교한 주장으로 발전했다. 이들 학파간의 담론과 그에 상응하는 중국의 재산권 구조개혁의 실천과정을 이해하려면 이 학파들 각각의 주장에 대해 좀더 면밀히 분석할 필요가 있다.

재산권을 명확하게 해야 한다는 테제

첫번째 학파, 즉 "재산권을 명확하게 해야 한다"고 주장하는 학파는 가장 영향력있는 집단이다. 1993년에 발표한 「사회주의 시장경제체제 건설과 관련된 몇가지 문제에 대한 중국공산당 중앙위원회의 결정」은 '명확하게 규정된 재산권 관계'를 현대기업제도의 가장 중요한 기초적 특징으로 기술하고 있다.[12]

그러나 여기서 '명확한'이라는 용어의 의미는 그 자체로는 그리 명확하지 못하다. "재산권을 명확하게 해야 한다"는 테제는 크게 두 가지 해석, 즉 '대중적인'(popular) 해석과 '정교한'(sophisticated) 해석으로 구분할 수 있을 것 같다. 먼저 대중적인 해석에 따르면, 오직 개별화된 사유제만이 재산권이 명확하기 때문에 공유제는 그 정의 자체가 불분명하다는 것이다.[13] 이러한 해석은 비록 일부 엘리뜨 지식인들에게 큰 영향력을 미치고 있고, 또 일부 언론과 연구저널도 받아들이고 있지만, 그 자체가 중국공산당으로 하여금 '현대기업제도'를 통해 재산권 관계를 더욱 분명하게 규정하려는 결정을 내리도록 만든 결정적인 동인이 된 것은 아니었다.

한편 "재산권을 명확하게 해야 한다"는 테제에 대한 좀더 정교한 해석

----

12) FBIS, *Daily Report on China*, 1993. 11. 17, 22~23면에서 인용.

13) 대중화된 의미를 가장 많이 제기하고 있는 사람은 뻬이징대 꽝화관리학원(光華管理學院)의 쟝 웨이잉(張維迎) 교수이다. 張維迎 『企業的企業家: 契約理論』, 上海人民出版社 1995 참조.

에 따르면, '현대기업제도'는 반드시 사영(私營)일 필요는 없으나, 현존하는 중국의 국유기업들은 당사자들에 대한 권리와 책임소재가 명확하지 않기 때문에 곤란을 겪고 있다고 한다. "아무도 국유기업 소유자로서의 국가의 이익을 대변하지 않는다"는 지적이 계속 회자되고 있다. 표면적으로 매우 모순적으로 보일지도 모르는 이 문구는 1980년대 국유기업의 씨스템을 살펴보면 충분히 납득할 수 있다.

중국의 경제개혁은 1979년부터 국유기업들에게 정책결정의 자주권을 부여하고 이윤 유보를 보장해주는 실험과 함께 '계약책임제'로 이어졌다. 소위 국유기업들의 자주관리, 이윤 및 손실과 관련된 자주적인 예산편성, 경영자의 자기훈련(self-discipline)[14]과 규제, 자주적인 발전 등 네 가지 자주성은 바로 이 제도에서 촉진되었다. "재산권을 명확하게 해야 한다"는 테제에 대한 정교한 해석은 기업의 자주성 확대가 중국이 시장경제로 전환하는 데 확실한 도움을 주었지만, 그 이면에는 어두운 구석이 있음을 지적한다. 즉 '자주성을 획득한 국유기업'에서 어느 누구도 기업 소유자로서의 국가 이익을 챙기지 않는다는 것이다. 그 결과 지나칠 정도로 다양한 형태의 자산유출(asset stripping) 혹은 탈자본화(decapitalization)가 나타났다. '계약책임제'하에서 국유기업들은 정부기관과 이윤 상납액 및 유보액을 확정하는 계약을 체결했다. 따라서 경영자와 노동자는 모두 현재의 지출을 증가시키기 위해 자산가치를 과소평가하고 유지비용을 과대평가함으로써 자신들의 이윤을 과장할 동기를 갖게 되었다. 결국 자산유출과 경영자들의 '사적인 공금전용'(self-dealing) 문제를 해결할 방법으로 '현대기업제도'가 제안되었다. 이 제도의 지지자들은 자신들의 생각을 지지할 수 있는 3단계 논법을 제시하고 있다. ① '현대기업제도'는 '기업화'(corporatization)를 요구한다. ② '기업화'는 국가가 소유한 주식, 즉 국가

---

14) 영어의 'autonomous'와 'self'는 중국어로 번역할 때 모두 '自'로 번역할 수 있다.

자산에 대한 자산평가를 요구한다. ③ 주식은 곧 명확하게 규정된 일련의 재산권을 의미하며 이사회는 경영자들의 사적인 공금전용을 막고 주주로서의 국가 이익을 보호해야 한다.[15]

현대기업제도를 도입해야 한다고 주장하는 사람들은 기업화가 지닌 또 다른 매력을 강조한다. 그 매력이란 기업화를 통해 국가는 국유기업의 손실에 대한 무한정의 채무에서 자유로워질 수 있다는 점이다. 기업의 현대성 덕분에 기업 주주들은 제한적인 부담만을 지게 된다. 따라서 만약 국가가 기업화과정을 통해 주주가 된다면, 국가는 더이상 국유기업들의 손실을 보전해줄 필요가 없다. 더 나아가 국가가 지배주주로 나설 경우에도 국가는 기업화과정을 통해 더 많은 사회자산에 대한 통제력을 행사할 수 있게 된다.[16] 왜냐하면 그 안에는 국가 소유의 주식 이외에도 법인과 개개인의 인민들이 소유한 주식들이 포함되어 있기 때문이다.

이상의 토론을 통해 우리는 '재산권에 대한 정교한 해석'을 주장하는 사람들은 기업화를 사유화의 한 수단으로 이해하는 것이 아니라 국가자산 가치의 보전과 증식을 통해 국가자산관리에 대한 국가의 통제력을 강화시키는 수단으로 이해하고 있음을 알 수 있다. 이들의 주장은 국내외의 경쟁 심화로 현재 재정위기에 직면한 중국공산당 지도부들에게 상당히 설득력 있게 다가가고 있다.[17] 그러나 기업화과정을 통해 재산권을 명확하게 해야 한다는 이들의 주장은 두번째 학파의 비판을 받고 있다. 두번째 학파의 관

---

15) 吳敬璉「大中型企業改革和公司化」, 『構築市場經濟的基礎結構』, 中國經濟出版社 1997. 우 징롄은 국무원발전연구중심의 연구원이다. '현대기업제도'에 대한 그의 관점은 중국공산당 중앙이 문제가 된 '계약책임제'를 대체하고 '현대기업제도'를 채택하기로 결정을 내리는 데 직접적인 영향을 미쳤다.

16) 이 관점은 중국공산당 제15차 당대회에서 발표한 쟝 쩌민의 보고서에서뿐만 아니라 쥬 룽지(朱鎔基)의 주식제에 대한 언급에서도 엿볼 수 있다(『人民日報』 1997. 9. 15). 중국 인민들의 저축 총액은 국유자산의 총가치를 상회한다.

17) 1995년 GDP 대비 중앙정부의 재정이 차지하는 비율은 8.1%밖에 되지 않는다. 劉國光 外 『經濟藍皮書』, 社會科學文獻出版社 1996, 119면.

점을 살펴보자.

경영개선과 구조조정 테제

이들 두번째 학파는 국유기업의 재산권을 명확하게 해야 한다는 첫번째 학파의 주장에 반대의사를 표명한다. 이들은 국유기업의 재산권 규정은 이미 완벽할 정도로 명확하다고 주장한다. 즉 국유기업의 자산은 전인민의 대표자인 국가에 귀속된다는 것이다. 따라서 문제의 핵심은 규정에 있는 것이 아니라 오히려 국유제의 강화에 있다는 것이다. 흥미로운 것은 스탠포드대 법학과에서 미국 주식회사를 연구하는 싸이먼(W. H. Simon) 교수가 친절하게도 이들 두번째 학파의 관점을 잘 정리하여 대변해주고 있다는 점이다. 그는 "우리에게 진정 필요한 것은 재산권에 대한 더 나은 규정이 아니라 권력남용으로부터 시민을 보호하고 공공의 권리를 강화하는 것이다. 일반적으로 대다수 개혁가들은 정치적으로 매우 민감한 국가의 구조개혁에 대해서는 논의를 회피하는 방편으로 재산권개혁에 대한 논의를 선호한다"[18]고 밝혔다.

두번째 학파의 대표적인 지지자 마 삔(馬斌)의 경우, 그는 국유기업 내부의 관리와 국유기업에 대한 정부의 관리를 모두 포함한 관리의 문제들이 재산권 규정보다 더 중요하다고 강조한다. 그는 일부 정부관료들의 부패와 경영실패가 지속되는 한 기업화를 통한 주식제의 도입은 국유기업의 효율성을 제고하는 데 별다른 도움을 주지 못할 것이라고 지적하였다. 더나아가 주식제의 도입은 경영자에게 치부를 위한 여러가지 수단을 제공함으로써 경영자들이 공금을 사적으로 사용하는 문제를 심화할 수 있다.[19]

---

18) Simon, 같은 책 299면.

19) 馬斌 『企業改革和股份制』, 中國國際廣播出版社 1994. 마 삔은 유명한 안강헌법(鞍鋼憲法)을 발전시킨 안산강철(鞍山鋼鐵)회사의 1950년대 경영자이다. 안강헌법의 주요내용은 경영에 현장노동자를 참여시킨다는 것이다. 일본과 미국의 일부 학자들은 마오 쩌뚱이 채

실제 외국인 투자가들과 함께 추진했던 기업화[20] 및 합자회사 설립 프로젝트의 80%는 국가자산이 평가절하된 상태에서 추진되었고, 게다가 독립적인 회계와 감사기관의 평가도 받지 않은 상태에서 진행되었다.[21]

린 이푸(林毅夫)와 그의 동료학자들은 마 삔보다 더욱 정교한 분석틀을 발전시켰다. 그들은 사유화가 국유기업의 효율성을 제고하는 데 필요하지도 또 충분하지도 않다고 주장한다. 충분하지 않다는 것은 인도나 라틴아메리카에는 수많은 비효율적인 사영기업들이 존재하기 때문이다. 그리고 필요하지 않다는 것은 한국의 포항제철이나 싱가포르의 싱가포르항공처럼 효율적인 국유기업이 존재하기 때문이다. 린 이푸가 보기에 현재 중국경제의 심각한 문제는 지난날의 중공업중심 발전전략 때문에 중국의 국유기업들이 여전히 많은 정책적 부담을 감수하고 있는 것이다. 특히 그는 그러한 정책적 부담들이 국유기업과 비국유기업 사이의 불공정한 경쟁을 초래한다고 지적한다. ① 국유기업들은 자본집약적인 중공업에 집중되어 있다. 그러나 이 자본집약적인 중공업은 산업 특성상 자본축적 및 회수기간이 길며 현재 세계시장에서도 비교우위를 점하고 있지 못한 실정이다. ② 전기·석유·천연가스·화학물질·철강 같은 기초 원자재의 가격은 아직 완전히 정부의 규제에서 자유롭지 못하다. ③ 지난날의 계획경제 유산으로 국유기업들은 많은 사회적 책임을 부담하고 있다. 이중 가장 심각한 것은 국가가 지난날의 계획경제 시절 양로기금을 축적해놓지 않았기 때문에,

---

태했던 이같은 참여방식이 기업경영의 토요다모델에 영향을 미쳤다고 지적한다. Thomas, Robert, *What Machines Can't Do*, University of California Press 1994, 209면.

20) 기업화를 통한 '현대기업제도' 확립이라는 제한된 실험은 1994년 7월 1일 중국의 「회사법(公司法)」이 효력을 발휘하자마자 실천되었다는 점을 지적해둘 필요가 있다. 그런 의미에서 중국공산당 제15차 당대회에서 발표한 쟝 쩌민의 보고는 주식제의 실천을 알리는 신호가 아니라 대규모의 기업화에 대한 이데올로기적 정당성을 부여하는 조치이다.

21) 쥬 즈깡(朱志剛)이 이 수치를 제시하고 있다. 쥬 즈깡은 국가국유자산관리국의 부주임이다. 朱志剛 『資産權益和制度轉型』, 經濟科學出版社 1996.

국유기업들이 퇴직자들에게 양로금·의료비용·생계비용 등을 제공해주어야만 한다는 것이다. ④ 국유기업에는 잉여노동력이 넘쳐나고 있으나, 사회보장제도가 완비되어 있지 않기 때문에 국유기업들은 잉여노동력을 노동시장으로 밀어내지 못하고 있다. 이런 모든 요인들이 시장경쟁에서 국유기업을 불리한 위치로 몰아넣고 있다는 것이다. 더 나아가 국유기업의 재무상황은 이러한 불공정한 경쟁상황에서 수행되는 경영자들의 실질적인 경영성과를 보여주지 못하기 때문에 국가와 국유기업 경영자 사이의 주인-대리인 문제(principal-agent problem)를 더욱 불투명하게 만들고 있다. 따라서 린 이푸는 그 해결책으로 '현대기업제도'의 도입보다는 구조조정을 통한 공정한 경쟁환경의 확립을 제시하고 있다.[22]

마 삔의 경영개선 주장과 린 이푸의 구조조정 주장 등 두번째 학파의 관점 역시 중국공산당 지도자들에게 영향을 미쳤다. 제9차 5개년계획(1996~2000)은 중국경제의 '이중적 전환'(double transition)을 명시하고 있다. 즉 지난날의 계획경제에서 시장경제로, 그리고 조방형(粗放型) 경제성장 양식에서 집약형(集約型) 경제성장 양식으로 전환할 것을 계획하고 있다. 첫번째 전환은 '현대기업제도'의 도입에, 그리고 두번째 전환은 경영개선과 구조조정에 궁극적인 목표를 두게 될 것이다.

비록 두번째 학파가 "재산권을 명확하게 해야 한다"는 첫번째 학파의 대중적 해석에 대해서는 반대하고 있지만, 그렇다고 그 학파의 정교한 해석조차 반대하는 것은 아님을 지적해둘 필요가 있다. 이는 부분적으로 재산권에 대해 정교한 해석을 가하는 사람들이 개혁방안으로 결코 사유화를 제창하지 않았다는 사실에 기인한다. 더욱더 중요한 사실은 이들 두번째 학파가 자신에 대한 비판에 대응하면서 "재산권을 명확하게 해야 한다"는

---

22) 林毅夫 外 『充分信息和國有企業改革』, 上海人民出版社 1997. 시카고대 경제학과에서 박사학위를 받은 린 이푸가 국유기업에 대해 이같이 균형잡힌 시각을 갖고 있다는 것은 흥미로운 사실이다.

테제를 정교하게 해석한 뒤 주식제가 지역간·부문간 주식보유를 통해 국가기업의 구조조정을 촉진할 수 있다는 설득력 있는 주장을 내놓았다는 점이다. 실제 중국공산당 제15차 당대회 이후의 주요한 경제동향을 보면 '기업집단'이 급속하게 형성되어가는 경향을 발견할 수 있는데, 이는 동일한 그룹 내의 기업들이 서로 주식을 교차 보유하는 것을 통해 실현되고 있다.[23]

경제민주화 테제

세번째 학파는 경제민주화에 초점을 맞추고 있다. 이 테제와 관련된 주장 가운데 하나는 노동자들이 기업의 주식을 보유할 권리가 있다는 것이다. 이 주장은 주로 노동조합과 연관이 있는 지식인들이 제시하였다. 중국노동운동대학(中國工運學院) 교수 펑 퉁칭(馮同慶)은 "재산권을 명확하게 해야 한다"는 첫번째 학파의 테제를 수용하여 이를 '노동자의 재산권' 논쟁으로 새롭게 발전시켰다. 그는 중국경제 개혁과정에서 노동자들의 수입 및 참여권이 감소하고 제약되는 추세를 비판하면서 '모든 사람이 주식을 갖는 제도(凡股制)'를 옹호하였다. 특히 그는 기업화과정에서 인적 자본도 물질적 자본과 동등한 가치를 지닌 것으로 취급해야 한다고 주장한다. 즉 노동자들도 자신의 기술과 노동의 기여도에 따라 주식을 가질 권리가 있기 때문에 굳이 자신들의 낮은 임금을 지출하면서까지 주식을 구매할 필요가 없다는 것이다.[24]

천 촨밍(陳傳明)은 이보다 좀더 정교한 경제민주이론을 제기하였다. 그는 이른바 'S형 기업제도'[25]를 발전시켰다. 'S형 기업제도'란 기업에 대한 세 가지 '단일한 논리'를 하나의 '종합적인 논리'로 묶은 것이다. 그는 이

---

23) 화학공업 부문의 기업집단 형성사례에 대해서는 『人民日報』(1997. 9. 27) 참조.
24) 馮同慶 外 『向社會主義市場經濟轉變時期的工會理論述評』, 人民出版社 1997, 133면.
25) 여기서 'S'는 '종합'(synthesis)을 의미한다.

세 가지 단일한 논리를 다음과 같이 제시하였다. ① 자본논리에 입각한 기업이론으로, 사영기업과 국유기업 모두 이 논리를 전형적으로 체현하고 있다. ② 노동논리에 입각한 기업이론으로, 유고슬라비아의 노동자 '자치관리' 제도가 이 논리를 전형적으로 체현하고 있다. ③ 지식논리에 입각한 기업이론으로, '경영자가 통제권을 행사하는' 기업이 이 논리를 체현하고 있다.

천 촨밍은 각 이론을 다음과 같이 비판한다. 먼저 '자본논리에 입각한 이론'의 경우, 자본이 생산에 있어 유일하게 '위험을 부담하는 요소'는 아니기 때문에 투자자(개인이든 국가이든)에게 '소유자'라는 독점적인 지위를 부여하는 것은 옳지 못하다고 주장한다. 다음으로 '노동논리에 입각한 이론'의 경우, 그는 '과거의 노동'(past labor) 문제, 즉 과거의 노동을 담지하고 있는 자본의 기여도를 처리하는 데 약점이 있다고 지적하였다. 마지막으로 그는 '경영자가 통제권을 행사하는' 기업에 대해서는 경영자의 사적인 공금유용과 작업장의 민주질서 억압 등의 위험에 초점을 맞추고 있다.

천 촨밍은 각 논리에 기초를 둔 이런 단일한 이론 대신 자신이 제기한 'S형 기업제도'를 옹호한다. 이 제도는 단일한 이론들이 가지고 있는 단점들을 모두 배제하고 장점들만 종합한 이론이다. 천 촨밍은 S형 기업의 '자본가위원회'와 '노동자위원회' 제도를 구상해놓았다. 이 두 위원회는 최고경영자와 함께 소위 '기업위원회'를 조직하여 운영한다. 이 '기업위원회'는 S형 기업의 최고정책결정기구로 기능한다.[26] 동북경제무역대학 교수 루 창충(盧昌崇)[27]은 좀더 구체적으로 각 중국기업에 존재하는 직공대표대회는 직공대표를 선출하여, 국가가 그 기업을 전적으로 소유하든 부분적

---

26) 陳傳明 『比較企業制度』, 人民出版社 1995.

27) 루 창충은 천 촨밍의 'S형 기업제도'를 언급하고 있진 않지만 독자적으로 천 촨밍의 제안과 유사한 제도를 발선시켰다. 盧昌崇 「公司治理機構及新, 老三會關係論」, 『經濟研究』 第11期, 1994, 10~14면.

으로 소유하든 관계없이 그 기업의 이사회에 진출시켜야 한다고 제안했다. 또한 그는 직공대표대회와 주주총회는 상대방이 자신에게 가장 불합리하게 적용될 결정사항을 채택할 경우 '상호거부권'(mutual veto) 행사를 통해 그 결정사항을 거부할 수 있는 권한을 가져야 한다고 주장한다.

한편 천 촨밍은 '자본가위원회'는 '자본가 민주'를, '노동자위원회'는 '노동자 민주'를 의미한다면서, 경제민주의 필요성을 분명하게 역설하고 있다. 이와 함께 루 창춤 역시 주주들의 이익만을 고려하는 태도는 이제 구시대적 발상에 불과하다고 지적한다. 분명한 것은 두 사람 모두 유고슬라비아 노동자들의 '자치관리' 사례의 함정에 빠지지 않으면서 노동자에게 더 많은 힘을 실어주고자 한다는 점이다.[28] 따라서 이들은 앞서 소개한 두 학파가 노동자들의 적극적인 참여를 지지한다면, 그들의 관점에 대해 반드시 반대한다고 볼 수 없을 것이다.

물론 이 세번째 학파는 앞서 소개했던 두 학파에 비해 영향력이 떨어지지만, 이들의 관점 역시 중국공산당의 정책결정과정에 일정한 영향력을 행사했다. 1994년에 통과된 중국회사법은 국유 독자회사에 대해서는 직공대표의 기업내 이사회 진출을 허용하고 있다.[29] 경제민주주의를 옹호하는 사람들의 한 가지 목표는 직공대표들을 모든 유형의 기업내 이사회에 진출시키는 데 있다. 이는 국유 독자기업의 수가 국가·법인·개인 등 세 가지 주식에 기반을 둔 '혼합제 주식회사'(cross-shareholding corporation)들에

----

28) 유고슬라비아의 자치관리에 대해 중국 지식인들 사이에 널리 퍼져 있는 인식은 자본축적을 방해하면서까지 과도하게 지출하는 단기주의(short-termism)를 초래한다는 것이다.

29) 1999년 9월에 개최된 중국공산당 제15차 4중전회에서 통과된 「국유기업 개혁과 발전과 관련한 몇가지 문제에 대한 중공중앙의 결정(中共中央關于國有企業改革和發展若干重大 問題的決定)」은 "국유 독자기업과 국유 지주회사의 (…) 이사회와 감사회에 직공대표가 참여해야 한다"는 방침을 밝혔고, 그해 12월에 개최된 제9차 전인대(全人大) 제13차 회의에서 통과된 수정 「회사법(公司法)」은 "국유 독자회사도 감사회를 설립해야 하며 직공대표가 참여해야 한다"는 규정을 신설했다. 이런 규정들은 독일식 노동관계모델을 본뜬 것이라는 해석이 있다 — 옮긴이.

의해 급격하게 감소하고 있기 때문이기도 하다.

실험적 분석: 지구화와 상호교류를 통한 풍부한 내용으로의 발전

재산권에 대한 세 학파의 관점은 과연 중국의 개혁이라는 맥락 속에서 어떤 의미를 담고 있는가? 우리가 주목해야 할 첫번째 내용은 그들 발상의 전지구적 특성이다. 세 학파의 관점은 서구이론의 완전한 모방에서부터 비판적 사고와 이를 통한 창조적 혁신에 이르기까지 차이가 있긴 하지만 모두 서구사상에 대한 일정한 '반응'으로 볼 수 있다.

아마 첫번째 학파는 나머지 두 학파에 비해 서구의 영향력을 더 많이 받은 것 같다. "재산권을 명확하게 해야 한다"는 주장은 1980년대 서구의 대학가에서 유행했던, 코즈(R. Coase), 알키언(A. Alchian), 뎀쎄츠(H. Demsetz), 포스너(R. Posner) 등으로 대표되는 재산권학파의 중심테제이다.[30] 특히 UCLA의 뎀쎄츠는 중국 국가자산관리국의 초청을 받아 지난 1991년 중국에서 재산권에 대한 강연을 한 적이 있다. 당시 그는 노동자들이 소속회사의 주식소유권을 보장받을 권리가 있고, 이사회에 대표를 보낼 권리가 있다는 주장에 반대의사를 표명했다.[31] 이러한 뎀쎄츠의 견해는 국유기업과 관련하여 재산권을 명확하게 해야 한다는 테제에 대한 '대중적 해석'을 지지하는 학자들에게 큰 영향을 주었다. 한편 재산권을 명확하게 해야 한다는 테제에 대한 '정교한 해석'을 지지하는 학자들 역시 은연중에 그의 영향을 받았는지는 불분명하다.

관리개선과 구조조정의 테제 역시 서구의 경제사상과 연관을 맺고 있다. '팀작업'(teamwork)과 포스트포드주의 이론은 중국의 개혁을 둘러싼 토론과정중에 소개되었다.[32] 경제민주 테제 역시 서구이론과 분명한 연관

---

30) 중국 경제학자들 사이에 이들의 저작을 편역한 중국어 책이 널리 읽히고 있다. R·科斯, A·阿爾欽, D·諾斯『財産權利和制度變遷』, 上海人民出版社 1992 등이 그것이다.
31) 國家資産管理局『國有資産産權理論探索』, 經濟科學出版社 1992, 56면.

을 맺고 있다. 필자는 미국의 주(州) 차원의 회사법 개혁에서 전개되었던 '주주(stockholder) 대 이해관계자(stakeholder)'의 논쟁을 중국의 개혁토론에 소개했다.[33]

비록 재산권을 둘러싼 중국의 논의는 매우 흥미롭고 때로는 정교하지만, 중국은 서구에서 진전되었던 토론을 통해 좀더 많은 교훈을 얻을 수 있다. 예를 들어 천 촨밍과 펑 퉁칭이, 노벨경제학상 수상자였던 미드와 브루킹스연구소의 블레어(M. Blair)가 발전시킨 '자본-노동 협력관계'(capital labor partnership)를 알고 있었더라면, 그들은 자신의 이론인 'S형 기업제도'와 '모든 사람이 주식을 갖는 제도'를 좀더 강력하게 주장했을 것이다. 중국의 논쟁과 서구의 논쟁이 상호교류하면서 좀더 풍부한 내용을 낳을 수 있다는 점을 보기 위해 미드와 블레어의 사상을 자세히 살펴보자.

미드와 블레어에 따르면 기본적으로 외부의 주주들(사영기업이든 국유기업이든 관계없이)만이 위험을 부담하는 유일한 집단은 아니라고 한다. 특정 기업의 피고용자들의 인적 자본 역시 위험을 부담하게 된다. 실제 주주들에 대한 '유한책임' 규정이 적용된 상태에서, 주주들은 기업행위에 대해 전적으로 비용을 부담하지 않기 때문에 주주들을 '전적인' 위험 감수자라고 볼 수는 없는 것이다. 더 나아가 외부 주주들은 여러 기업들의 주식을 분산소유하는 방식을 통해 자산관리의 위험을 저하시킬 수도 있지만 한 명의 노동자는 동시에 여러 회사에서 일할 수 없다. 이렇게 본다면, 피고용자들의 인적 자본은 '분산화'가 불가능하므로 더 큰 위험을 안고 있다고 주장할 수 있다. 그러므로 노동자들은 반드시 외부 주주들과 함께 기업에 대한 통제권과 수입권을 공유해야만 할 것이다. 이를 중국적 맥락에 적

---

32) 崔之元「鞍山憲法和后福特主義」,『讀書』No. 1, 1996.

33) 미국 29개 주의 회사법이 '이해관계자' 방향으로 수정되어간다는 필자의 글은 중국 지식인들 사이에 많은 논쟁을 불러일으켰다. 張問敏 外『中國經濟大論戰』第2券, 經濟管理出版社 1997.

용해보면 결국 재산권을 명확하게 해야 한다는 테제의 '대중적 해석'에 내재되어 있는 중국 노동자들의 통제권 획득의 최소한의 가능성에 대한 공포는 부당한 것이고, 순수한 효율성 측면에서 볼 때에도 부당하기는 마찬가지이다.

여기서 가장 중요한 것은 우리가 특정 기업의 피고용자들의 인적 자본을 충분히 고려할 때 "기업은 전적으로 외부 주주의 이익을 위해 관리되어야 한다"는 전통적인 주장은 설득력을 잃게 된다는 사실이다. 바로 이 점이 경제민주를 주장하는 중국의 지지자들이 도출해내고자 하는 논점이다. 따라서 약간 길긴 하지만 이와 관련한 블레어의 설명은 인용할 만하다.

"우리가 우선적으로 이해해야 하는 것은 표준적인 회계방식에 입각해서 계산한 기업이윤은 기업에 의해 산출된 총경제잉여에 대한 불충분한 수치만을 제공하고 있다는 사실이다. 우리가 살펴보았듯이, 총경제잉여의 상당부분은 고임금 형태로 피고용자들에게 지급되고 있다.[34] 그러나 흥미로운 사실은 일단 임금 형태로 지급되고 나면, 경제잉여에 대한 피고용자들의 몫은 기업의 운영'비용'으로 취급된다는 사실이다. (…) 그러나 만약 회계사가 피고용자들에게 돌아가는 모든 지불내역을 비용으로 기록한다면, 주주들은 피고용인에게

---

34) 흥미롭게도 시카고대 경제학자 토펠(R. Topel)에 따르면 미국 대기업의 피고용자에 대한 총 지출액의 10~15%는 특정 기업의 숙련자에게 돌아간다고 한다. 그가 그렇게 주장하는 주요 근거는 자신의 귀책사유에 기인하지 않고 해고된 피고용자가 재고용될 경우 그들은 10~15% 삭감된 임금을 받는다는 것이다. 블레어는 토펠의 계산에서 좀더 심화된 함의를 이끌어내고 있다. 그녀는 1990년부터 1993년까지 기업이 피고용자에게 지불한 총지출액의 10%는 약 8천5백억 달러에 달하고, 그 액수는 표준적인 회계방식에 따라 측정한 같은 기간의 기업이윤인 약 9천9백10억 달러와 맞먹는다는 사실을 발견했다. "바꿔 말하면 기업의 이윤이라고 하는 것은 기업에 의해 창출된 총경제잉여의 절반밖에 되지 않고, 나머지 절반은 피고용자에게 지급된다"(Blair, Margaret, *Ownership and Control: Rethinking Corporate Governance for the Twenty-First Century*, The Brookings Institution 1995, 8면).

지급되는 임금을 삭감해야 할 기업의 투자로 간주한다. 그러므로 주가에만 신경을 쓰는 기업들은 주주들의 이윤을 산출하지 못하는 기업경영에 대해서는, 비록 그같은 기업경영이 기업 전체로 봤을 때 실질적인 경제적 수익을 산출해내고 있다 할지라도 그것을 포기할 동기를 갖게 될 것이다. 이는 좀더 큰 사회적 관점에서 봤을 때, 매우 비효율적인 것이다."[35]

미드의 '노동-자본 협력관계' 프로그램 역시 '전체 부의 극대화'라는 사회적 공익을 위해 외부 주주와 내부 노동자들 사이의 이해관계를 조절하려는 노력의 일환으로 이해할 수 있다. 블레어가 지적하듯이 그것은 단순히 주주의 주가를 극대화하는 것이 아니다. 미드의 구상에서 외부 주주는 '자본주식'(Capital Share Certificates)을 소유하고 내부 노동자들은 '노동주식'(Labor Share Certificates)을 소유하게 된다. 이는 펑 퉁칭이 주장하는 "모든 사람이 주식을 가져야 한다"는 논리와 같은 논리이다. 미드의 프로그램은 대략 다음과 같은 방식으로 실현될 수 있다.

노동-자본 협력관계를 통해 노동자들과 자본가들은 '파트너'로서 회사 운영에 공동으로 참여하게 된다. 자본가들은 기업내 자본주식을 소유하는데, 이는 자본주의기업의 일반적인 주식과 다를 바 없다. 노동자들은 파트너관계에서 노동주식을 소유한다. 이 노동주식에 대해서는 자본주식과 같은 비율의 배당금이 부여된다. 그러나 이 노동주식은 개별 노동자와 유착되어 있기 때문에, 만약 노동자가 파트너관계를 단절할 경우 노동자는 더 이상 배당을 받지 못하게 된다. 파트너관계 수입의 어떤 부분도 배당금으로 분배되지 않고 모두 기업의 발전을 위해 사용되며, 배당금의 가치와 비슷한 새로운 자본주식들이 현재의 노동주식 주주와 자본주식 주주에게 발행된다. 이런 파트너관계 조정은 노동자와 자본가 사이의 이해관계에서

---

35) Blair, 같은 책 8~12면.

발생하는 갈등을 상당히 감소시킨다. 왜냐하면 주식배당률을 증가시킴으로써 한 집단의 처지를 개선할 수 있는 어떤 결정도 결국 자동적으로 다른 집단의 주식배당률을 증가시키기 때문이다.[36]

만약 '노동–자본 협력관계' 제도가 도입된다면, 블레어의 설명처럼 사회 전반에서 창조되는 부의 총량은 증가할 것이다. 한 가지 흥미로운 점은 이사회 구성과 관련된 미드의 제안이 천 촨밍이 말하는 '자본가위원회'나 '노동자위원회'와 매우 비슷하다는 사실이다. 따라서 이러한 사실은 중국의 경제민주를 옹호하는 사람들에게 매우 유용한 정보가 될 것이다. 외부 주주와 내부 노동자 주주들은 각각 같은 수의 이사를 선출하고, 이들은 다시 협의하에 투표를 통해 이사장을 선출한다. 이사장은 양진영 사이에 의견충돌이 발생할 경우 캐스팅 보트권을 행사할 수 있다.

지금까지의 논의를 통해, 우리는 급진적인 서구의 일부 이론들과 재산권에 대한 중국 내부의 논의 사이에 놀라운 유사성이 존재함을 분명히 알 수 있다. 이는 사유의 진정한 전지구적 속성을 반증한다. 오늘날 지구화(globalization)를 언급하는 것은 일종의 유행처럼 되었다. 그러나 좀더 깊이 생각해보면, 자본의 지구화는 아직 실현되지 못하고 있고, 노동의 지구화는 더욱더 요원하다는 것을 알 수 있다.[37] 우리가 아는 확실한 사실 가운데 하나는 현재 사유의 지구화가 진행되고 있다는 것이다. 중국내 토론을 활성화하고 공개적으로 이끌어가려면 무엇보다도 서구 재산권에 대한 다양하고 대안적인 생각들이 중국의 토론자들에게 모두 유효하다는 확신을 줘야 한다.

또한 사유의 지구화는 '지방 혁신'(local innovations)과 '지구화에 대한 이론적 성찰'을 상호 대비시키면서 그 내용을 더욱 풍부하게 만들어주는

---

36) Meade, 같은 책 85~86면.
37) 노동의 지구화가 없는 자본의 (부분적인) 지구화는 현존하는 국제적인 불공평성을 더욱 증폭시킬 것이다.

계기를 제공해준다. 중국의 '농민-노동자'와 지방정부는 적절한 농촌기업의 소유형태를 찾는 노력 속에서 독창적인 아이디어를 내놓았다. 이것이 바로 '주식합작제(股份合作制)'[38]이다. 이 제도는 노동주식과 자본주식을 모두 포괄하고 있다는 점에서 미드가 말하는 '노동-자본 협력관계'와 매우 흡사하다.[39] 그러나 중국의 주식합작제는 공동체의 대표인 향진정부에 귀속된다는 의미에서 대체로 집단적 성격을 띠는데, 바로 이 점이 '노동-자본 협력관계'와 다르다. 중국의 지방주식합작제 기업은 공동체 내부의 노동자들과 동일한 공동체의 외부 성원들의 이해관계를 조화시키는 데 일조하고 있다. 이 제도의 운영방식에 대한 이해를 돕기 위해 중국의 지방에서 과거에 시행되었던 주식합작제 실험을 간단히 소개하고자 한다.

1993년 여름, 필자가 예비조사를 시행했던 샨뚱성(山東省) 쯔뽀시(淄博市) 저우춘진(周村鎭)에서는 지난 1982년 인민공사의 집체자산 처리문제의 어려움을 해결하기 위해 주식합작제를 도입하였다. 농민들은 일부 집체자산(농토 제외)을 단순히 물리적으로는 분할할 수 없다는 것을 알게 되었다. 따라서 농민들은 집체자산(예를 들어 트럭)을 조각조각 분리해 팔기보다는(다른 많은 지역에서는 그같은 일이 발생하기도 했다) 각각의 '농민-노동자'들에게 동일한 주식을 발행해주기로 결정했다. 그러나 머지않아 이들은 모든 집체자산을 개인주식으로 분리해 현재 재직중인 직공들에

---

38) 샨뚱성(山東省)·저쟝성(浙江省)·안후이성(安徽省)에서 3년간의 실험을 거친 뒤 중국 농업부부장은 1990년 2월 「주식합작제기업에 대한 잠정 규정(關于股份合作制企業的暫行規定)」을 발표했다. 이 규정은 주식합작제가 중국 농촌기업에서 더욱 중요한 형태가 될 것임을 보여준다.

39) 이 두 가지 제도는 미국의 종업원 지주제도(ESOP)와는 상당히 다르다는 점을 지적해두는 것이 아주 중요하다. 과거에 투입했던 노동과 관련해서만 보장되는 기업운영에 대한 노동자 참여는 자유롭게 처분할 수 있는 수표 형태가 아니라 소득의 강제적인 저축 형태를 띠고 있는 반면, 과거의 강제적인 저축과 관계없이 보장되는 노동주식은 피고용자의 현재 노동에 직접 의존하고 있다. Meade, James, *Alternative Systems of Business Organizations and Workers' Remuneration*, Unwin Hyman 1986, 117면.

게만 분배해서는 안된다는 사실을 깨닫게(혹은 인정하게) 되었다. 왜냐하면 이미 기업을 떠난 과거의 '농민-노동자' 세대와 과거 지방정부가 투자한 몫을 고려해야 했기 때문이다. 따라서 이들은 개인의 노동주식으로 편입되지 않은 일부의 '집체주식'을 별도로 보유하기로 결정했다. 이 집체주식은 지방정부 소속기관, 지역 내외에 있는 다른 기업들, 은행, 대학 그리고 과학연구기관 등 법인단체들이 소유하는 것으로 계획되었다. 다음의 수치들은 우춘진의 주식합작제 기업들이 산출한 이윤 흐름을 보여주고 있다.

주식합작제 기업들의 세금납부 후 이윤

10% 노동자 복지기금

30% 기업발전기금

60% 주식배당기금(집체 및 개인주식)

주식합작제의 발전은 다음 두 가지 요소가 종합적으로 만들어낸 산물이라고 할 수 있다. 중국 지방제도들의 축적된 변화(예를 들면 인민공사의 해체), 그리고 분할되지 않는 인민공사 자산에 대한 우발적 해결. 따라서 주식합작제는 이 새로운 재산형태의 잠재적 영향력을 평가하는 문제를 놓고 중국의 기업가들과 학자들 사이에 모호한 태도를 만들어내었다. 폴라니(K. Polanyi)가 "사람들은 현재 자신들이 준비해온 질서를 완전히 이해하지는 못하고 있다"고 밝힌 것과 같다.[40]

희망과 위험

재산권에 대한 세 학파의 논쟁은 과연 '중국은 어디로 가고 있는가'라

---

40) 1994년 중국에서 쓴 한 편의 글에서 필자는 주식합작제를 제도혁신으로 이해해야 한다고 주장했다. 이 글은 주식합작제가 중국농촌에 확대되도록 허용한 최종 결정에 큰 영향을 미친 것 같다. 崔之元「制度創新和第二次思想解放」, 『北京靑年報』, 1994. 7. 24.

는 물음에 어떤 해답을 던져줄 수 있을까. 필자는 역사적 설명 속에서 관념에 우위를 두는 관념론자는 아니다. 그러나 특히 사회가 급변하는 시기에는 관념이 매우 중요한 역할을 담당할 것으로 생각한다. 이는 커다란 사회적 변화가 심각한 불확실성을 야기하기 때문이기도 하며 동시에 다양한 행위자들은 자신들의 이익을 위해 다른 사람들을 설득하기 위한 관념 혹은 이론적인 틀을 필요로 하기 때문이기도 하다. 이러한 역사적 순간에 관념은 상대적으로 평온한 시기보다 더욱 선명한 발자국을 남길 수 있을 것이다. 중국은 지금 바로 그같은 역사적인 시기에 서 있다.

우리는 앞에서 "재산권을 명확하게 해야 한다"는 테제에 대한 정교한 해석이 기업화를 통한 '현대기업제도'를 수립해야 한다는 중국공산당의 결정에 큰 영향을 미쳤음을 살펴보았다. 또한 우리는 재산권을 명확하게 해야 한다는 테제가 '노동자의 재산권' 주장을 포함한 다양한 목적을 위해 사용될 수 있다는 점도 확인했다. 중국공산당 제15차 당대회 직후 중국에서 흘러나오는 소식들은 향후 중국이 대규모 '주식제'를 실험할 것이라는 점을 시사해주고 있다.[41] 그러나 중국공산당의 중앙지도부는 이 대규모 실험에 대해 주의와 신중을 기하라고 요구하였다.[42] 따라서 중국의 주식제가 이들 세 학파의 장점들을 결합한 결정체라는 최근의 해석이 전혀 불가능한 것은 아니라고 할 수 있다.

그러나 여기에는 한 가지 큰 위험이 도사리고 있다. 바로 기업화를 추진해나가는 과정에서 나타나는 '부패'가 그것이다. 사람들은 이미 기업화과정에서 부패한 관료와 경영자들이 공공자산을 사적으로 유용할 수 있음을

----

41) 1993년 11월 「사회주의 시장경제 확립에 관한 몇가지 문제에 대한 중공중앙의 결정(中共中央關于建立社會主義市場經濟體制若干問題的決定)」이 발표된 직후 국무원은 1백개 대중형 국유기업을 선정해 주식제 실험을 전개했다. 성(省) 정부 역시 1천7백개 국유기업을 선정해 동일한 실험을 전개했다.

42) 쥬 룽지는 기업화가 '유행'이 되어서는 안된다고 강조하였다. 『人民日報』, 1997. 9. 15.

러시아의 사유화 경험에서 보아 잘 알고 있다. 비록 현재의 중국 지도부는 중국의 기업화과정은 러시아의 사유화와 결코 동일하지 않다고 주장하고 있지만, 결국 중국 역시 자산평가 과정에서 러시아가 직면했던, 공공자산이 쉽게 사적으로 유용되는 문제에 직면하게 될 것이다.[43] 이렇게 볼 때, 정치민주화를 기업개혁과 연계시키는 작업은 매우 의미있는 작업이라 할 수 있다. 우 징롄(吳敬璉)은 재산권을 명확하게 하기 위해 각급 인민대표대회 산하에 '공유자본경영위원회(公有資本經營委員會)'를 설립하고 이 위원회로 하여금 기업화의 집행과정을 감독하게 해야 한다고 주장한다.[44] 만약 실제로 이 제안이 실천된다면, 이 방법은 중국의 주식제가 성공하는 데 매우 중요한 역할을 하게 될 것이다.

　마지막으로 우리는 이렇게 물을 수 있다. 서구의 좌·우파가 이 문제에 대해서는 의견의 일치를 본 것처럼 과연 오늘날의 중국이 소위 '자본주의'의 길로 접어들고 있다고 말할 수 있는 것일까? 그 대답은 '자본주의'를 어떻게 정의하느냐에 따라 달라진다. 떵 샤오핑(鄧小平)은 "우리는 사회주의가 무엇인지 모른다"라고 말한 적이 있다. 사실 우리는 여기에다가 "우리는 자본주의에 대해서도 모른다"라는 말을 덧붙여야 한다. 브로델(F.

---

43) 러시아의 사유화는 국유기업에 대한 정당한 자산평가를 거치지 않고 진행되었다. 러시아 사유화를 추진했던 추바이스(A. Chubais)는 "어떠한 조정도 거치지 않은 1992년 7월 현재 러시아기업의 장부 가치가 설립자본이 될 것이라고 선언했다"(Boycko, A. Shleifer and R. Vishny, *Privatizing Russia*, MIT Press 1995, 75면). 이 결정은 주식의 51%까지 매입할 수 있는 기업의 내부자뿐만 아니라 상품 경매를 통해 국유자산을 구매한 사람들에게도 막대한 혜택을 주었다. 그 결과 러시아공업의 자산가치는 대단히 낮게 평가되었다. 1994년 6월에 발표한 사유화계획의 결과 러시아공업의 총가치는 1백20억 달러를 밑돌았다. 추바이스에게 자문주었던 세 사람도 충격을 받고, "석유·가스·운송·기계공업을 포괄하는 러시아공업의 총가치가 어떻게 해서 켈로그(Kellogg, 미국의 식품회사)보다 적은가?"(Boycko, A. Shleifer and R. Vishny, 같은 책 117면)라고 물었다. 상황이 이렇게 전개됨으로써 정부의 재정도 충분히 보장되지 않았고, 러시아의 새로운 민주체제에 대한 시민들의 광범위한 지지도 나타나지 않았다.

44) 吳敬璉 『現代公司與企業改革』, 天津人民出版社 1994, 288면.

Braudel)은 15세기부터 18세기 사이 근대문명의 역사를 연구하는 역사적인 작업에서 '자본주의'라는 단어를 사용하지 않고 책을 집필할 수 있었다고 토로한 적이 있다.[45]

확실히 '자본주의'라는 단어는 너무나 광의적이어서 현대 중국을 분석하는 데는 유용하지 않다고 할 수 있다. 그렇다면 주식제는 본질적으로 자본주의적 산물이라고 할 수 있을까? 만약 그렇다면 우리는 밀(J. S. Mill)이 1855년 영국의회에 제출한 「주주의 유한회사 설립에 대한 일반법」(General Act of Incorporation with limited liability for shareholders)이 실제로는 노동자들의 합작사(cooperatives)를 촉진하기 위해서였다는 역사적 사실을 어떻게 이해해야 할 것인가?[46] 결국 맑스주의는 '소유권'을 단일한 권리가 아니라 변화하는 사회관계를 규제하기 위해 분해하고 조합할 수 있는 '권리의 다발'(bundle of rights)[47]이라고 주장하는 미국식 '법률적 현실주의'(legal realism)로 수렴된다.[48] '권리의 다발'이라는 단어는 '국가소유제'와 '집체소유제' 두 가지 유형만 가능하다는 스딸린식의 사회주의적 소유권 개념에서 탈피할 수 있게 해준다. 중국공산당 제15차 당대회는 국가주식·법인주식·개인주식 간의 혼합제를 인정함으로써 스딸린식의 이

----

45) Braudel, Fernand, *Civilisation Matérielle, Economie et Capitalisme XVe~XVIIIe*(중국어판) Vol. 2, 三聯書店 1993, 234면.

46) 밀은 "소유자의 책임이 무한할 경우 부자만이 사업을 전개할 수 있을 것이다. 유한책임 체제는 노동자들이 안전장치를 가지고 자신의 협동조합을 형성하여 시장에서 경쟁하도록 촉진할 것"이라고 추론하고 있다.

47) 소유권을 몇개의 구성부분, 즉 소득권·사용권·통제권·양도권 등과 같은 '권리의 다발'로 분할함으로써 법현실주의는 소유권이 초정치적·절대적 혹은 고정된 권리가 아니라는 것을 보여준다. Horwitz, Morton, *The Transformation of American Law 1870~1960*, Oxford University Press 1992, 145~69면.

48) 오스트리아의 전(前)수상 레너(K. Renner)는 맑스주의와 법현실주의를 가장 잘 종합한 저서를 남겼다. Renner, K., *Institutions of Private Law and Their Social Function*, Routledge 1949 참조.

분법적 구도에서 벗어났다. 이 사실은 기업내에서 권리의 다발을 확보한 주주들이 성장하고 민주화될 수 있는 가능성을 열어주었다. 그러나 이는 동시에 부패와 공공자산의 사적 유용이 심화될 여지를 남겨놓기도 했다. 따라서 지금 중국에는 희망과 위험이라는 두 요소가 공존하고 있다.

미국의 회사법 수정과 중국의 소유권 구조개혁

중국정부가 제시한 '사회주의 시장경제' 확립이라는 개념은 중국 국내외 학계와 언론계의 적지 않은 의문을 사고 있다. 일부 사람들은 '시장경제' 앞에 있는 '사회주의'라는 수식어는 정치와 이데올로기의 제한 때문에 어쩔 수 없이 덧붙여진 것이라고 이해하고 있다. 이 관점에 따르면 '시장경제'는 생산수단의 사유제라는 기초 위에서만 존재할 수 있다. 즉 '사회주의 시장경제'는 이론적으로 성립할 수 없고 실천적으로도 좋은 결과를 거둘 수 없다는 것이다.

분명하게 언급하든 그렇지 않든 이 관점은 중국 국내외의 중국경제 연구흐름에서 이미 실질적인 주류를 형성하고 있다. 현재 중국경제에 대한 학술계의 평가는 크게 두 가지로 나뉜다. 첫째, 소련과 동구권같이 철저한 시장화와 사유화라는 '대폭발'(big bang)의 길을 걷지 않았기 때문에 중국 개혁은 성공하지 못했다는 평가이다. 둘째, 중국 경제개혁은 사회 혼란을 감소시키는 '점진주의'의 길을 걸었기 때문에 상당히 성공했다는 평가이다. 이 두 평가는 겉으로 보기엔 완전히 다른 것처럼 보이지만, 좀더 깊이 살펴보면 서로 통한다. 즉 이들 모두는 개혁목표가 '시장경제＋사유제'라는 것을 받아들이고 있다. 단지 이 목표를 달성하는 수단과 시간적인 문제에서 차이가 날 뿐이다.

문제를 다시 되돌아보게 만드는 대단히 흥미로운 사실은 동유럽과 러시아 그리고 중국의 일부 '신엘리뜨' 계층과 그들의 지식인 대변인들이 '사유제'를 새로운 '성경'으로 칭송하는 동안 미국 회사법은 그와는 다른 방향으로 크게 개혁되었다는 점이다. 아주 오랫동안 사유제는 회사법에서 다음과 같은 기업지배구조(corporate governance)로 체현되어왔다. 즉 주주는 '소유자'이고 경영자는 반드시 그리고 오로지 주주의 이익을 최대화하기 위해 일해야 한다는 것이다. 그렇지만 1980년대 말부터 지금에 이르기까지 미국의 29개 주(전체 주의 과반수가 넘는다)가 이미 회사법을 수정했다. 신회사법은 회사의 경영자는 단지 주주(stockholders)를 위해 일하는 것이 아니라 회사의 '이해관계자'(stakeholders)를 위해 일해야 한다고 요구하고 있다. 바꿔 말하면 주주는 '이해관계자'의 한 부분이고, 노동자·채권자·지역 역시 또다른 '이해관계자'라는 것이다.[1] 회사법에 대한 이같은 중대한 수정은 영원히 변하지 않을 것 같은 사유제논리(즉 주주가 소유자이고, 경영자는 소유자를 위해서만 일한다)를 뛰어넘은 것으로서 최근 미국의 정치·경제무대에서 가장 의의있는 사건이다.

그렇다면 미국 회사법 수정이 중국에서는 어떤 의미를 갖는가? 자주 태평양을 건너 여행하는 미국의 경제학자들은 자기네의 회사법 수정에 대해 거의 언급하지 않는다. 왜 그럴까? 두 가지 해석이 있을 수 있다. 첫째, 미국의 주류 경제학자들은 미국경제의 실재와 유리되어 있어 미국의 회사법 수정이 갖는 중대한 의의를 이해하지 못하고 있거나 보지 못한다. 둘째, 클린턴(B. Clinton) 대통령의 3인 경제고문위원회의 한 사람이며 불완전 정

----

1) 미국 29개 주의 회사법 수정과 관련한 상세한 연구는 Wallman, Steven, "The Proper Interpretation of Corporate Constituency Statutes and Formulation of Director Duties," *Stetson Law Review* Vol. 21, 1991, 162~96면 참조.

보경제학을 창시한 스티글리츠(J. E. Stiglitz)가 제시한 해석으로, 그는 사회주의국가에 대한 미국 경제고문위원회의 제안을 아주 재미있게 "우리가 말하는 대로 하되 우리가 하는 대로는 하지 말라"(Do as we say, not as we do)는 한마디로 축약하고 있다.[2] 이 두 가지 해석 가운데 과연 어느 것이 더 사실에 가까운지는 더이상 논의하지 않겠다. 단지 필자가 강조하고 싶은 것은 비록 서구 경제학자들이 미국 회사법을 중국에 소개하지 않는다 하더라도, 그것 때문에 우리가 이같은 수정이 중국에서 갖는 의의를 중시하지 않거나 무시해서는 안된다는 점이다.

물론 중국에는 스딸린의 '역사발전의 필연적 단계론'이라는 사고방식의 영향을 받은 학자들이 있다. 그들은 주관적으로는 스딸린을 반대하지만 '필연적 단계론'의 사고방식에서 벗어나지 못하고 있다. 예를 들어 최근 유행했던 "자본주의 발전단계를 보충해야 한다"는 논리는 그같은 사고방식을 잘 보여준다. 일부 사람들은 "미국 회사법 수정은 미국의 고도로 발전한 단계의 산물이다. 중국은 미국이 이전에 행해온 사유제를 순서에 맞추어 학습해야 한다"고 말할지도 모른다. 이 문제에 대해서 필자는 중국은 미국의 과거나 현재를 그대로 모방할 수 없다고 대답할 수밖에 없다. 그렇지만 우리는 서구의 이론과 실천의 변화에 대해 아주 세밀하게 주의를 기울이고 그것을 중국의 제도와 이론혁신을 위한 거울로 삼아야 한다.

이 글은 '사회주의 시장경제'의 제도혁신 가능성에 대해 이론적인 시사점을 제공하기 위해 먼저 미국 회사법이 수정된 유명한 사례, 즉 1989년 펜실베이니어주의 회사법과 이로 인해 미국 전역에서 전개되었던 논쟁을 소개하고, 회사법 수정의 경제학적·법학적 배경을 집중 토론하고자 한다.

----

2) Stiglitz, Joseph, "The Design of Financial Systems for the Newly Emerging Democraties of Eastern Europe," C. Clague, ed., *The Emergence of Market Economy in Eastern Europe*, Blackwell 1992, 162면.

펜실베이니어식의 사회주의

1980년대 미국에서는 회사간에 '적대적 인수' 붐이 일었는데 이 붐은 바로 '기업통제권 시장'(market for corporate control)에서 시작되었다. 이 시장의 운영 메커니즘은 대략 다음과 같다. 적대적 인수자는 높은 가격으로 인수대상 기업의 주식을 매입한다. 그 다음, 기업의 고급경영자를 구조조정하고, 기업의 경영방침을 바꾸며 대량의 노동자를 해고한다. 인수대상 기업의 주주들은 높은 가격으로 주식을 인수자에게 팔 수 있기 때문에 '적대적 인수자'의 계획에 동의한다. 만약 전통적인 회사법에 따른다면 경영자는 반드시 그리고 오로지 주주들의 주식가격 최대화에 대해서만 책임을 지기 때문에 '적대적 인수'를 받아들여야 할 의무가 있다. 사실 1980년대 인수대상 기업의 주주들은 인수자들이 보통 원래 주식가격의 50~100% 이상의 가격으로 주식을 매입했기 때문에 큰돈을 벌었다. 컬럼비아대 법학과 교수 블랙(B. Black)은 다음과 같이 말했다. "벤자민 프랭클린은 1789년에 일상생활에서 가장 확실하게 확정된 두 가지 사건은 사망과 세금수입이라고 단언한 바 있다. 만약 그가 지금 살아 있다면 한 가지를 덧붙여 세 가지 사건이 확정되어 있다고 말했을 것이다. 즉 주주들은 적대적 인수자에게서 이익을 획득한다."[3]

그렇지만 '적대적 인수'를 받아들이는 주주들의 단기적 행위는 종종 기업의 장기발전을 가로막는다. 한 기업이 설립되고 발전하는 과정에서 이미 일련의 인력자원, 판매네트워크, 채무관계 등이 확립되었는데, 주주들의 단기적인 이윤추구 동기 때문에 이런 것들이 파괴된다면 그것은 반드

---

3) Black, Bernard, "Shareholders Gains from Takeovers and Restructurings between 1981 and 1986: $162 Billion is a lot of Money," *Journal of Applied Corporate Finance*, Spring 1988, 5면.

시 기업의 생산성에 나쁜 영향을 미치게 된다. 하바드대 경제학자 슐레이퍼(A. Shleifer)와 써머스(L. Summers)는 미국의 항공회사 TWA에 대한 적대적 인수사례에 대해 연구했는데, 그들은 TWA 주주들의 소득증가액은 노동자의 임금 감소에서 비롯된 것이고, 노동자의 임금 감소는 주주들의 소득증가액의 1.5배에 달했다는 사실을 발견했다.[4] 말하자면 '적대적 인수'는 부의 분배가 이동하는 것일 뿐이지 새로운 부가 창출되는 것은 아니다. 따라서 미국 노동자들이 '적대적 인수'를 반대하는 이유를 쉽게 이해할 수 있다.

일부 고위경영자들 역시 '적대적 인수'를 반대한다. 제너럴 모터스(General Motors)의 전회장 토머스 머피(Thomas Murphy)는 1990년에 "소위 수많은 '투자자'들은 단지 단기적인 주식투기에 관심을 기울일 뿐이기 때문에 '소유자'라고 지칭하는 것은 걸맞지 않다"[5]고 말했다. '적대적 인수'로 피해를 입는 채권자와 인수대상 기업이 위치한 지역의 주민 역시 '적대적 인수' 억제를 대단히 희망한다.

이같은 배경에서 미국의 많은 주들은 1980년대 말부터 회사법을 수정하고, 경영자가 주주보다 더욱 폭넓은 '이해관계자'에 대해 책임을 지는 것을 허용하기 시작했다. 이로부터 경영자는 '적대적 인수'를 거부할 법률적 근거를 갖게 되었다. '적대적 인수'가 비록 주주들에게는 폭리를 가져다줄 수 있을지 모르나 그밖의 회사의 '이해관계자'에게는 손해를 가져다주기 때문이다. 펜실베이니어주의 회사법 수정은 전통적인 회사법과 아주 명확하게 대비되어 전 미국 금융·기업계에 대논쟁을 불러일으켰다.

펜실베이니어 주(州)의회는 '적대적 인수'를 방지하기 위해 1989년에

---

4) Shleifer, A. and L. Summers, "Breach of Trust in Hostile Takeovers," A. Auerbach, ed., *Corporate Takeovers*, University of Chicago Press 1988.
5) Lowenstein, Louis, "Why Management Should (and Should not) have Respect for Their Shareholders," *The Journal of Corporation Law*, Fall 1991, 2면.

신회사법안을 제출했다. 신회사법안에는 네 가지 새로운 조항이 들어가 있다.

첫째, 어떠한 주주라도 그가 얼마나 많은 주식을 갖고 있든지에 관계없이 20%의 투표권만을 갖는다. 이는 '적대적 인수자'가 자주 이용하는 '레버리지 매수'(leveraged buyout)[6] 책략을 막기 위한 것이다. 이 조항은 전통 회사법의 '한 주 한 표' 원칙을 극복한 것이다.

둘째, 인수대상 기업은 '적대적 인수' 계획이 발표된 후 18개월 이내에 주주가 '적대적 인수자'에게 매각한 주식에서 발생한 이윤을 점유할 권한을 갖는다.

셋째, 성공적으로 '적대적 인수'를 완성한 '적대적 인수자'는 26주간의 노동자 전업비용을 보장해야 하고, 인수계획을 협상하는 기간에는 노동계약을 해지하지 못한다.

넷째, 가장 주목을 끄는 것으로서 기업경영자가 전통적인 회사법에서 규정하는 것처럼 '주주'에 대해서만 책임을 지는 것이 아니라 '이해관계자'에 대해서도 책임을 지는 의무를 부여한 조항이다.[7]

미국 상업계의 주요 간행물 중 하나인 『비즈니스 위크』(*Business Week*)는 펜실베이니어주의 신회사법에 대해 매우 불만스러워하며 "자본주의의 핵심개념, 즉 이사회와 경영자가 주주에 대해 책임지는 것을 파괴했다"고 지적했다. 상당히 영향력있는 또다른 간행물인 『포브스』(*Forbes*)는 아예 간략하게 "펜실베이니어식의 사회주의"(Socialism, Pennsylvania-style)[8]라는 말을 사용했다. 비록 강력한 반대에 직면했지만 펜실베이니어주의 신

----

6) 차입금을 이용해서 기업을 인수하는 것을 뜻한다. 인수자금의 대부분을 인수할 기업의 자산을 담보로 조달한다 — 옮긴이.

7) 펜실베이니어주의 회사법에 대해서는 Hill, Steven, "Stakeholders vs Stockholders: A Pennsylvania Miracle," *Dollars and Senses*, July-August 1995, 16~19면 참조.

8) Hill, 같은 책 17면. 『포브스』 창간인의 아들 포브스(S. Forbes)는 1996년 미국 공화당 대통령후보 경선자 중의 한 사람이었음을 지적해둘 만하다.

회사법은 여전히 강한 생명력을 보여, 현재 미국의 29개 주가 펜실베이니어주의 신회사법과 유사한 회사법을 채택하고 있다. 펜실베이니어주의 신회사법을 기초한 월먼(S. Wallman)은 연방정부 증권위원회[9]의 위원으로 발탁되었다. 펜실베이니어주의 실천에 영향을 받아 미국의 주요 연구기관 중 하나인 브루킹스연구소(Brookings Institution)는 신회사법에 대한 연구를 많이 진행했고, 1995년에는 『소유권과 통제권: 21세기 회사법에 대한 새로운 사고』를 출판했다. 이 책의 핵심내용은 주주를 기업의 '소유자'로 여기는 것은 잘못이고, 경영자는 기업의 장기발전과 전체 '이해관계자'에 대해 책임을 져야 한다는 것이다.[10]

이로부터 알 수 있듯이 1980년대 말 이후부터 미국의 회사법 수정은 '적대적 인수'에 대한 반대행동과 연관되어 있다. 그러나 회사법의 수정은 전통적인 사유제논리에 대한 중대한 극복이기도 하기 때문에 풍부한 이론적 배경을 갖고 있다. 아래에서는 서구 경제학과 법학의 새로운 발전상황을 소개하고자 한다. 이런 새로운 발전은 사유제논리를 극복하기 위한 관리 면의 조건을 제공해준다.

– 2 –
이윤 최대화와 빠레또 효율성의 모순

최근 몇년 동안 서구 경제이론의 중요한 신영역인 '주인-대리인'(principal-agent) 이론이 중국에 소개되었다. 이 이론은 대리인의 '도덕적 해이'(moral hazard) 문제를 극복하고, 대리인이 주인을 위해 좀더 충실하

---

9) 연방정부 증권위원회는 1933년에 설립되었는데 미국 전역의 주식거래를 조절하는 최고 권력기구이다.

10) Blair, Margaret, *Ownership and Control: Rethinking Corporate Governance for the Twenty-First Century*, The Brookings Institution 1995.

게 일하도록 하는 효율적인 인쎈티브 메커니즘을 구축하고자 했다. '법률과 경제학'[11]에 참여한 학자들은 아주 자연스럽게 전통적인 회사법의 주주는 '주인'으로, 경영자와 노동자는 주주의 '대리인'으로 여겼다.

그러나 흥미롭게도 '주인-대리인' 이론이 발전하면서 '대리인'에게만 도덕적인 해이의 문제가 있는 것이 아니라 '주인'에게도 역시 '도덕적 해이'의 문제가 있다는 점이 지적되었다. 이 결론은 홈슈트룀(B. Holmström)의 '불가능성 정리'(Impossibility Theorem)에서 도출되었다. MIT대 경제학과 교수인 홈슈트룀은 '주인-대리인' 이론의 창시자 가운데 한 사람이다. 그는 '예산균형'의 팀에서는 '내시균형'(Nash Equilibrium)과 '빠레또 최적의 효과'(Pareto optimum)는 동시에 실현될 수 없다는 '불가능성 정리'를 증명했다.[12] 경제학에서 '내시균형'은 '개별이성'의 조건인 데 반해 '빠레또 최적의 효과'는 '집단이성'의 조건이다. 그리고 '예산균형'은 팀이 생산한 것을 모두 팀 성원이 공동으로 나누어갖는 것을 말한다(그렇지만 모든 사람이 균등하게 나누어갖는 것은 아니다). 따라서 홈슈트룀의 '불가능성 정리'는 '예산균형'의 팀에서 '개별이성'과 '집단이성'은 상호 모순된다고 서술할 수 있다.

처음에 사람들은 '홈슈트룀의 정리'로 알키안(A. Alchian)과 뎀쎄츠(H. Demsetz)의 사유제이론을 지지할 수 있다고 여겼다. 알키안과 뎀쎄츠는 한 팀의 노동자는 '무임승차'(free rider, 나태)의 문제를 극복할 수 없기 때문에 팀 외부에 감독자가 필요하다고 생각했다. 그런데 누가 그 '감독자'를 감독할 것인가? 알키안과 뎀쎄츠는 그 문제를 해결하는 길은 감독자를

---

11) '법률과 경제학'(Law and Economics)은 경제학의 방법을 채택해서 법률문제를 연구하는 서구 법학계의 한 학파이다.

12) Holmström, Bengt, "Moral Hazard in Teams," *Bell Journal of Economics* Vol. 13, 1982, 324~400면. 이 정리 증명에 대해 소개한 논문으로는 崔之元「對南街村克服'搭便車'机制思考」, 盛洪·張宇燕 主遍, 『從計劃經濟到市場經濟』, 中國財政經濟出版社 1998 참조.

팀이 만들어내는 '잔여수취인'(residual claimant), 즉 소유자로 만드는 것이라고 했다. 이렇게 되면 감독자는 감독에 의욕을 갖게 된다. '홈슈트룀의 정리'는 예산이 균형잡힌 팀 내에서는 '개인이성'과 '집단이성'이 동시에 실현될 수 없음을 증명했는데, 이는 다음과 같은 함의를 담고 있다. '개인이성'(내시균형)과 '집단이성'(빠레또 최적의 효과)을 동시에 실현하려면 반드시 '예산균형'을 깨뜨려야 한다. 즉 팀 성원의 소득의 합은 팀의 총산출보다 적어야 한다. '잔여수취인'인 소유자는 바로 '예산균형'을 깨뜨리는 기능을 한다.

그런데 뜻밖에도 '홈슈트룀의 정리'에 대한 논리적인 해석은 자신이 만든 함정에 빠지게 된다는 사실이 발견되었다. 만약 원래의 팀 성원이 n명이라면, '잔여수취인'을 더하여 전체가 'n+1명'으로 구성되는 팀을 생각해볼 수 있다. 문제의 핵심은 'n+1'명으로 구성되는 팀의 '예산균형'이 여전히 존재한다는 것이다('잔여'는 팀의 총산출액에서 팀 성원의 총소득을 뺀 것이고, '잔여'+성원 총소득은 여전히 팀의 총산출액이기 때문이다). 따라서 '홈슈트룀의 정리'에 근거해서는 'n+1'의 팀은 여전히 '개인이성'과 '집단이성'을 동시에 실현할 수 없다.[13]

지금 만약 우리가 'n+1'의 팀 내의 '잔여수취인'의 '개인이성'을 '이윤 최대화'로 해석하고 '집단이성'을 '빠레또 최적의 효과'로 해석한다면 놀랄 만한 결론을 얻게 된다. 잔여수취인의 이윤 최대화와 빠레또 최적의 효과는 상호 모순된다는 것이다. 바꿔 말하면 만약 우리가 '잔여수취인'을 '주인'으로, 팀 성원을 '대리인'으로 본다면, 팀 성원의 '무임승차' 행위는 일종의 '도덕적 해이'의 문제가 된다. 즉 '홈슈트룀의 정리'는 주인 역시 도덕적 해이의 문제를 갖고 있다는 것을 의미한다. 예를 들어 잔여수취인

---

13) 다음은 'n+1'의 팀은 '홈슈트룀의 정리'를 적용할 수 있다고 제일 먼저 제기한 글이다. Eswaran, M. and A. Kotwal, "The Moral Hazard of Budget-Breaking," *The Rand Journal of Economics* Vol. 15, No. 4, 1984, 581면.

과 팀 성원의 산출량이 일정한 수치에 도달하지 않으면 팀 전체 성원은 일부 항목의 소득을 얻을 수 없다는 집단적인 계약을 작성했다고 가정해보자. 그렇지만 '잔여수취인'은 '도덕적 해이'에 빠져들 수 있다. 즉 팀 성원 가운데 한 명을 매수해서 팀의 총산출을 규정된 수치에 도달하지 못하게 할 수 있다. 그렇게 하면 원래 계약에서 정한 어느 항목에 대해 지출하지 않을 수 있게 되고 또 중대한 손실도 막을 수 있다. 그런데 '대리인'이 '주인'의 이런 도덕적 해이 문제를 알아차린다면 '주인'이 설정해놓은 인쎈티브 메커니즘은 '대리인'에게 아무런 영향을 미치지 못하게 된다.[14]

많은 사람들이 알고 있듯이 '이윤 최대화'와 '빠레또 최적의 효과'는 서구 경제학자들이 대단히 아끼는 원칙이다. '홈슈트룀의 불가능성 정리'의 의의는 사람들에게 이 두 가지 원칙 가운데 한 가지를 선택하도록 만드는 데 있다. 확실히 '이윤 최대화'는 '개인이성' 범주에 속하고 '빠레또 최적의 효과'는 일부 사람들의 상황을 더욱 좋게 만들면서도 다른 사람들의 상황을 더이상 나쁘게 만들지 않기 때문에 '집단이성'의 범주에 속한다.

'이윤 최대화'와 '빠레또 최적의 효과' 가운데 하나를 선택해야 하는 문제에 직면해서 '법률과 경제학'파의 지도적 인물인 포스너(R. Posner) 법관은 '빠레또 최적의 효과' 원칙을 포기하는 결정을 내렸다.[15] 그는 그 대신 '힉스 효율성'(Hicks efficiency)의 원칙을 채택했다. 일부의 어떤 거래는 힉스 효율성을 획득할 수 있다는 것인데, 그것은 승리자가 획득한 것이 패배자가 상실한 것보다 더 많다는 것을 의미한다. 이처럼 포스너가 '빠레또 효율성'(집단이성)을 공개적으로 포기했다는 것은 그가 주주 한쪽만의 이익을 고려하는 노골적 선호 경향을 취하고 있음을 보여준다.[16]

---

14) 주인의 도덕적 해이 문제에 대한 상세한 연구는 Miller, Gary, *Managerial Dilemmas*, 5th edition, Cambridge University Press 1992, Chapter 6 참조.

15) Posner, R., *Economic Analysis of Law*, 5th edition, Aspen Publishers 1998.

16) '노골적 선호'라는 말은 시카고대 법학과 교수 썬스틴(C. Sunstein)이 사용한 것이다.

포스너가 '빠레또 최적의 효과' 원칙을 포기한 것은 현재의 서구경제학이 심각한 위기를 맞고 있음을 보여준 예이다. 일반적으로 말해 부득이한 경우가 아니면 경제학자들은 '빠레또 최적의 효과' 원칙을 포기하지 않는다. 왜냐하면 그 원칙을 포기하게 되면 '이윤 최대화'는 주주 한쪽만의 이익을 고려하는 '노골적 선호'로 변화되기 때문이다. 그런데 서구경제학이 그간 자신만만해할 수 있었던 근거가 바로 이윤 최대화가 동시에 사회 전체의 '빠레또 최적의 효과'를 가져다주는 것을 '증명'한 데 있다는 점을 고려한다면 '빠레또 최적의 효과' 원칙을 포기하는 것이 갖는 함의는 매우 크다고 할 수 있다.

이로부터 알 수 있듯이 '이윤 최대화'와 '빠레또 최적의 효과' 사이에는 상호 모순점이 있다는 '홈슈트룀의 불가능성 정리'는 아주 큰 의의가 있다. 즉 이 이론은 주주의 이윤 최대화가 자동적으로 '빠레또 최적의 효과'를 가져다주지는 않는다는 것이다. 따라서 그 이론의 회사법 수정, 즉 경영자는 기업의 '이해관계자'에 대해 책임을 져야 한다는 이론에 경제학적 근거를 제공했다.

의미있는 사실은 포스너의 수제자 이스터브룩(Easterbrook) 법관조차도 '빠레또 최적의 효과'를 포기하는 것은 인정할 수 없다는 태도를 취하였다는 점이다. 그는 정말 뜻밖에도 1989년 위스콘씬주의 신회사법의 합법성 문제를 판결할 때 비록 '적대적 인수'가 주주에게 유리하다고 할지라도 채권자·경영자·노동자의 인적 자본을 박탈하는 것이라며 기업은 '이해관계자'에 대해 책임을 져야 하다고 했다.[17]

Sunstein, Cass, "Naked Preference and the Constitution," *Columbia Law Review* Vol. 184, 1984, 1689면.

17) McDaniel, M., "Stockholders and Stakeholders," *Stetson Law Review* Vol. 21, 1991, 123면.

− 3 −
시장경제와 사유제의 모순

만약 '이윤 최대화'와 '빠레또 최적의 효과' 사이에 모순이 있음을 제시한 것이 경제학이 회사법 수정을 위한 근거를 제시한 것이라면, '시장경쟁'과 '사유제' 간에 모순이 있음을 제시한 것은 법학이 회사법 수정을 위한 근거를 제시한 것이라고 말할 수 있다.

이미 서구 경제학자들은 아주 오래전부터 '시장경쟁'과 '사유제'는 '쌍둥이'라고 여겨왔는데, 위와같이 말하는 것은 얼핏 보기에는 『천일야화』처럼 황당하게 들릴 수도 있다. 그들은 어떻게 '시장경쟁'과 '사유제'가 모순되느냐라고 본능적으로 물을 것이다.

그렇지만 법사학과 법리학의 새로운 연구성과는 '시장경쟁'은 확실히 절대적인 개인의 생산수단 소유제와 서로 모순된다고 밝히고 있다. 이런 모순을 표현해주는 법 사례는 부지기수이다. 하바드대 법학과 교수 호위츠(M. Horwitz)는 『미국법의 변화: 1780~1860』(*The Transformation of American Law: 1780~1860*)에서 '시장경쟁'과 '사유제' 간에 모순되는 대량의 법 사례를 열거하였다.

예를 들어 1837년 미국 대법원은 이후 대단히 유명하게 된 '찰즈강의 다리 건설건'(Charles River Bridge Case)을 판결했다. 보스턴에 있는 이 강에 한 기업이 매사추세츠 정부의 특허를 받아 다리를 건설했는데 이후 또 다른 기업이 다리를 건설했다. 그래서 전자는 후자에 대해 재산권을 침해했다고 소송을 제기했다. 왜냐하면 재산권은 수익권과 통제권을 포함하는데, 후자가 전자와 경쟁하는 바람에 전자의 수입이 감소하였고, 따라서 전자의 재산권을 침해했다는 것이다. 다행스럽게도 대법원은 전자가 재산권을 절대화해서 실질적으로 불합리한 '봉건적 권리'를 주장하고 있다면서 소송을 기각했다.[18]

앞의 사례보다 훨씬 복잡한 사례가 같은 강의 상류와 하류에 있는 공장의 용수경쟁과 관련되어 일어났다. 잘 알려져 있듯이 수력방적공업은 19세기 중엽 미국의 산업혁명을 이끈 핵심공업이었다. 상·하류 공장의 용수경쟁은 자주 법률상의 분쟁으로 발전하였다. 처음에는 하류에 위치한 공장들이 상류에 있는 공장들이 수로를 변경했기 때문에 자신들의 용수 공급능력이 저하되었고, 이 때문에 자신들의 재산권이 침해당했다는 이유로 상류에 위치한 공장들의 수로변경에 대해 종종 소송을 제기하곤 했다. 그러나 대형댐 건설기술이 발전하면서 하류에 위치한 공장들이 댐 건설을 통해 강물을 상류로 되돌려놓을 수 있게 되었고, 이로 인해 상류에 위치한 공장들의 방적기가 침수되는 일이 발생하자 점차 댐 상류에 위치한 공장들도 자신들의 재산권이 침해당했다는 이유로 소송을 제기하기 시작했다. 이렇게 되자 법원은 한쪽의 절대적인 재산권을 보호하면 다른 한쪽의 절대적인 재산권을 침해하게 되는 진퇴양난에 빠져들었다. 그래서 법원은 재산권을 '상대화'해 "시장경쟁을 보호하는 것이 절대적인 사유재산권을 보호하는 것보다 공공이익에 더 유리하다"[19]는 점을 강조할 수밖에 없었다.

일부 사람들은 "왜 절대적인 개인재산권을 강조하지 않는가? 만약 우리가 상대적인 사유제를 인정하게 된다면 시장경쟁과 사유제 사이에 모순이 있게 되는 것이 아닌가?"라고 문제를 제기할 수 있다. 그렇지만 문제의 핵심은 '상대적인 사유제'는 '사유제'라는 개념의 독립적 이론의 가치를 상실할 수 있다는 데 있다. 왜냐하면 '사유제' 개념이 만약 '상대화'된다면, 곧바로 누가 '상대적인 정도'를 결정할 것인가 하는 문제가 나타나기 때문

---

18) Horwitz, Morton, *The Transformation of American Law: 1780~1860*, Harvard University Press 1977, 47면. 이 책은 미국 사학회의 밴크로프트(Bancroft)상을 받았다.

19) McDaniel, 같은 책 43면. 인용문은 뉴욕주의 대법원 판결이다. 용수경쟁과 개인재산권의 모순은 절대로 특수한 예외현상이 아니다. 동일한 모순이 석유개발과 천연가스개발에도 발생한다. 호위츠는 용수경쟁의 사례는 재산권과 시장경쟁의 모순을 보여주는 '기본적인 구조'라고 지적하였다(Horwitz, 같은 책 35면).

이다. 그런데 '사유제'가 갖고 있는 힘은 일단 '소유자'를 확정하게 되면 재산통제권과 수익권의 모든 문제가 저절로 해결된다는 데 있다. 그 힘의 대전제는 '사유제'가 반드시 절대화되어야 한다는 것이다. 그렇지 않으면 '소유자'를 확정한 뒤에도 '통제권'과 '수익권'의 모든 문제가 해결되지 않는다.

이 점이 명백하기 때문에 우리는 블랙스톤(W. Blackstone)이 1765년에 펴낸 『보통법』(Common Law)에서 왜 '사유제'를 "사물에 대한 절대적인 지배"라고 정의했는지 어렵지 않게 간파할 수 있다. 블랙스톤은 "재산권이란 사람들이 세계의 외부물품에 대해 다른 개인들을 완전히 배제하는 방식으로 요구하고 행사하는 단일하고도 독재적인 지배"[20]라고 말했다. 블랙스톤은 영어권 내에서 처음으로 '보통법'을 체계적으로 저술한 사람이기 때문에 사유제의 '절대화'에 대한 그의 정의가 영미법률에 미친 영향은 아주 컸다. 그렇지만 그 역시 이미 절대적인 사유제와 시장경쟁 사이의 모순은 불가피하다는 점을 암시했다. 이 문제를 해결하는 방식으로 그는 절대적인 사유제를 견지하고 시장경쟁을 제한했다. 이런 점은 "소유자는 이웃이 통행하는 것을 제한할 권리가 있을 뿐만 아니라 이웃들이 자신의 토지에서 자신이 좋아하지 않는 일을 제지할 권한도 있다"[21]는 그의 말 속에 잘 나타나 있다.

그런데 앞에서 언급한 '찰즈강의 다리 건설건'과 '상·하류 공장 용수건'에서 채택한 것은 오히려 블랙스톤과 상반된 방법이다. 즉 시장경쟁을 견지하고 사유재산권을 상대화시켰다. 그렇지만 일단 '사유제'를 상대화

----

20) 영문은 다음과 같다. "that sole and despotic domination which one man claims and exercises over the external things of the world, in total exclusion of right of any other individual in the universe." (Vandevelde, K., "The New Property of the Nineteenth Century," *Buffalo Law Review* Vol. 29, 1980, 331면).
21) Horwitz, 같은 책 31면.

한 후에는 앞서 지적했던 이유 때문에 '사유제'라는 개념 자체의 독립적
힘은 소멸되고 말았다. 그래서 '법리학'은 '법실증주의'(legal positivism)
로 '자연법'(natural law)을 대신하는 새로운 단계로 접어들었다.

'법실증주의'는 법의 사회적·정치적 기초를 강조하면서 '권리'의 '선
험'적 기원을 주장하는 '자연법'학파의 이론을 부정한다. 영국에서 '법실
증주의'를 대표하는 인물은 벤섬(J. Bentham)과 밀 부자[22]이다. 미국에서
는 호펠드(W. Hohfeld)가 이론적으로 가장 뛰어나다. '권리'의 '선험'적
기원을 주장하는 '자연법'학설을 반대하기 때문에 호펠드는 '소유권' 개
념에서 '권리'(right)만 강조할 것이 아니라 소유권은 권리·권력(power)·
특권(privilege)·면책권(immunitys) 등의 복잡한 복합체라는 점을 강조해
야 한다고 주장한다. 바꿔 말하면 '소유권'은 부단히 분해되고 조합되는
'권리의 다발' 또는 '권력의 다발'이다.[23] '자연법'을 부정하는 '법실증주
의'에서 '권리'와 '권력'을 분명하게 구분하는 것은 의의가 없고, '권리'는
사회가 인정하는 상대적으로 안정된 '권력'에 지나지 않는다.[24]

'법실증주의'는 '재산권' 문제를 다루면서 재산권의 상대성을 분명히
지적하였다. 그것은 '자연법'학파가 절대적인 사유재산에 부여한 '선험'
적 기초이론을 극복한 것으로[25] '시장경쟁'과 '절대적인 사유제' 가운데
전자를 선택하도록 법리학적 기초를 제공하였다.

이러한 내용을 통해 우리는 시장경쟁과 사유제 모순의 제시가 회사법
수정을 이론적으로 뒷받침하고 있다는 사실을 알 수 있다. 그것은 우선 우
리가 설사 무리하게 '주주'를 '소유자'라고 하더라도 사유재산권의 상대

---

22) James Mill과 John Stuart Mill을 말한다 — 옮긴이.

23) 崔之元「再論制度創新與第二次思想解放」, 『二十一世紀』, 1995年 2月, '권력의 다발'에
대해 좀더 자세히 설명한 부분 참조.

24) Horwitz, Morton, *The Transformation of American Law: 1870~1960*, Oxford
University Press 1992, 151~56면.

25) '자연법'과 사유재산의 관계에 대해서는 崔之元「羅爾斯對自由主義的重構」참조.

성 때문에 '소유권'으로부터 누가 통제권과 수익권을 장악하는지 규정하는 방법을 자동적으로 추론해낼 수는 없기 때문이다.[26] 그 다음 '적대적 인수'는 단지 주주 한쪽에게만 이득을 가져다주고 그밖의 '이해관계자'의 인적·화폐적 자본에 대해서는 손실을 가져다주어 기업의 생산력을 저하시키고 기업이 시장경쟁에서 불리한 입지에 처하도록 만들기 때문이다. '시장경쟁'이 '절대적 사유제'에 대해 우위성을 견지하기 위해 우리는 반드시 회사법을 수정해야 한다. 이를 통해 경영자는 주주 한쪽만을 위해서가 아니라 기업 전체의 '이해관계자'를 위해 일하고 기업의 장기발전을 도모하도록 해야 한다.

– 4 –
중국 개혁에 대한 시사점

미국 29개 주의 회사법 수정은 중국 경제체제 개혁에 대단히 중요한 시사점을 던져주고 있다. 우선 그것은 중국 경제학자가 사유제에 대해 갖고 있는 미신을 타파하고, '사회주의 시장경제'의 제도혁신에 대한 확신을 증가시키는 데 도움이 된다. 둘째, 기업의 '이해관계자' 개념은 중국 국가체제개혁위원회가 현재 조직하고 있는 '현대기업제도' 실험작업에 직접적으로 도움이 된다.

미국 29개 주 회사법 수정에서 '이해관계자'의 참여 정도는 각 주마다 다르다는 점을 지적해둘 필요가 있다. 예를 들어 펜실베이니어주, 뉴욕주, 위스콘씬주에서는 노동자와 관리자가 함께 신회사법 탄생과정에 적극적으로 참여했고, 켄터키주의 신회사법은 주로 관리자들이 주주의 '적대적

---

26) 예를 들어 만약 사유재산권이 절대적이라면 파업, 단체협약 등은 모두 고용주의 재산권을 파괴하는 것이다. 노동문제가 '절대적인 사유제' 개념을 파괴하는 데 영향을 미쳤던 것에 대해서는 崔之元「關于美國憲法第14條修正案的三個理論問題」참조.

인수' 지지를 반대할 수 있도록 보장하고 있는데, 법 제정과정에 노동자와 지역은 참여하지 않았다.[27] 그렇지만 미국 회사법 수정의 큰 방향은 각 '이해관계자'들이 경제과정에 대한 통제와 이익 획득에 참여하는 '경제민주화'라는 사실은 명백하다.

중국은 '경제민주화' 문제와 관련해서는 미국보다 더 좋은 조건과 잠재력을 갖고 있다. 실제 기업경영에서 자주 언급하는 "국가·기업·개인 3자의 이익을 반드시 함께 고려해야 한다"는 말은 바로 '이해관계자' 개념을 체현한 것이다. '현대기업제도'를 확립하는 실험에서 중국 학자들은 '현대기업제도'에 대한 획일적인 이해방식에 얽매이지 않고 상당히 큰 의의를 갖는 이론적 혁신을 하고 있다.

예를 들어 지난날 쥬 룽지(朱鎔基)의 대학원생이었던 천 촨밍(陳傳明)은 '이해관계자'식 기업지배구조와 대단히 유사한 'S형 기업제도'를 제기하였다.[28] 천 촨밍은 'S형 기업제도'란 '종합적인 논리'의 제도로서 이미 출현했던 세 가지 '단일한 논리'의 제도와는 다른 것이라고 밝히고 있다. 세 가지 '단일한 논리'란 전통적인 서구의 주식제로 대표되는 '자본의 논리', 유고슬라비아의 노동자 자치제도로 대표되는 '노동의 논리', '소유권과 통제권이 상호 분리된' 주식제로 대표되는 '경영자의 논리'를 말한다. 천 촨밍은 차례대로 이 세 가지 '단일한 논리'의 어려움을 분석한 뒤 '종합적인 논리'의 'S형 기업제도'를 제기했다. 그 핵심내용은 기업의 '각 집단의 참여자'가 "권력을 함께 사용하고, 이익을 나누어가지며 위험을 공동으로 분담한다"는 것이다.

그리고 중국에서 상당히 영향력이 있는 『경제연구(經濟硏究)』[29]에는 현

----

27) 미국 각 주의 신회사법 형성과정의 차이에 대한 연구는 Coffee, John, "The Uncertain Case for Takeover Reform: An Essay on Stockholders, Stakeholders and Bust-ups," *Wisconsin Law Review* 1988, 459~62면 참조.

28) 陳傳明 『比較企業制度』, 人民出版社 1995, 第6章.

29) 중국사회과학원 경제연구소에서 발행하는 학술잡지 ─ 옮긴이.

대기업제도를 확립할 때 '노삼회(老三會)'와 '신삼회(新三會)'의 관계를 어떻게 조정할 것인지를 밝힌 루 챵충(盧昌崇)의 글이 게재되었다. 소위 '신삼회'란 1994년 7월 회사법(公司法)이 발효된 이후의 이사회·주주대회·감사회를 말하고, '노삼회'란 당위원회·직공대표대회·공회(노동조합)를 말한다. 루 챵충은 기업의 직공이 이사회에 참여할 수 있도록 법률적인 형식을 갖추어야 한다고 지적하였다. "전통적인 기업모델에서 기업을 관리하는 근본적인 제도 중의 하나인 민주관리는 행정권력의 힘을 빌려서 위에서부터 아래로 실시되었다. (…) 행정권력 간섭으로 생기는 폐단은 대단히 많아 약화되어야 한다. 그렇지만 본래 체제에서 행정간섭에 의존해서 유지해왔거나 관철해왔던 제도안배 방식은 새로운 경제적 조건에서는 어떻게 조정되어야 할 것인지, 이 문제는 우리 앞에 놓여 있는 문제이지만 아직 적절하게 해결되지 않은 하나의 '새로운' 오래된 문제이다."[30] 루 챵충은 한발 더 나아가 "유감스러운 것은 우리나라의 회사법은 취할 수 있는 제도의 하나로서 그리고 세계적인 발전 흐름의 하나로서 직공참여제도를 전면적으로 반영하지 않고 있다는 점이다. 우리나라 회사법은 직공대표는 국유독자회사에서만 이사회에 참여할 수 있고, 주식유한회사와 그밖의 형식의 유한책임회사에서는 감사회에만 참여할 수 있다고 규정하고 있을 뿐"이라며 "그것은 직공대표대회와 이사회를 서로 연결시키고 상호 작용할 수 있는 거점을 잃게 만드는 것"이라고 지적하였다.[31]

"직공대표대회가 직공대표를 선출하여 이사회에 진입하도록 해야 한다"는 루 챵충의 제안은 결코 '유고슬라비아식의 노동자 자치'를 하자는 것이 아니다. 그것은 쳔 촨밍의 'S형 기업제도'와 마찬가지로 미국 회사법 수정 가운데 '이해관계자'가 '주주 지상'의 원칙을 대신하는 것과 비슷한 것이다.

----

30) 盧昌崇「公司治理機構及新, 老三會關係論」,『經濟硏究』第11期, 1994, 10면.
31) 盧昌崇, 같은 책 11면.

사실 이 글에서 소개한 미국 29개 주의 회사법 수정의 경제학과 법리학의 배경이 중국 개혁에 대해 갖는 시사점은 루 챵츙의 다음 한 단락의 말로 표현될 수 있다. 천 찬밍, 루 챵츙(그리고 그들과 마찬가지로 중국 제도혁신을 탐색하고 있는 수많은 '동지들')에게 경의를 표하는 의미에서 필자는 루 챵츙의 말로 이 글을 끝맺으려 한다.

"오로지 주주의 이익을 바라보아야 한다는 이론적 관점은 이미 역사의 유물이 되어버렸다. 우리는 중국의 기업지배구조를 탐색하는 과정에서 사회주의 시장경제의 특색을 강조하지는 못할지라도 그와같은 역사적 유물이 되어버린 이론 관점에 자신의 손발이 묶일 필요가 없다. 지금 우리나라 이론계의 일부 사람들은 걸핏하면 '국제적인 관례'를 들먹이며 사람을 놀라게 하고 변증의 원칙을 전혀 고려하지 않는다. 사실 단지 기업지배구조와 관련하여 말한다면 전세계에서 결코 하나의 통일된 모델은 존재하지 않는다. 독일식, 미국식, 일본식 (…) 모두 자신만의 특색이 있다. 우리는 기업제도 혁신과정에서 중국모델을 탐색할 이유가 충분히 있다. 결코 한단학보(邯鄲學步)[32]해서는 안되며, 삭족적리해서는 더더욱 안된다."[33]

---

32) 자기 본분을 잊고 함부로 남을 흉내내다가 자신의 재주까지 모두 잃는다는 뜻 ― 옮긴이.
33) 陳傳明, 같은 책 12면.

모네의 유럽통합 구상과 아시아 협력방안

　　1988년 미떼랑 프랑스 대통령은 장 모네(Jean Monnet)의 유골을 빠리의 라틴구(區)에 위치한 빵떼옹(Panthéon)으로 이장하라는 행정명령을 내렸다. 그후 모네는 인류사회에 큰 공헌을 한 루쏘, 위고 등 여러 위인들과 이곳에 영원히 함께하게 되었다.

　　모네가 어떤 업적을 남겼기에 루쏘, 위고 등과 이름을 나란히하게 된 것일까? 모네는 1888년 11월 9일 프랑스의 조그마한 농촌, 브랜디 이름과 같은 꼬냑(Cognac)에서 태어났다. 1914년 이전까지 모네는 그의 부친이 경영하던 브랜디회사에서 판매일을 하였다. 제1차 세계대전이 모네의 인생을 크게 바꾸어놓았다. 다음은 그의 이력이다.[1]

1914~18년: 영국과 프랑스 양국이 서로 협조하지 않아 무기상들이 부당한 이득을 얻는 것을 막기 위해 모네는 프랑스 대표로 런던의 '국제공급위원회'에 참여하여 군수품 조달역할을 담당했다.

----

1) 여기서는 모네의 자서전(Monnet, Jean, *Mémoires*, Doubleday 1978)과 모네 전기 (Duchêne, François, *Jean Monnet: The First Statesman of Interdependence*, W. W. Norton & Company 1994)를 기초로 그의 이력을 재구성했다.

1919~21년: 빠리강화회의를 통해 설립된 '국제연맹'(The League of Nations)의 부사무총장을 역임함으로써 대국의 입김으로 좌지우지되는 국제조직의 취약성을 몸소 체험했다.

1922~26년: 부친의 요구로 고향으로 돌아와 브랜디회사를 경영했다.

1927~38년: 1927년 초 폴란드 국적의 세계보건조직 지도자 라흐만(L. Rajchman)의 요청으로 폴란드 화폐를 안정시키려던 국제은행단의 대출 활동에 참여했고, 그후로 투자은행 업무에 전념하였다. 1929년 쌘프란씨스코에서 미국은행 부총재를 역임할 당시 '대공황'을 직접 겪었고, 로우즈벨트(F. D. Roosevelt)의 뉴딜(New Deal)정책을 적극적으로 지지했다.

1934년 11월 13일: 모네는 모스끄바에서 씰비아 쟌니니(Silvia Giannini)와 결혼했다. 씰비아는 이딸리아인으로 기혼녀였다. 당시 이딸리아법률은 이혼을 허가하지 않았다. 그래서 모네와 씰비아는 가장 자유로운 결혼법을 채택하고 있던 소련을 선택해서 이혼과 결혼수속을 밟았는데, 이로써 개인의 자유를 충분히 발전시키려는 사회주의의 애초의 뜻을 느끼게 되었다.

1938~40년: 프랑스 정부는 모네에게 로우즈벨트 정부로부터 비밀리에 전투기를 구매하도록 명령했다.

1940~43년: 처칠(W. Churchill)은 모네를 '영국 군수공급위원회'의 주미(駐美) 성원으로 임명했다. 모네는 미국 삭시를 돌면서 참진을 독려했고, 로우즈벨트의 동원연설에서 "민주주의의 병기창"(arsenal of democracy)이라는 유명한 말을 했다. 케인즈(J. A. Keynes)는 "모네가 제2차 세계대전을 1년 빨리 종결시켰다"고 평가했다.

1943~45년: 1943년 2월부터 10월까지 모네는 로우즈벨트의 특사로 알제리(프랑스 식민지)에서 북아프리카 전장의 지휘문제를 조정했다. 이때부터 그는 드골(C. De Gaulle) 등과 함께 전후 프랑스 제4공화국을 준비했다.

1946~50년: 1946년 1월 드골은 모네를 '프랑스 계획위원회'(Comissariat du

Plan) 제1기 주임으로 임명했다. 모네는 '지도성 계획'이라는 유명한 개념을 제기했다. 이 개념은 1930년대의 대공황('자유방임' 경제철학의 파탄을 낳았다)과 과도하게 경직된 소련식의 '지령성 계획', 이 두 가지의 교훈을 종합한 산물이다. 동시에 '모네계획'(Monnet Plan)은 '마샬계획'(Marshall Plan)의 구상에 직접적인 영향을 미쳤다.[2]

1950~56년: 모네는 '유럽 석탄·철강공동체'(Europian Coal and Steel Community) 설립방안을 제기하고 기초했다. 프랑스 외무장관 슈망(R. Schuman)은 1950년 5월 9일 이 방안을 정식으로 발표했다. 그래서 '슈망계획'이라고도 한다.

1951년 4월 18일: '유럽 석탄·철강공동체'가 정식으로 설립되었고 모네는 그 기구에서 최고 권위인 수석주임으로 취임했다. '유럽 석탄·철강 공동체'는 '유럽공동체'를 향한 그리고 현재의 '유럽연맹'을 위한 실질적인 첫 걸음이다. 그래서 모네는 '유럽의 아버지'라는 별명을 얻었다.

1955~79년: 1955년 6월 모네의 '유럽 석탄·철강공동체' 임기가 종료되었다. 그후 그는 광범위한 개인적 친분을 바탕으로 유럽의 각 주요 정당과 노동조합 대표로 구성된 '유럽합중국행동위원회'(Action Committee for the United States of Europe)를 수립했다. 이 기구는 다년간 유럽통일을 위해 유럽원자력기구, 유럽화폐기금 등 수많은 제안을 했다.

1976년 4월 1일: 유럽공동체 회원국의 정부 수반들은 모네에게 '유럽 영예 시민' 칭호를 부여하기로 결정했다. 지금까지 이 칭호를 받은 사람은 모네 이외에는 없다.

모네의 이력을 보면 일생을 20세기의 중대한 사건과 함께 해왔다는 사실을 알 수 있다. 그렇지만 모네의 이름이 역사에 길이 남고 또 루쏘, 위고

----

2) 마샬(G. C. Marshall) 스스로가 '마샬계획'은 '모네계획'을 확대한 것이라고 밝힌 바 있다. U. S. Department of State, *Foreign Relations of the United States*, Vol. III, 1947, 249~51면 참조.

등과 나란히할 수 있게 된 것은 그가 유럽연맹 창설에 큰 공헌을 했기 때문이다. 아래에서는 모네가 1950년에 '유럽 석탄·철강공동체'를 제기했던 이유와 그 제안의 중대한 의의에 대해 살펴보자.

- 1 -
암흑중의 도약

모네가 보기에 제2차 세계대전 이후 유럽 재건의 핵심사업은 두 가지였다. 첫째는 독일문제, 둘째는 유럽과 미국의 평등한 관계 문제였다. 모네는 이 두 가지 핵심문제를 올바르게 해결하려면 통일된 유럽연맹을 건설해야 한다고 보았다.

제1차 세계대전 직후 '국제연맹'의 부사무총장을 역임한 바 있는 모네는 제2차 세계대전 직후의 독일문제 처리방식이 제1차 세계대전 직후의 독일문제 처리방식과 같아서는 결코 안된다는 사실을 뼈저리게 느끼고 있었다. 제2차 세계대전의 피해를 심각하게 입은 유럽 각국(특히 이웃나라인 프랑스)은 독일의 재부흥이 큰 위협이 된다고 생각했다. 따라서 한편으로는 제1차 세계대전 직후처럼 '양산박에 몰아넣는 식〔逼上梁山〕'이 아니라 평등하게 독일문제를 처리해야 했고, 다른 한편으로는 독일의 정치·경제 발전이 '유럽공동체'의 제도적인 큰 틀 속에서 이루어질 수 있도록 해야 했다.

모네는 유럽과 미국의 관계 때문에 "유럽은 자금이나 군사 면에서 장기적으로 미국에 의존할 수 없다. 그렇게 의존하는 것은 유럽과 미국 쌍방 모두에게 무익하다"[3]고 판단했다. 강력한 유럽연맹을 수립해야만 유럽 각국은 미국과 평등하게 대화할 수 있었다. 그렇지 않으면 로우즈벨트 내각

---

3) Monnet, 같은 책 272면.

에서 부통령을 역임했던 월리스(H. A. Wallace)가 말한 것처럼 유럽은 제2차 세계대전 후 미국의 '반(半)식민지'로 전락할 운명이었다.[4] 그러나 수많은 유럽인들이 '독일문제'를 처리하고 '유럽과 미국 관계'를 해결하는 데 유럽연맹의 설립이 대단히 중요하다는 사실을 알고는 있었지만 실질적으로 일이 그렇게 진척되기에는 많은 어려움이 뒤따른다고 생각했다. 여기에는 적어도 두 가지 원인이 있다.

첫째, 제2차 세계대전 후 제기되었던 수많은 유럽연맹의 구상은 단지 '정부간'(intergovernmental)의 협력안을 제시하였을 뿐 '초국가'(supra-national) 또는 연방(federation)에 대해서는 언급하지 않았다. 예를 들면 1948년 헤이그(Hague)회의에서 수립된 '유럽위원회'(the Council of Europe)에서 각국은 모두 한 표의 부결권을 가지고 있었고 '다수결 결정'의 원칙에 속박되지 않았기 때문에 실질적인 유럽연맹으로 나아가지 못했다.

둘째, 미국은 독일과 소련을 제재할 수 있다는 점에서 유럽공동체 설립을 지지하긴 했지만 영국이 유럽을 이끌어나가야 한다고 주장했다. 그것은 미국이 영미간의 전통적인 '특수관계'를 고려하여 영국이 이끌어가는 유럽에 대해서만 안심할 수 있다고 판단했기 때문이기도 하지만, 영국이 전쟁의 피해를 덜 입어서 프랑스보다는 상대적으로 경제적 능력이 더 컸기 때문이다. 그렇지만 영국은 과거 세계제국의 지위를 그리워하며 유럽연맹에 참가하거나 이끌어나가려 하지 않았다. 이 점에 대해서는 당시 미국무부 정책계획국 국장을 역임했던 전략분석가 케넌(G. Kennan)이 아주 정확하게 보고 있었다. 그는 미국이 유럽공동체 수립을 지지함으로써 독일이 막후에서 소련과 거래하는 것을 막아야 할 뿐만 아니라, 프랑스·영국을 대신해 유럽을 이끌어나가야 한다고 판단했다. 그러나 케넌의 회고록에 따르면 1949년 말까지 미국무부의 서유럽국은 그의 의견에 아주 강

---

4) Hogan, Michael, *The Marshall Plan*, Cambridge University Press 1987, 94면.

력하게 반대했다고 한다.[5]

따라서 제2차 세계대전 종결 후부터 1950년까지 유럽연맹은 실질적으로 아무런 진전이 없었다. 모네의 말을 빌리면 유럽은 아직 '암흑' 속에 있었다. 그는 유럽연맹이 단 한번만에 이루어지는 것이 아니기 때문에 우선 국부적이되 실질적인 진전이 이루어지도록 해야 한다고 판단했다. 그것이 바로 '암흑중의 도약'이다. 이를 위해서는 기회가 필요할 뿐만 아니라 그 기회를 잘 포착할 사람도 필요했다.

1950년 초 기회가 왔다. 1950년 봄, 여느 해와 다름없이 모네는 알프스를 2주 동안 등반하면서 유럽의 전도에 대해 사색하고 있었다. 그가 생각하고 있던 핵심내용은 1949년 이후의 몇가지 중요한 사건과 관계있다.

첫째, 냉전이 가속화되고 있다는 점이다. 소련은 처음으로 원자탄실험을 막 마친 상태였고, 미국의 '국가안전위원회 제68호' 문건(NSC-68)은 미국과 서유럽의 재무장(rearmament)에 대한 내용으로 특히 주목할 만한데, 서독중흥에 대한 결정을 담고 있었다.

둘째, 미국은 1948년 가을부터 경기후퇴에 돌입하기 시작했고, 이런 경기후퇴는 1950년 초까지 지속되었다. 1950년 2월 실업률은 7.6%에 달했다. 제2차 세계대전 후에 처음으로 찾아온 경기후퇴였는데, 이 때문에 미국과 유럽은 큰 충격을 받았다. 사람들은 1952년 7월 '마샬계획'이 끝난 후 유럽 경제는 어떻게 될 것인지에 대해 생각하지 않을 수 없었다. 미국의회가 마샬계획 연장을 의결하기를 기대하는 것은 대단히 비현실적이었다.[6]

----

5) Kennan, George, *Memoirs 1925~50*, Hutchinson 1968, 453면.

6) 미국의회는 처음부터 마샬계획을 별로 내키지 않아하며 의결했다. 1947년 12월 '마샬계획'이 의회로 송부되어 토론을 거친 뒤 의회는 두 가지 주요한 내용을 수정했다. 첫째, 국무부가 '마샬계획'을 관리하는 권리를 제한하고 독립된 기구인 '경제협력관리기구'를 설립토록 했다. 둘째, 원조자금을 한번의 심사로 지급하는 것이 아니라 매년 심사를 거쳐 지급토록 했다. Block, Fred, *The Origins of International Economic Disorder*, University of California Press 1997, 87면.

셋째, 미국의 경기후퇴는 미국의 수출에 영향을 미쳐 파운드 통화권(Sterling Area)에 대한 미국의 원료수요도 감소하였다. 영국은 1949년 9월, 부득이 제2차 세계대전 이후 두번째 평가절하를 단행했다(첫번째는 1947년). 영국은 이 평가절하를 단행하기 바로 직전에 파운드화의 환율을 유지하기 위해 '유럽경제협력조직'(OEEC, 이후 창설되는 OECD의 전신)에 '마샬계획'의 상당액을 영국에 배분해줄 것을 신청했고, 이로 인해 다른 유럽국가들의 불만을 샀다. 미국은 영국이 유럽을 이끌 능력이 있는지 의심하기 시작했다.

넷째, 1949년 6월 '연방독일' 정부가 본(Bonn)에서 수립되었다. 서독정부는 프랑스에 1918년 제1차 세계대전 후 프랑스에 양도했던 자르(Saar) 지구를 반환하라고 요구했다. 독일의 철강공업이 발전할 수 있는 잠재력은 아주 컸다. 1938년 당시 독일의 철강생산량은 서유럽의 40%를 점했으나, 1949년 서독의 생산량은 서유럽의 18.2%를 차지했다.[7] 미국이 냉전을 이유로 서독을 중흥시킨다면 서독의 철강생산량은 아주 빠른 속도로 전쟁 전 수준으로 회복될 것이 분명했다. 프랑스의 언론매체들은 독일의 위협이 재연된다고 염려하기 시작했다.

모네는 이상의 네 가지 요소가 상호작용함으로써 프랑스가 유럽연맹을 이끌 기회가 찾아올 것을 직감했다. 그것은 비록 미국이 독일의 경제중흥과 재무장을 용인하더라도 당장은 서독을 전폭적으로 신뢰하지 않을 것이기 때문이었다. 1949년 영국의 파운드화 평가절하는 미국으로 하여금 영국이 유럽을 이끌어야 한다는 희망을 갖지 않도록 만들었다. 새로 수립된 연방독일 역시 어떤 형식이든 유럽연맹에 참여하여 국제사회의 승인을 획득하고 가능하면 빨리 연합군의 점령에서 벗어나길 희망했다. 따라서 프랑스가 제기하는 새로운 유럽연맹 방안, 즉 1952년 마샬계획이 종결된 직

---

7) Milward, Alan, *The Reconstruction of Western Europe 1945~51*, University of California Press 1984, 371면.

후에 유럽을 제도적인 틀 속에 묶는다는 방안은 시의적절한 것이었다.

생각이 여기까지 미치자 모네는 당장 빠리로 되돌아와 조력자들과 함께 '유럽 석탄·철강공동체' 방안을 기초했다. 그가 기초한 방안은 프랑스와 독일의 석탄과 철강자원을 '초국가적인 기구'의 감독과 관리하에 두고, 이 기구에 다른 유럽국가들의 자발적인 참여를 권유한다는 것이다. 그는 자신이 기초한 방안을 미국과 독일이 서로 동기는 다르지만 모두 수락할 것이라고 짐작했다.[8] 동시에 국부적인 경제영역에서 '초국가적인 기구'의 감독을 실현함으로써 제2차 세계대전 이후의 유럽연맹을 향해 실질적으로 비약할 수 있다고 보았다.

1950년 5월 9일 프랑스 외무장관 슈망은 런던에서 개최된 미·영·프 3국 회담 이전에 프랑스는 평등의 정신으로 아무런 전제조건 없이 서독과 협의하여 '유럽 석탄·철강공동체'를 설립하길 희망하며, 그밖의 유럽국가들이 참가하는 것도 환영한다고 밝혔다. 1951년 4월 18일 프랑스·서독·벨기에·이딸리아·룩셈부르크·네덜란드 6개국은 정식으로 '유럽 석탄·철강공동체' 협의에 서명했다. 비록 협의의 실질적인 집행과정과 모네의 초안에는 다소 차이가 있었지만, 전체적으로 보아 이제 꽁꽁 얼어붙었던 얼음은 녹았고, 항도(航道)는 뚫렸으며, 더욱 확 트인 유럽연맹의 그림이 지평선 위에 출현했다.

물론 모네의 "국부적이지만 실질적으로 돌파한다"는 생각이 현실화될 수 있었던 것은 그가 뉴딜정책 시기에 미국의 수많은 정치가들과 깊은 인연을 맺은 것과 연관이 있다. 예를 들어 주 독일 미국최고대표 존 맥클로이(John McCloy)는 '유럽 석탄·철강공동체'는 미국의 뉴딜정책 시기의 테네시강유역 관리국과 유사하다고 했다.[9] 그렇지만 더욱 중요한 것은 모

---

8) 간단히 말해 미국과 프랑스는 이를 통해 서독을 견제하려 했고, 서독은 이를 통해 일찌감치 철강기지(Ruhr)에 대한 연합군의 통제에서 벗어나려 했다.

9) Brinkley, D. and C. Hackett eds., *Jean Monnet: The Path to European Unity*, St. Martin

네가 기회를 잘 포착하여 1950년 상당히 복잡하게 얽혀 있던 국제적인 사건들의 실마리를 잘 풀어나갔기 때문이다. 그는 단 한번에 모든 것을 해결하려 하지 않고 각 당사자들이 모두 수용할 수 있는 방안을 제기했다. 그렇지만 일단 국부적인 방안이 채택되자 더욱 넓은 범위에서 점차 실질적인 변화가 나타났다. 바로 이 때문에 '마샬계획'에 참여했던 유명한 경제학자 허쉬먼(A. Hirshman)은 모네의 전략적인 사고를 '이성적인 희망'(thinkful wishing)이라고 명명하면서 비현실적인 '희망적 관측'(wishful thinking)과 구별한 바 있다.[10]

- 2 -
아시아에 대한 시사점

비록 1950년의 유럽과 오늘날의 아시아에는 상당히 다른 내외적 환경이 조성되어 있지만, 모네의 "국부적이지만 실질적으로 돌파한다"는 생각이 아시아 각국의 협력을 강화하는 데 시사하는 바는 아주 크다.

아시아의 금융위기는 아시아지역 경제협력의 취약성을 적나라하게 보여준다. 1955년 말부터 멕시코 금융위기의 교훈을 기초로 동남아 각국의 중앙은행들은 미국 국채구매협의에 서명했다(중국인민은행도 참여했다). 그렇지만 자금이 너무 적어 1997년 태국의 위기가 발생하기 전과 후에 아무런 영향력을 행사하지 못했다.

일본정부는 태국의 위기가 발발한 직후 일본이 5백억 달러를 제공하고, 그밖의 아시아국가들이 5백억 달러를 제공해 총1천억 달러에 달하는 '아시아기금'을 설치하자는 방안을 제기했다. 그렇지만 일본 혼자서 통제하는 '아시아기금'은 당연히 중국과 다른 아시아국가의 반대에 부딪혔다. 미

Press 1991, 139면.

10) Hirshman, Albert, *Essay in Trespassing*, Cambridge University Press 1981, 267면.

국과 국제통화기금 역시 자신의 이익을 고려하여 '아시아기금' 설치에 동의하지 않았다.

그러나 일본의 '아시아기금' 설치방안이 불합리하다고 해서 '아시아기금' 자체가 설립되지 않아야 한다는 것은 아니다. 미의회가 국제통화기금에 대한 자금증액 지원안을 부결했기 때문에 미국의 루빈(R. Rubin) 재무장관조차 1998년 일본이 또다시 3백억 달러의 '아시아기금'을 제공하겠다는 뜻을 밝힌 데 대해 불과 1년 전의 철저한 반대입장 표명을 뒤집고 찬성의사를 밝혔을 정도이다.[11] 사실 1997년 중국이 위기에 빠진 동남아국가에 지원해준 40억 달러 가운데 30억 달러는 중국의 국제통화기금 출자금에서 나왔다. 182개국이 조직한 국제통화기금 출자금 가운데 중국의 출자금이 차지하는 비중은 2%밖에 되지 않기 때문에, 중국이 국제통화기금의 출자금에 행사할 수 있는 통제력은 일본이 독자적으로 통제할 수 없도록 합리적으로 설계되어 있는 '아시아기금'에 대해 중국이 행사할 수 있는 통제력보다 크다고는 볼 수 없다.

주목할 만한 사실은 유엔의 아시아·태평양 경제사회위원회가 이미 새로운 '아시아기금' 설치방안을 제안해놓았다는 점이다.[12] '아시아기금'은 위기를 막기 위해 설치된 현재의 국제통화기금을 대체하는 것이 아니라 보완하기 위한 것이다. 아시아기금은 시장에 대한 확신을 더욱 굳게 만들고 현재의 국제통화기금의 구제방안에 대해 더욱 다양화된 시각을 부여해줄 것이다. 일본·중국본토·홍콩·타이완의 외화 준비고가 세계의 수위를 달리고 있다는 점을 고려한다면 공평하고 합리적인 '아시아기금'을 설치하는 것은 불가능하지 않다.

----

11) *New York Times* 1998. 10. 4. 루빈은 일본의 제안은 건설적이지만, 본국의 경기를 활성화하는 것이 더 중요하다고 말했다.

12) 1998년 7월 21일부터 23일까지 뉴욕에서 개최된 유엔의 '전문가그룹 회의'(Expert Group Meeting)의 문건 참조.

우리는 1950~58년의 '유럽지불연맹'(EPU)과 1979년 이후의 '유럽화폐체계'(EMS)가 설립될 당시 국제통화기금 및 미국정부와 갈등을 겪었다는 점을 잊어서는 안된다.[13] 유럽지불연맹은 유럽 각국의 화폐간에는 태환할 수 있지만 미국의 달러와는 태환할 수 없도록 사실 미국달러에 대한 차별조치를 두고 있었기 때문에 미국 재무부와 국제통화기금의 강력한 반대에 직면했다. 지금 바로 이 싯점, 아시아 각국의 협력에 걸림돌이 되는 것은 물질적인 면에 있는 것이 아니라 정신적인 면에 있다. 우리는 '아시아의 모네'가 나오길 기대한다.

---

13) Kaplan, J. and G. Schleiminger, *European Payments Union: Financial Diplomacy in the 1950s*, Oxford University Press 1989.

대 담

對 談

대담

중국식 사회주의 길의 꿈

대담자

추이 즈위안 · 백승욱

1994년 발표한 「제도혁신과 제2차 사상해방」이 주목을 받으면서, 추이 즈위안은 새롭게 부각되는 중국의 '신좌파'의 한 명으로 많은 사람들의 관심을 끌었다. 그는 중국이나 서구의 신좌파와는 다른 이론적 자원을 도입하여 자신의 주장을 펴고 있으며, 자신의 정치적 지향 또한 중국 내 다수의 비판적 지식인들과는 달리 프루동에서 연원하는 '쁘띠부르주아 사회주의'임을 적극적으로 표명하고 있다. 그가 자신의 주요 관심사인 농촌문제나 도시기업 수유권의 문제를 다룰 때 협동조합 사회주의적 성향을 띠는 것은 그 때문이다. 그가 역사적으로 많은 논란이 되어온 쁘띠부르주아 사회주의를 들고 나선 점은 매우 이례적으로 보이는데, 이는 중국에서 농촌문제가 갖는 특이성이나 중요성과도 연관되는 문제라고 생각된다. 추이 즈위안의 이런 특이한 입장 때문에 적지 않은 쟁점들이 제기될 수 있는데, 이런 쟁점들을 부각시키기 위해 대담은 논쟁적인 방식을 택했다. 대담은

2003년 8월에서 9월 사이 이메일을 통해 영어로 진행되었으며, 질문과 대답이 여러차례 오고 갔다.

개인적 이론 배경

백승욱 • 선생께서는 문화혁명이 끝나고 개혁·개방이 시작되던 시기에 대학생활을 시작한 것으로 알고 있습니다. 「지적 편력」에서는 그 당시 쓴 글들에 대해 언급하기도 했는데, 당시의 사회분위기를 좀 설명해주시고, 지금까지 지속되는 선생의 작업이 당시 상황과 어떤 연관성을 갖는지에 대해서도 이야기해주시지요.

추이 즈위안 • 저는 1980년대 초의 중국이 제도적·문화적 혁신을 해보려는 활력이 가득한 희망의 시기였다고 생각합니다. 모든 것이 가능해 보였지요. 많은 지식인들이 생각한 '개혁'은 단지 기존 서구모델을 '복제'하는 것이 아니라 새로운 '실험'이었습니다. 이에 비하면 1990년대는 중국 지식인의 삶이 덜 혁신적이었다는 생각입니다. 왕 후이가 1980년대와 비교하여 1990년대에 어떤 지적인 변화가 생겼는지 잘 보여주었지요(이 글은 한국에도 번역되어 소개된 것으로 알고 있습니다). 개인적으로 저는 제 작업이 1980년대 정신을 이어받고 있다고 생각합니다.

백승욱 • 1980년대에 대륙의 지식인으로서 미국유학을 떠나는 것이 쉬운 일은 아니었을 거라고 생각합니다. 어떤 계기로 미국유학을 떠나게 되었는지요? 그리고 중국을 떠나 미국에서 박사학위를 받고 미국에서 활동한 지 벌써 20여년 가까이 되는데, 얻은 것도 있고 잃은 것도 있을 것으로 생각됩니다. 오랜 시간 해외에 있다보면 중국 현실로부터 느껴지는 긴장감이 줄어드는 것 같은 아쉬움은 없는지 궁금합니다.

178

추이 즈위안 • 제가 시카고대학에 온 것이 1987년 말이니, 해외에 나와 지낸 지도 16년이 되었군요. 시카고대학에 오겠다고 특별히 마음먹은 것은 당시 '분석적 맑스주의'의 두 대가인 존 엘스터와 아담 셰보르스끼한테 배우고 싶었기 때문입니다. 셰보르스끼에게는 한국인 제자들도 여러명 있어서, 저는 한국 지식인들과도 교분이 있었습니다. 물론 외국에서 공부한다는 것은 장단점이 모두 있지요. 제가 미국에서 교육받고 또 교육하던 이 기간중 여름에는 늘 중국을 방문했다는 점을 강조해두고 싶군요. 한 예로, 저는 1995년 여름에 허난성(河南省) 난졔촌(南街村)에 한달 동안 머물면서 이 촌을 연구한 책을 공저로 낸 적도 있습니다. 오로지 뻬이징이나 상하이에만 머물고 있는 수많은 이른바 '자유주의' 지식인들은 중국의 현실을 안다고 할 수 없습니다. 그렇지만 너무 오래 해외에 머물다보니 확실히 중국의 현실과 일상적으로 접촉할 기회를 잃게 되는 단점이 있습니다. 그래서 저는 이제 중국에 돌아가 일하기로 결심하였습니다. 그렇지만 맑스가 영국에 머물러 있었다고 해서 독일에 대한 통찰력을 상실했다고 말할 수는 없겠지요.

백승욱 • 선생께서는 서구의 새로운 비판이론들에 비추어 중국의 역사적 경험을 새롭게 해석하고 향후 전망을 제시하려고 하고 있습니다. 어떤 이유에서 이런 이론적 전략을 택하게 되었는지 설명해주시겠습니까?

추이 즈위아 • 저는 이것이 유일한 길이라고 생각하지는 않습니다. 그러나 20세기의 중국의 투쟁에서 맑스주의가 중요한 역할을 한 것처럼 서구의 새로운 비판이론들은 오늘날 중국이 미래의 길을 찾으려 할 때 중요한 역할을 할 수 있을 것입니다.

백승욱 • 선생께서는 초기의 글에서 주요하게 생각하는 이론적 전거로 비판법학, 분석적 맑스주의, 신진화론, 포스트포드주의론 등을 동원하였습니다. 그리고 이후의 글에서는 그외에 스티글리츠의 관점 등도 분석에 도입한 것 같은데, 이런 이론들이 선생의 사고의 발전에 어떤 영향을 주었는지, 그리고 최근에 이런 이론에 대한 선생의 평가에 혹시 어떤 변화가 있는지 말씀해주시기 바랍니다.

추이 즈위안 • 미국에 머물러 공부하는 동안 저는 개인적으로 로베르또 웅거(비판법학 운동의 지도자), 존 엘스터, 아담 셰보르스끼, 존 로머(분석적 맑스주의 학자)와 찰스 쎄이블(포스트포드주의의 주도적 학자) 등을 알게 되었습니다. 개인적으로 스티글리츠를 알지는 못하지만, 신고전파 경제학에 대한 그의 '내재적 비판'은 시카고대학에서 쓴 제 박사학위 논문에 큰 영향을 주었습니다. 그 논문은 경제학에서 '보이지 않는 손 패러다임의 역설'에 관한 것이었습니다. 저는 지금도 이들 이론이 중국의 지식인들에게 매우 유용하다고 생각합니다. 저는 또한 제임스 미드의 '자유주의 사회주의' 사상에서 깊은 통찰력을 발견하였습니다. 미드는 1977년에 노벨 경제학상을 받았지요.

백승욱 • 선생께서는 「지적 편력」에서 앞으로 헤겔철학을 중국 사상계에 본격적으로 소개해보고 싶다는 의사를 표명한 바 있습니다. 어떻게 보면 헤겔은 중국에 이미 충분히 소개되어 있다고 할 수도 있을 텐데, 굳이 선생께서 다시 헤겔을 소개하려고 할 때 이 헤겔은 어떤 '헤겔'이며, 그것이 중국에 갖는 함의는 어떤 것들이라고 볼 수 있습니까?

추이 즈위안 • 제가 보기에 중국은 헤겔을 제대로 이해하고 있지 못하며, 세계 전체에 대해 말하더라도 사정이 별반 다르지 않은 것 같습니다. 중국에서 헤겔은 그저 맑스에게 영향을 준 사상가 정도로만 소개되었습니다. 오늘날 서구에서 인기있는 ── 그러나 공허한 ── 포스트모더니즘은 잘 알지도 못하면서 헤겔을 공격하고 있습니다. 부분적인 이유를 들자면, 거우 1980년대가 되어서야 수많은 헤겔의 초고들이 독일에서 발견되었다는 사실과도 관련있을 것입니다. 이 초고들이 발견된 이후 서구 학자들 사이에서는 헤겔에 대한 관심이 늘어나고 있는데, 예를 들면 시카고대학 사회사상위원회의 로버트 피핀(Robert Pippin) 같은 사람을 거론할 수 있겠지요. 이런 새로운 헤겔 연구에서는 헤겔을 가장 체계적으로 자유를 사유한 근대사상가로 보고 있습니다. 저는 포스트모더니즘이 중국에 너무 큰 영향을 미치는 것을 바라지 않기 때문에 이런 새로운 헤겔 연구성과를 중국에 소개하고 싶습니다.

백승욱 • 최근 중국 사상계의 새로운 동향 중 하나는 19세기 말 이후 근·현대의 여러 지식인들에 대해 새롭게 조명해보는 시도가 늘어나고 있다는 것입니다. 선생이 꾸 쥰을 재평가하는 것도 그런 맥락이라고 이해될 수 있겠는데, 선생께서는 중국사상사의 자원을 현재 어떤 방식으로 수용하는 것이 좋다고 보시는지요?

추이 즈위안 • 꾸 쥰은 중국 공산주의운동사에서 매우 중요한 사상가이자 혁명가였습니다. 그는 또한 슘페터의 『사본주의 · 사회주의 · 민주주의』를 번역한 사람이기도 하지요. 꾸 쥰과 같은 사상가들을 수용하는 가장 바람직한 방식은 그들의 정신에 따라 오늘의 중국 현실을 연구하는 것입니다.

백승욱 • 선생께서는 박사학위를 취득한 후 MIT에서 교편을 잡은 것으로 알고 있습니다. 그런데 이번 대담을 준비하는 과정에서 선생께서 하바드대학에 잠시 계시다가 지금은 베를린에 가 계시다는 것을 알게 되었습니다. 최근 선생의 신상에 대해 좀 소개해주시고, 요즘은 어떤 작업들을 하고 계신지도 알려주시지요.

추이 즈위안 • 1995년 시카고대학에서 박사학위를 받은 후 저는 MIT 정치학과의 조교수로 임용되었습니다. 작년에는 하버드 법대에 선임객원연구원으로 있으면서 로베르또 웅거(하버드 법학과 파운드 교수)와 「중국과 세계에서의 민주적 실험주의」라고 하는 공동연구를 수행하였습니다. 이전에 웅거와 수행한 공동연구 「러시아 경험에 비춰본 중국」(이 글은 처음에 중국에서 발표된 동시에 1994년 『신좌파평론』*New Left Review*에도 실렸습니다)은 이번 한국어판 선집에도 수록되었지요. 지금은 베를린 고등연구소에 연구원으로 있습니다. 이 연구소는 프린스턴대학의 고등연구소와 유사한 기구입니다. 기본적으로 연구원들이 각자 자기 생각을 자유롭게 발전시킬 수 있도록 많은 시간을 주지요. 저는 이번 선집에서 다루고 있는 많은 주제들을 심도있게 연구하고 있습니다. 특히 이른바 '자본주의'와 맑스주의를 넘어서는 제도혁신에 관한 연구에 관심이 있습니다. 베를린에서 일년간 연구를 수행한 다음 중국에 돌아가 가르치는 일에 종사할 작정입니다.

현시기 중국과 세계에 대해

백승욱 • 선생께서도 언급했듯이, 현재 중국사회의 성격에 대해 많은 논쟁이 있습니다. 선생 말대로 이를 어떤 하나의 범주로 단정하는 것이 별로 유용하지 않을 수도 있겠지만, 전반적인 추세를 찾아내는 것은 중요하다고 봅니다. 선생께서 생각하기에 현재 중국사회는 어디(무엇)에서 어디(무엇)로 변화해가는 것으로 볼 수 있습니까?

추이 즈위안 • 이 복잡한 질문에 대답하는 한 방식으로 중국의 '신좌파' 지식인운동을 간략히 설명해두는 것이 좋겠다는 생각입니다. 먼저 중국에서

'신좌파'라는 용어가 어떻게 생겨났는지 말씀드리지요. 1994년에 저는 뻬이징에서 열린 학술대회에 참석하면서 로빈 블랙번(당시 런던에서 출판되던 『신좌파평론』의 편집인이었습니다)을 소개한 적이 있습니다. 『뻬이징청년보(北京靑年報)』 편집인 양 핑(楊平)은 그 신문에 「중국에서 신좌파의 출현」이라는 기사를 실으면서 제 긴 논문인 「제도혁신과 제2차 사상해방」의 발췌를 함께 실었습니다. 이런 신좌파 담론이 확산되는 출발점은 1997년에 왕 후이(汪暉)가 문화연구잡지인 『톈야(天崖)』에 근대성(=현대성) 문제에 관한 글을 발표하면서부터였습니다. 중국에서 신좌파운동은 러시아식의 '과점적 사유화' 없이 경제와 정치 민주주의를 촉진하려는 지식인운동과 느슨하게 연결된 것이었습니다. 사람들은 왕 후이와 저 외에 깐 양(甘陽), 펑 퉁칭(馮同慶), 왕 샤오꽝(王紹光), 후 안깡(胡鞍鋼), 황 핑(黃平), 한 위하이(韓毓海), 쟝 쉬뚱(張旭東), 왕 샤오챵(王小强) 등도 '신좌파'라고 부릅니다.

중국사회에서 신좌파의 위상을 지식인 지도를 통해 그려보면 이런 그림이 될 것입니다.

	경제민주주의	과점적 사유화
정치민주주의	신좌파	정치적 자유주의
권위주의	구좌파?	경제적 자유주의

물론 친 후이(秦暉) 같은 '정치적 자유주의자'들은 중국에서도 러시아의 바우처(voucher) 구상과 유사한 '평등한 사유화'를 시행할 것을 바라고 있습니다. 그러나 친 후이가 명시적으로 로버트 노직(Robert Nozick)을 수용하고 있는 데서 알 수 있듯이, 그는 '평등한 사유화'가 사실상 '과점적 사유화'로 귀결되지 않을까를 우려하고 있지는 않지요. 저는 중국의 상황을 고려하여 몇몇 글들을 중국에서 발표한 적이 있습니다. 이 글들은 중국이 어디로(무엇으로) 변해가는가와 관련해 제가 하고 싶은 이야기들을 담

고 있는 것들이라고 할 수 있습니다. 제가 제 글을 소개하는 것이 어색하지만 여기서 네 편의 글을 간략히 언급해볼까 합니다.

저는 1994년 『21세기』지에 발표한 「제도혁신과 제2차 사상해방」을 통해 중국에서 제2차 사상해방운동이 필요하다는 주장을 제기했습니다. 그에 앞선 첫번째 해방운동은 1978년에 일어났습니다. 저는 신진화론, 분석적 맑스주의 그리고 비판법학이라는 서구의 세 가지 이론시각을 소개하면서, 이에 기반해 시장 대 계획이나 자본주의 대 사회주의라는 이분법을 넘어서 경제적·정치적 민주주의를 위한 제도혁신을 추구하자고 주장했지요.

그 다음으로 1995년 『뚜슈(讀書)』지에 발표한 「루쏘에 대한 새로운 사고」는 루쏘의 '일반의지'를 독재의 이론적 원천으로 보는 서구의 한 학파나 이 관점을 수용하는 많은 중국의 학자들에 대해 반론을 제기한 것이었습니다. 저는 최근의 종교학 연구에 기대에 '일반의지'의 기원을 사도 바울의 「디모데서」로 거슬러올라가는 오래된 역사 속에서 발견하였고, 이런 점에서 루쏘를 근대 민주주의론의 설립자로 이해할 수 있다고 보았습니다. 민주주의란 '자유의 체제'인데, 이때 자유란 법률 속에서의 자유일 뿐아니라 법률제정과 관련된 자유이기도 하지요. 이어서 1996년에는 중국의 핵심 경제학잡지인 『경제연구』에 「미국의 회사법 수정과 중국의 소유권 구조개혁」이라는 글을 발표했습니다. 저는 미국 회사법의 새로운 발전을 기업지배구조에 관한 중국의 논의에 도입하였습니다. 여기서 새로운 발전이란, 미국 29개 주의 새로운 기업법하에서 기업 경영자들은 (주주가 아니라) 이해당사자의 이해관계를 고려할 수 있게 되었다는 것입니다. 이해당사자 가운데 중요한 한 계급은 노동자입니다. 저는 효율과 인간의 자유라는 양자의 기반 위에서 경제민주주의를 확장해야 한다는 생각을 가지고 있습니다. 이 논문을 읽고 중국의 몇몇 주도적 '자유주의 경제학자'들이 분개했으며, 경제학자들 사이에서 '이해당사자인가 주주인가'라는 논쟁이 촉발되기도 했습니다.

마지막으로 「혼합헌법과 중국정치의 삼층분석」은 1998년 『전략과 관리』지에 발표되었습니다. 이 논문에서 저는 현재 많이 사용하는 시민사회 대 국가라는 이분법에 도전하였습니다. 저는 '혼합헌법'이라는 구상이 중국의 정치동학 분석에 더 많은 시사점을 줄 수 있다고 주장하였습니다. '혼합헌법'(the mixed constitution)이란 '1인에 의한 지배, 소수에 의한 지배 그리고 다수에 의한 지배'를 혼합한 것을 말합니다. 1인, 소수 그리고 다수 사이의 관계에는 여러가지 가능성이 존재합니다. 저는 이런 '삼층분석'이 중국의 정치복합체에 새로운 시야를 제공해준다고 생각합니다.

백승욱 • 앞에서 '신좌파'라는 범주로 한데 묶인 사람들 사이에는 공통점도 있지만 차이점도 적지 않다고 생각합니다. 이론적 배경이나 정치적 지향 그리고 정부와의 관계 등 여러 점에서 차이가 있다고 생각되는데, 선생께서는 이들을 '신좌파'로 묶을 수 있는 공통점을 무엇이라고 보는지, 또 이 집단 내에서 서로간의 차이점을 찾아본다면 어떤 것들을 이야기해볼 수 있는지 말씀해주시겠습니까?

추이 즈위안 • 공통점은 이들이 중국과 세계의 현실에 대해 비판적 태도를 지니고 있다는 점입니다. 이에 비해 중국 내의 이른바 '자유주의' 지식인들은 서구에 대해 비판적 태도를 취하지는 않지요. 신좌파 지식인 내의 차이라고 한다면 그들의 이론틀이 서로 다르다는 점입니다. 이들 가운데 저만 맑스주의를 이론틀로 삼고 있지 않다고 할 수 있겠지요.

백승욱 • '중국이 어디로 가고 있는가' 하는 질문에 대해 지금까지 우회적으로 답변을 해주신 셈인데, 이 질문을 좀더 직접적으로 제기해보도록 하겠습니다. 중국이 자본주의나 '중국적 특색의 자본주의'로 전화했다는 주장에 대해서 선생께서는 어떻게 생각하십니까?

추이 즈위안 • 이 책의 「지적 편력」 뒷부분에서 설명했듯이, 저는 중국의 미래가 아직 열려 있다고 봅니다. 중국이 분명하게 '자본주의'라고 부를 수 있는 것으로 전화했다고 평가하기에는 아직 너무 이릅니다. 우파건 좌파건 많은 서구의 평론가들은 중국이 점점 더 '자본주의적'이 되어가고 있다고 믿고 있습니다. 그러나 '자본주의'라는 단어는 무엇을 의미합니까? 이 단어와 싸우기 위해서 페르낭 브로델을 인용해볼 필요가 있습니다. 브로델은 이렇게 말했지요.

나는 지금까지 자본주의라는 말을 대여섯번밖에 쓰지 않았고, 가능하면 쓰지 않으려고 했다. (…) 개인적으로 말하면 나는 오랜 고민 끝에 이 성가신 용어의 추방을 포기했다. 자본주의라는 말의 발달과정을 역사가들과 어휘학자들은 열심히 추적했다. (…) 그러나 이 말에 새로운 뜻을 부여한 사람은 루이 블랑이었다. 그는 1850년에 바스띠아와 논쟁하면서 이렇게 말했다. "내가 **자본주의**라고 부르는 것은 어느 한 편의 사람들이 다른 사람들을 배제하고 자본을 독점하는 것을 뜻한다(강조는 루이 블랑)." 그러나 이 말은 아직도 거의 사용되지 않았다. 프루동은 가끔 이 말을 썼는데, 그때마다 정확한 뜻으로 사용하고 있었다. "토지는 아직도 자본주의의 성채이다." (…) 그리고 그는 이 말을 아주 훌륭하

게 정의했다. "자본이 소득의 근원이지만, 일반적으로 자신의 노동을 통해서 자본을 움직이게 만드는 사람들이 그 자본을 가지고 있지 않은 사회적·경제적인 체제가 바로 자본주의이다." 그러나 6년 뒤인 1867년에도 맑스는 이 말을 알지 못했다.[1]

가장 중요한 점은 브로델이 '시장경제'와 '자본주의'를 핵심적으로 구분했다는 점입니다. 브로델의 말에 따르면 "두 가지 유형의 교환이 있다. 하나는 바닥으로 향하고, 경쟁에 기초해 있으며, 거의 투명하다. 다른 하나는 좀더 고도의 형태로, 복잡하고 권력을 휘두른다. 이 두 가지 활동유형을 지배하는 기제나 행위자는 완전히 상이하며, 자본주의 영역은 훨씬 더 고도의 형태에 자리잡고 있다"[2]고 합니다. 브로델은 시장마을(market town)이 첫번째 교환유형의 전형적 사례이며, 원거리 무역과 금융투기의 독점이 두번째 유형, 즉 근본적으로 '반-시장'인 '자본주의'의 모델이라고 보았습니다.

브로델의 구분은 오늘날 중국에서 두 가지 유형의 부동산시장에도 현실성을 갖고 있습니다. 첫번째 유형은 헤이룽쟝성(黑龍江省)의 허깡시(鶴崗市)에서 나타나며, 두번째 유형은 꽝시성(廣西省)의 뻬이하이시(北海市)에서 나타납니다. 허깡시의 경우, 당시 정부가 토지투기를 금지하자 부동산시장이 경제성장의 원동력이 되었습니다. 반면 뻬이하이시에서는 부동산 개발업자들이 은행과 결탁하였는데(토지시장에 투기하기 위해 은행에서 돈을 빌렸지요), 그 결과 일반인들은 높은 가격 때문에 집을 살 수 없게 되었습니다(중국의 이 두 가지 유형의 부동산시장에 대한 자세한 설명은 왕 샤오창「헤이룽쟝 보고서」,『스제(視界)』2002년 6호를 보십시오). 중국의 사회주의 시장경제(저는 이것을 '쁘띠부르주아 사회주의'라고 부릅니다)는 첫번째 유형의 시장을 선택하고 두번째 유형을 배격해야만 합니다.

백승욱 • 그렇지만 브로델의 삼층도식의 주장은 3층간에 위계적 관계가 있다는 것으로 읽힐 수도 있는 것 아니겠습니까? 특히 브로델은 『물질문명과 자본주의』 제3권에서 월러스틴의 영향을 받아 '세계시장'의 관점을 수용합니다. 근대자본주의를 세계시장으로 보고, 이를 동시에 시장경제의 상부구조이자 정치적 독점으로 본다면, 여기서 중요한 점은 시장경제가 그 상부구조인 세계시장으로서의 자본주의에 종속되어 있다는 점일 것입니다. 그렇다면 중국의 경우도 모든 것이 자본주의적 요소로 환원되지는 않더라도 기본적으로 중국경제가 움직이는 논리는 세계경제의 논리, 다시 말해 '끊임없는 자본축적'의 논리에 포섭되어 있는 것으로 보아야 하고, 그런 점에서 중국을 자본주의적이라고 해야 하는 것이 아닐까요?

추이 즈위안 • 브로델의 『물질문명과 자본주의』 중국어 번역판에 브로델의 미망인이 흥미로운 서문을 달았습니다. 이 서문에서 그녀는 이렇게 말하고 있습니다. "오늘날 브로델이 살아 있다면, 중국의 사회주의 시장경제 실험을 매우 흥미롭게 지켜보았을 것이다." 브로델은 마지막 쎄미나에서 시장경제가 '자본주의'의 독점논리 없이 출현할 수 있다는 희망을 강조하였습니다. 많은 서구 맑스주의자들은 '자본주의'에 너무 큰 권력을 실어주는 경향이 있습니다. 서술적 수준에서 본다면 이들 맑스주의자는 전지구적 자본의 논리를 통해 자신들의 우익정치를 정당화하는 우익지식인과 별반 다르지 않습니다. 이 점에서 저의 견해는 서구 맑스주의와 완전히 다릅니다. 제 생각은 '정치우위'라는 마오 쩌뚱의 생각에 가깝습니다. '자본'은 깰 수 없는 그 고유한 경제적 '논리'를 지니고 있지는 않습니다. 이상하게 들릴지도 모르지만, 저는 때때로 신문을 읽는 편이 서구 맑스주의자들의 이론서적을 읽는 것보다 더 많은 정보를 얻을 수 있다고 생각합니다. 한 예로, 최근 한 신문칼럼에서 폴 크루그먼(Paul Krugman)은 정치에서 독립한 전지구적 자본의 '논리'는 없다는 것을 잘 보여주었습니다. 이 글에서 그는 국내에서 부시정부의 세금삭감이 고용증가 효과를 가져오기 어렵기 때문에 부시는 무엇인가 대책을 마련하기 위해 상징적으로라도 중국의 위안화를 평가절상시키기를 원하지만, 겉보기의 허풍과 달리 미국은 중국에 대해 이를 애원할 수밖에 없는 형편이라는 주장을 펴고 있지요.[3]

백승욱 • 중국이 '시장경제'로 이행하는 현 시기의 핵심적 규정요인의 하나는 전지구적 '신자유주의'입니다. 선생의 글에서는 중국이 여러가지 역사적 요소 덕분에 이런 신자유주의로부터 벗어나 독자적 발전의 길을 걸을 수 있다는 주장이 제기되고 있는 것 같습니다. 과연 중국이 이런 세계적 압력(반드시 그것은 바깥으로부터 오는 것만은 아닐 터인데)에서 벗어나 '제3의 길'을 걸을 수 있는 조건을 갖추고 있다고 보십니까?

추이 즈위안 • 저는 중국이 아직 전지구적 신자유주의로부터 스스로를 지켜낼 수 있음을 보여주는 한 가지 사례를 제시해보고 싶습니다. 중국은 미국의 강력한 압력하에서도 아직 '자본계정'(capital account)을 개방하지 않았습니다. 이 말은 수출입 업무에 종사할 경우에만 중국화폐를 달러나 유로화로 태환할 수 있으며, 중국통화에 대한 투기는 허용하지 않는다는 것을 말합니다. 반면 한국은 OECD 가입 조건으로 '자본계정'을 개방하였습니다. 일부 한국 경제학자에 따르면, 이 때문에 1997~98년 한국의 금융위기가 발생하였다고 합니다.

백승욱 • 선생께서는 WTO 가입이 가져올 긍정적 부수효과를 중시해 가입을 지지하는 것으로 보입니다. 그러나 WTO 가입은 가속된 국유기업의 조정과 고용의 불안정화, 장기적으로는 자본시장의 개방 등 여러가지 측면에서 중국경제를 세계경제 속에 더욱 의존적인 형태로 편입시키고 중국 노동자들을 더욱 취약하게 만들 것이라고 보는 사람들도 있습니다. 그렇다면 선생께서 WTO 가입으로 얻게 된다고 보는 긍정적 요소들이 이런 조건하에서 제대로 힘을 발휘할 수 있을 것이라고 생각하십니까?

추이 즈위안 • 사실 중국이 WTO에 가입하기 전에 저는 중국이 거기에 급히 서둘러 가입할 필요는 없다고 주장했습니다. 그 의미는 단지 WTO 구성원이 되기 위해 너무 많은 양보를 해서는 안된다는 것이었습니다. WTO 가입 후에 중국은 발전도상국을 위해 중요한 목소리를 내게 될 것으로 보입니다. 올해 8월 26일 『타임즈』(*The Times*)지에 실린 모티셰드(Carl Mortished)의 기사 ── 중국의 WTO 가입 이후 발전도상국이 특히 농업문제와 관련해 목소리를 높이고 있다는 ── 를 참고하시면 좋을 것입니다.[4]

백승욱 • 탈냉전 시기에 금융세계화나 미국의 일방주의 같은 것이 세계의 주요한 특징으로 나타나고 있습니다. 선생께서는 특히 중국의 시각에서 이런 문제를 어떻게 평가하고 있는지 설명해주시고, 선생이 말하는 '제도혁신'은 이런 변화하는 세계 속에서 어떻게 가능한지 말씀해주시기 바랍니다.

추이 즈위안 • 금융세계화는 '자연적 과정'은 아닙니다. 앞서 제가 '자본계정'을 개방하지 않은 사례에서 설명드렸듯이, 금융세계화는 정부가 그러려는 의지만 있다면 그리고 정부가 보통사람들의 요구를 수용하겠다고 한다면 충분히 통제할 수 있는 것입니다. 미국의 일방주의에 대해 말씀드리자면, 저는 아직도 "미국은 스스로를 손상시킬 것이고 전세계 인민들을 교육시킬 것이다"라는 마오 쩌뚱의 말을 믿습니다. 이런 새로운 조건하에서 제도혁신을 추구하는 것은 훨씬 더 필요한 일입니다.

백승욱 • 다른 나라 사람들이 이해하기 어려운 문제이자 중국이 안고 있는 고유한 문제 중 하나는 농민문제라고 할 수 있을 것 같습니다. 선생께서 군이 쁘띠부르주아 사회주의의 전통을 복원하려는 시도도 농민문제와 관련이 있다고 보입니다. 중국에서 농민문제가 갖는 중요성이 얼마나 큰지 그리고 이 문제가 다른 나라와 비교해 어떤 특수성을 지니고 있는지 이야기해주시겠습니까?

추이 즈위안 • 농민문제는 쁘띠부르주아 사회주의 전통의 핵심문제지요. 맑스의 중요한 오류는 그가 농민을 무시했다는 것인데, 이는 그가 '대규모 자본주의농장'이 농민들을 쓸어버릴 것이라고 믿었기 때문이었습니다. 근대중국에는 쁘띠부르주아 사회주의의 오랜 전통이 있습니다. 이 전통에서 특히 중요한 인물은 페이 샤오퉁(費孝通)입니다. 1930년대 초부터 페이 샤오퉁은 '향촌기업'과 '소읍'에 관심을 기울였습니다. 그는 "[향촌기업의] 생산을 향상하려면 기술개선뿐 아니라 사회 재조직이 필요하다"[5]는 사실을 깨달았습니다. 1930년대 후반 런던에서 말리노프스끼(B. Malinowski)의 지도하에 박사논문을 쓰던 당시 페이 샤오퉁은 이렇게 주장했습니다. "[중국에서] 공산주의운동의 진정한 성격은 토지제도에 대한 불만 때문에 일어난 농민반란이다. (…) 공산주의운동은 지대(地代)를 낮추거나 균등소유 같은 형태로 토지개혁을 시행하는 것만으로는 중국 농촌문제의 궁극적 해결을 기대하기 어렵다는 사실을 깨달아야 한다. 그러나 그런 개혁은 농민들을 구제하기 위한 불가결한 행보이기 때문에 필요하고 시급하다."[6] 더 중요한 것은 이 시기(1938년)에 이미 페이 샤오퉁이 다음과 같은 언급을 하고 있었다는 점입니다. "근대산업세계의 후발주자로서 중국은 선발주자들이 범한 잘못들을 피해갈 수 있는 위치에 서 있다. 농촌에서 우리는 협동의 원리에 기초해 소규모 공장이 발전해온 실험들을 관찰하였다. 그것은 서구의 자본주의적 산업발전과는 달리 생산수단의 소유가 집적되는 것을 막아줄 것이다. 수많은 어려움이 있고, 심지어 오류도 있겠지만 그런 실험은 앞으로 중국에서 농촌산업을 발전시키는 데 중요한 함의를 지니고 있다."[7]

프루동과 마찬가지로 페이 샤오퉁도 대규모 산업 그 자체를 반대하지 않았다는 점을 지적해두는 것도 중요합니다. 페이 샤오퉁은 이렇게 말합니다. "산업혁명이 시작되었을 당시 주요한 혁신은 증기동력이었는데, 이 때문에 산업입지는 지역적으로 집중되었다. 증기동력과 작업기계를 피댓줄(strap)을 통해서 연결해야 했는데, 이 때문에 이 기계들을 가깝게 두는 것이 경제적이었다. (…) 전기동력을 사용하게 되자 산업입지의 집중에 변화가 발생했다. 전기동력 기관과 작업기계 사이의 거리를 좁혀야 할 필요가 없어졌기 때문이었다. (…) 새로운 동력기관이 만들어준 새로운 경제적 기회가 대다수 농촌주민들에게 공유되지 않는다면, 주민들의 생활에 심대한 해악이 될 것이다. 더 많은 농촌주민들이 이런 새로운 동력기관과 새로운 기술을 이용한다면 그것이 더 적절하게 이용될 것 같다. 이 때문에 나는 우리의 새로운 산업을 발전시키는 방법으로 서구자본주의를 지지하지는 않는다."[8] 페이 샤오퉁의 관심은 포스트포드주의라는 이 시대에 소상품생산(petty commodity production)을 '구원'하려는 로베르또 웅거의 노력과도 연결됩니다. '소상품생산'이란 협동조직과 독립적 활동이 혼합되어 수행되는 상대적으로 대등한 생산자들의 소규모 경제를 지칭하지요. 실증주의 사회과학이나 맑스주의 모두 '소상품생산'은 기술적 활력에 필수적인 생산 및 교환상의 규모의 경제를 배제하기 때문에 실패할 수밖에 없다고 간주합니다. 웅거는 '소상품생산'을 다르게 봅니다. 그는 재구성되지 않은 채로 그것을 수용하거나 부정하는 것 모두를 거부합니다. 오히려 그는 새로운 경제적·정치적 제도를 발명함으로써 소상품생산을 '구원'하려 합니다. 예를 들면 우리는 "자본·기술·인력을 함께 출자하되 거기에 영구적·무제한적 사용권을 부여하지 않도록 시장을 조직하는 방법"을 발견함으로써 규모의 경제의 필수요건을 만족시킬 수 있습니다. 이런 해결책은 웅거가 실용적 제안에서 말하는 새로운 소유권 체제가 됩니다. 우리는 독립자영농 민주주의(yeoman democracy)의 오래된 꿈 그리고 소규모 독립소유라는 오래된 꿈으로부터 실천적 대안의 핵심을 구제해주는 새로운 제도를 발명할 수 있을 것입니다. 이런 실천적 대안은 민주주의 이상을 향해 열려 있을 뿐 아니라 경제적·기술적 역동성에도 열려 있는 것이지요.

백승욱 • 중국에서 농민문제는 WTO와 관련된 쟁점에서도 드러나듯이 이미 신자유주의 세계화와 관련된 문제라고 보아야 하지 않을까요? 아프리카나 라틴아메리카에서 농민문제는 직접적으로 신자유주의 세계화와 맞닥뜨리는 문제임이 여러 형태로 나타나고 있다는 것도 그것을 보여주는 것 같은데요. 반면 선생께서 말하는 쁘띠부르주아 사회주의 또는 협동조합 사회주의의 전통에서는 농민문제를 전체 사회나 전지구적 맥락과 분리해서 사고해왔고 그 때문에 한계가 있다는 지적을 받아왔던 것이 아닌가요?

추이 즈위안 • 중국은 '토지개혁'을 수행하였고 '토지의 집체소유'가 있다는 점에서 아프리카, 인도 그리고 라틴아메리카와 사정이 다릅니다. 중국 농촌에서 토지소유 주체는 소련처럼 국가가 아니라 촌(村)입니다. 따라서 아직도 토지는 농민의 최후의 안전방비책입니다. 1990년대에 중국 농민은 잘못된 정책들 때문에 어려움을 겪었는데, 특히 과도한 수출산업촉진 정책이 문제였지요. 저는 여러 편의 논문에서 중국에서 수출세 환급제도를 폐지하고 늘어난 세수를 농민을 지원하는 데 쓸 것을 촉구하였습니다. 세계적으로 쁘띠부르주아 사회주의의 전통은 농민협동조합과 농민조합이 전지구시장에서 경쟁할 수 있도록 지원합니다.

전체와 부분

백승욱 • 선생께서는 '제도 물신주의'를 비판하면서 과거의 어떤 요소들을 변화된 조건하에서 '격세유전' 형태로 새로운 의미를 담고서 활용할 수 있다고 주장하고 있습니다. 그런데 여기서 '전체'와 '부분'의 관계는 미해결로 남습니다. 사실 근대자본주의의 역사를 살펴보면 자본주의는 '전통'이라고 부르는 과거의 어떤 것으로부터 '노동운동'이라는 새로운 현상이나 자연에 이르기까지 본래 자본주의가 만들어내지 않은 이질적 요소들을 그 틀 내에 유기적인 형태로 포섭해들이는 '생명력'이나 '유연성'을 발휘해왔습니다. 급진적인 요소들조차 오랜 시간을 거친 싸움 끝에 결국 근대자본주의 세계를 재생산하는 하나의 요소로서 전체 속의 부분으로 길들여져 포섭되어왔습니다. 그렇다면 선생께서 말하는 '제도혁신'을 위한 요소들을 새롭게 발굴하더라도, 문제는 그것이 어떻게 전체의 제약에서 벗어나 새로운 길을 여는 가능성을 보여줄 것인가 하는 것입니다. 이를 위해서 어떤 전제조건이 필요하다고 생각하십니까?

추이 즈위안 • 참 좋은 질문입니다. 그 전제조건들은 이론적으로 선험적으로 발견될 수 없습니다. 이 때문에 저는 중국으로 돌아가 실천적으로 새로운 가능성을 찾아보기로 결심하였습니다.

백승욱 • 밖에 머물러 있으면서 어떤 한계들을 느꼈고, 다시 고국에 돌아가면 어떤 공간이 새롭게 열릴 것이라고 생각하는지 좀더 구체적인 계획을 말씀해주실 수 있겠습니까?

추이 즈위안 • 큰 한계라면 중국의 젊은 학생들과 대면적 의사소통을 할 기회가 없다는 것이겠지요. 저는 중국에서 주류 서구경제학이나 맑스주의에 의존하지 않는 이론적 사고의 공간을 열어보고 싶습니다. 구체적 계획을 말해보라면 "실행하면서 배운다"는 자세로 실험을 해나가야겠지요.

백승욱 • 선생의 글을 읽다보면 양참(兩參, 관리자의 육체노동 참여와 노동자의 관리 참여), 향진기업, 노동자주식제 등의 요소가 이전의 사회주의보다 오히려 현재의 자본주의하에서 더 적극적으로 발전할 수 있을 것이라는 인상을 받는데, 제 느낌이 맞는지요? 만일 그렇다면 그렇게 생각하는 이유는 무엇인가요?

추이 즈위안 • 앞에서 설명드렸듯이 저는 현재의 중국을 '자본주의적'이라고 부르지 않습니다. 그러나 저는 오늘의 '시장경제'가 생산자와 소비자에게 더 많은 자유를 제공한다고 생각하며, 이 때문에 예전의 '경제민주'의 실험이 이전의 중앙계획경제하에서보다 지금 더 많은 잠재력을 지니고 있다고 봅니다.

노동자주식제 문제

백승욱 • 선생께서 말하는 노동자 주식(보유)제는 통상적으로 말하는 자본주의 기업의 스톡옵션과 어떻게 다른가요?

추이 즈위안 • 노동자 주식보유제는 미국의 종업원지주제(ESOP)와 상당히 다릅니다. 종업원지주제는 노동의 과거 보수의 일부를 강제저축 형태로 공제하는 한에서만 노동자가 기업이윤에 참여할 수 있도록 촉진합니다. 노동자 주식보유제는 노동자들이 직접적으로 이윤을 공유할 수 있는 권한을 갖는다는 것을 의미하는데, 이는 단지 노동자 임금의 저축을 통해서만 이루어지는 것이 아닙니다. 이것은 또 미국기업의 통상적 스톡옵션과도 다른데, 미국 체계에서는 소수 경영자만이 스톡옵션을 받기 때문입니다.

백승욱 • 중국에서 샤깡(下崗, 기업에 소속되어 있지만 사실상 실업상태인 사람)이나 농민공(農民工) 문제가 심각한 사회문제가 되고 있는데, 이는 세계적으로 비정규직 노동이 확산되고 있는 추세와 크게 다르지 않습니다. 선생께서 말하는 노동자 주식보유의 수혜자는 기업 내에서 누구입니까? 이는 일부 소수의 특권적 정규직 노동자와 다수의 비정규직 임시노동자를 분할하는 새로운 효과를 낳게 되지 않겠습니까?

추이 즈위안 • 우리는 '경제민주'가 기업 수준에서 모든 문제를 해결할 것이라고 기대하지 않습니다. 중국은 사회보장체계의 수립에 더욱 박차를 가할 필요가 있습니다. 농민공에 대해서 말하자면 이들이 독립적 노동조합을 조직할 권한을 가질 수 있도록 허용해야 합니다.

백승욱 • 노동자주식 형식은 노동자들 사이에서 두 가지 문제를 낳으면서 노동자들 사이의 통일보다는 갈등과 균열을 만들어낼 수도 있습니다. 첫째로, 주식을 보유한 기업 내의 노동자들은 기업과 운명공동체를 이루어 기업경영자와 마찬가지로 시장경쟁 속에서의 기업의 생존을 일차적 목표로 삼게 됩니다. 이럴 경우 이들은 기업 경쟁논리의 제약을 극복하기 어렵습니다. 이와 관련해 일본의 기업별 노동조합체제나 독일식의 노동자평의회 모두 한계를 보인 바 있는데, 다시 말해 기업 단위를 넘어서 노동자들 사이의 단결을 손상할 가능성이 크다는 것이지요. 두번째로, 기업 내에서 관리자는 이 제도를 노동통제 전략으로 이용할 수 있습니다. 노동자를 개별화하여 통제하고, 업적주의(meritocracy) 이데올로기를 강화하고, 노동자 내부에 서열화를 부추길 수 있는 것이지요. 선생께서 주장하는 노동자 주식보유제가 이런 문제들을 어떻게 극복할 수 있다고 보시는지요?

추이 즈위안 • 물론 노동자주식제는 실천상에서 많은 문제에 부딪힐 것입니다. 사실 제 중국어 논문에서 저는 순수한 노동자 주식보유제를 주장하지는 않았습니다. 제 요점은 중국의 많은 향진기업에서 나타나는 '주식합작제'가 제임스 미드가 말하는 '자본-노동 파트너십'과 유사한 것으로 발전할 잠재력이 있다는 것이었습니다.

백승욱 • 어떤 점에서 선생이 말하는 노동자주식제의 함의는 일본이나 한국 같은 동아시아국가의 단체협상제도와 크게 다르지 않은 것 같습니다. 이런 나라에서는 주식시장이 크게 발전하지 않아 상대적으로 주주의 압력이 크지는 않았지요. 또 기업별 노조체제는 단체협상을 통해 대기업 노동자들을 기업 경계 속에 묶어두면서 불만을 달래왔습니다. 선생께서 구상하는 노동자주식제와 기업 단위의 단체협상을 통한 성과분배 사이에 사실상 큰 차이는 없는 것으로 보입니다.

추이 즈위안 • 제가 생각하기에 중국 향진기업의 '주식합작제'와 일본이나 한국의 단체협상의 차이는 큽니다. 단체협상은 주로 임금에 관한 것이지, 이윤공유에 관한 것은 아니기 때문입니다.

백승욱 • 선생께서 생각하는 이윤공유의 구상을 좀더 자세히 설명해주시겠습니까?

추이 즈위안 • 임금은 크기가 고정되어 있지만 이윤공유는 크기가 유동적이라고 할 수 있겠지요.

백승욱 • 선생께서는 '소유권'을 '묶음'으로 보고 있습니다. 그런데 선생이 주로 강조하는 것은 소유의 다차원적 형태에 따른 결과의 배분이나 설비의 처분, 고용 승계 등의 문제에 한정되어 있는 것 같습니다. 그러나 소유권의 좀더 핵심적인 문제는 생산과정 자체와 관련되는데, 이는 다름아니라 노동과정에 대한 노동자의 자율적 통제의 문제입니다. 이것은 보통 경영자 권리의 핵심적 측면을 침해하는 것으로 노사협상의 대상에서 배제되어왔지만, 항상 자본주의사회에서 심각한 전투가 벌어지는 장소였습니다. 선생의 구상처럼 노동주식이라는 형태와 기업 운명공동체에 입각한 노사협조 모델이 노동과정에서 감독과 통제의 문제를 둘러싼 갈등을 해결할 수 있는 방향이라고 생각할 수 있겠습니까?

추이 즈위안 · 그렇습니다. 통제권은 소유권 묶음에서 핵심적인 권리입니다.

백승욱 · 이 문제에 대해 좀더 견해를 말씀해주시지요.

추이 즈위안 · 대신 소유권 묶음에 관한 로베르또 웅거의 작업을 설명해보고 싶군요. 통제권에 관한 제 생각이 주로 웅거의 작업이나 다른 비판법학자의 작업에 전거하고 있기 때문에 그렇습니다. 웅거는 소유권을 '권리의 묶음'으로 이해하는 근대법학의 가장 특징적 주제로부터 적극적인 민주화의 잠재력을 이끌어냅니다. 그는 전통적 소유권을 해체하여 그것을 구성하는 기능들을 상이한 소유권자에게 귀속시킬 것을 제안합니다. 기업, 노동자, 중앙 및 지방정부, 중간조직 그리고 사회기금 등이 이런 전통적 소유자를 계승할 것입니다. 그는 관습적 사적 소유를 단지 국가 소유와 노동자 협동조합으로 역전시키는 것에는 반대합니다. 이런 역전은 '굳어진' 소유의 성격을 바꾸지 않고 그저 소유자가 누구인지를 재규정할 뿐이기 때문이지요. 웅거는 삼층의 소유구조를 만들 것을 주장합니다. 첫째 층은 민주적 중앙정부가 경제축적을 사회적으로 통제하는 최종 결정을 하기 위해 설립한 중앙자본기금입니다. 두번째 층에는 경쟁적 기초에서 자본 배분을 하기 위해 중앙자본기금이 설립한 각종 투자기금이 있습니다. 세번째 층에는 노동자, 기술자, 기업가를 팀으로 묶은 일차적 자본수취인이 있습니다.

우리는 '해체된 소유'에 관한 웅거의 생각을 급진좌파의 전통과 자유주의적 전통 양자의 관점에서 평가해볼 수 있습니다. 급진좌파의 시각에서 보자면 웅거의 계획은 프루동의 쁘띠부르주아 급진주의와 연결됩니다. 프루동은 소유권을 '소유권의 묶음'으로 보는 이론의 선구자였고, 그의 고전적 저작 『소유란 무엇인가?』는 '굳어진 소유'에 대한 철저한 비판입니다. 경제적 측면에서 보자면, 웅거의 기획이 프루동·라쌀르(Lassalle)·맑스적 사상의 종합이라는 것을 아는 것이 중요합니다. 웅거는 프루동과 라쌀르의 쁘띠부르주아 급진주의로부터 경제 효율성과 정치민주주의 양자를 위한 경제적 탈집중화 사고의 중요성을 흡수하였습니다. 그는 또한 쁘띠부르주아 사회주의에 대한 맑스주의의 비판으로부터 소상품생산의 불안정성이라는 내재적 딜레마를 깨닫게 되었습니다. 이를 깨닫고 웅거는 쁘띠부르주아 급진주의가 전통적으로 국가정치를 혐오하던 것을 역전시켰습니다. 그는 정부와 기업 사이의 탈집중화한 협동을 발전적으로 제안하였습니다. 그는 이런 제안을 민주정치를 가속화할 개혁들과 연계하는데, 이는 정부 부처들 사이의 곤경을 신속히 해결하되 제도화한 정치동원 수준을 고양하여 유지하면서 시민사회의 독립적인 자발적 조직을 심화하고 일반화하는 것을 통해 가능할 것입니다. 자유주의 전통의 시각에서 본다면, 웅거의 기획은 경제적 탈집중화와 개인 자유를 한걸음 더 심화하려는 노력을 보여줍니다. 오늘날의 조직된 법인 '자본주의' 경제에서는 선진공업국의 자본과 노동의 기득권 보호를 위해 경제적 탈집중화와 혁신이 희생되어왔습니다. 현재의 신자유주의와 사회민주주의의 실천보다도 웅거의 기획은 탈집중화한 조정과 혁신이라는 자유주의의 정신에 훨씬 더 충실합니다. 제도적으로 보수적인 상투적 자유주의자는 절대적인 단일 소유권 주장을 다른 모든 권리의 모델로 수용합니다. 웅거는 소유의 요소들을 해체하여 상이한 유형의 권리보유자들 사이에 재할당하는 방식으로 절대적이고 굳어진 소유권을 대체함으로써, 자유주의 전통을 거부하는 동시에 풍성하게 만들었습니다. 그는 좌파가 우파의 언어를 포기할 것이 아니라 재해석해야 한다고 주장합니다. 웅거는 권리의 체계를 재구성함으로써 프루동-라쌀르-맑스와 자유주의 전통 모두를 넘어서고 있습니다. 이렇게 재구성된 권리의 체계에는 면책권, 시장권, 불안정권, 연대권이라는 네 가지 권리가 포함됩니다. 이런 점에서 우리는 왜 웅거가 그의 기획을 때로는 반자유주의가 아니라 '초자유주의'(superliberal)라고 부르는지 이해할 수 있습니다. 존 스튜어트 밀의 『자서전』을 읽은 사람이라면 자유주의의 제도 형태를 변경함으로써 자유주의적 소망을 구현하려는 '초자유주의'라는 말에서 정신적 위기를 겪은 이후의 밀의 신사고를 발견할 수 있을 것입니다.

백승욱 • 우리는 공동체와 관련된 문제에서 주식합작제 방식과 노동자주식제 사이의 중요한 차이를 하나 발견하게 됩니다. 주식합작제는 이 주식합작제에 대한 공동체의 소유권을 허용하지만, 선생께서 말하는 노동자주식제에서는 기업에 대한 공동체의 소유권에 대해서 별로 언급이 없습니다. 이는 앞서 정규직과 비정규직 사이의 분할과도 관련되는 문제라고 보입니다. '노동의 권리'는 좁은 의미에서 소속기업에 대한 권리뿐 아니라 사회적·집합적 노동자가 전체로서의 경제에 대한 권리까지도 포함하고 있는 것이 아닐까요? 그렇다면 미시적 차원의 권리를 넘어 거시적 차원에서 노동자의 '집합적 소유권'에 의한 '경제민주' 문제를 어떻게 제기할 수 있다고 생각하십니까?

추이 즈위안 • 저는 제 중국어 논문에서 제임스 미드의 '사회배당'(social

dividend)이라는 사상을 논의한 바 있습니다. '사회배당'이란 거시적 수준에서 경제민주의 중요한 부분입니다.

백승욱 • 그 '사회배당'이라는 생각을 굳이 '복지국가'와 비교해본다면 어떤 차이점을 찾을 수 있겠습니까?

추이 즈위안 • '사회배당'은 경제영역에서 무조건적 시민권을 말하지만, 오늘날 서구의 '복지국가'는 조건적인 실업급여를 제공할 뿐이지요. '사회배당'의 가장 중요한 사상가는 제임스 미드입니다. 모든 시민들은 연령과 가족 내 지위라는 두 가지 조건 외의 어떤 조건과도 무관하게 비과세 사회배당을 받습니다. 사회배당을 제도화하려는 기본 이유 두 가지를 들자면, 첫째, 모든 사람에게 동일하게 기초적·무조건적 소득을 제공함으로써 평등을 촉진하려는 것이고, 두번째로는 노동시장의 유연성이 요구하는 가변성의 영향을 받지 않는 어느정도의 소득을 제공함으로써 위험을 줄이려는 것이라고 하겠습니다. 사회배당이라는 생각의 직관적 핵심은 개별 시민들의 자원과 소질을 향상시켜 종신고용의 요구를 대체하려는 것입니다. 사회배당이 '조건적 급여'라는 상투적인 사회민주주의 정책보다 나은 점은 이것이 저소득 직업에 종사하는 사람들에게 개선된 유인책이 된다는 점입니다. 얼핏 보면 (실업이나 질병이 있는 경우 제공되는) 조건적 급여보다 '무조건적 사회배당'이 저임금 직업을 받아들이게 만드는 유인을 감소시킨다는 점에서 이는 직관과 배치되는 것 같기도 합니다. 그러나 이 경우에는 직관이 틀렸습니다. 미드는 다음과 같은 간단한 예를 가지고 직관을 반박합니다. "사회배당을 80 받고 조건적 급여를 20 받는 사람의 경우, 소득세 공제 후 외부소득이 20보다 크다면 외부소득을 추구할 유인(incentive)이 있다. 그러나 100 전체를 조건적 급여에 의존한다면 100보다 적은 외부소득을 택할 유인은 없을 것이다."[9]

백승욱 • 미국의 경험에서 볼 수 있듯이 스톡옵션 배분의 증가와 기업연금의 비대화는 역으로 주식시장의 거품을 발생시키고, 금융팽창에 노동자들의 이해관계를 복속시켜, 그 결과 노동자들이 인원감축을 통한 구조조정의 대상이 되는 역설적 상황을 낳기도 합니다. 노동자주식제가 비슷한 위험에 처하지 않을까요?

추이 즈위안 • 미국에서는 노동자들이 자신의 연금을 관리할 수 없도록 금지한 법안이 1947년에 통과되었습니다. 법률에 따라 노동자들은 연금을 '신탁회사'에 맡기도록 되어 있습니다. 따라서 선생이 말하듯이 미국에서 노동자연금이 금융투기에 이용될 수 있습니다. 경제민주는 노동자들이 이윤을 공유할 뿐 아니라 자신의 연금에 대한 통제권을 가질 것도 요구합니다.

포스트포드주의와 각국 경제에 대한 평가

백승욱 • 선생께서는 포스트포드주의에 대해 상당한 호감을 가지고 있는 것으로 보이며, 여기서 포드주의 노동과정 문제의 단점을 극복할 가능성도 찾고 있는 것으로 보입니다. 그러나 포드주의와 포스트포드주의의 관계에 대해서는 아직도 논쟁이 진행중입니다. 많은 학자들은 포스트포드주의가 포드주의를 극복한 모델이라기보다는 포드주의를 보완한 체제라고 보고 있습니다. 마치 테일러주의와 인간관계론의 관계와 비슷하다는 것이지요. 포스트포드주의의 전형적 사례로 이야기하는 북부 이딸리아나 스웨덴의 칼마르공장의 경험(Calmarism), 그리고 일본의 토요다공장의 경험도 모두 그런 한계를 드러낸 것이 아니었습니까?

추이 즈위안 • 포스트포드주의는 확실히 한계가 있습니다. 특히 미시적 수준과 거시적 수준에서 동시에 경제민주 체계와 결합되지 않는다면 그렇습니다. 그러나 포스트포드주의는 희망을 심어준 씨앗이며 미래 노동조직의 표지입니다. 가장 선진적인 기술조건 속에서 효율성과 민주주의가 함께 갈 수 있다는 것을 보여주기 때문입니다.

백승욱 • 일본의 토요다방식을 논의할 때 간과해서는 안될 것 중 하나는 적기생산(JIT)이 하청파트너의 착취와 긴밀하게 연결되어 있다는 점일 것입니다. 토요다가 소수의 본공장 노동자(종신고용, 연공임금, 기업별 노조의 혜택을 받는 소수 핵심노동자)를 중심으로 이른바 유연생산체제를 가동할 수 있는 것은 동시에 그 외부에 훨씬 더 많은 하청노동자들의 희생이 있기 때문입니다. 재고가 없는 것은 재고의 누적에 따른 부담을 하청업체에 이월함으로써 가능한 것이었습니다. 그렇다면 이런 포스트포드주의가 전체 사회의 일반적 생산원리로 관철될 수 있겠습니까?

추이 즈위안 • 저는 토요다주의가 결점이 없다고 생각하지는 않습니다. 그러나 저는 적기생산이 단지 외부 하청노동자의 착취에 기반해 있을 뿐이라고 생각하지도 않습니다. 적기생산은 아담 스미스의 낡은 모델을 뛰어넘는 새로운 분업의 원리에 기초해 있습니다. 확실히 이것은 논쟁적인 주제입니다.

백승욱 • 선생께서는 동아시아 자본주의모델을 평가하면서 주로 평등한 개혁, 강력한 정부, 협력적 체제 등의 측면만을 강조하고 있습니다. 그러나 마찬가지로 중요한 다른 몇가지 점들은 누락되어 있습니다. 첫째, 이 모델은 냉전하에서 미국의 정치적 지원 때문에 가능한 것이었습니다. 둘째, 이는 정부가 특히 은행에 대한 직접 통제를 통해 금융자원을 통제함으로써 가능했습니다. 셋째, 이 모델은 정치적 억압뿐 아니라 강력한 노동억압을 통해서 가능했다는 점이 중요합니다. 이런 다른 요인들을 고려한다면, 선생의 동아시아 모델에 대한 평가의 함의에 변화가 생깁니까?

추이 즈위안 • 저도 선생의 추가적 논점에 동의합니다. 저는 결코 중국이 기존 동아시아 모델을 따라가야 한다고 생각한 적은 없습니다. 강한 정부와 민주주의는 함께 갈 수 있고 함께 가야만 합니다.

백승욱 • 선생께서는 동아시아의 협력적 모델에 정치민주의 문제만 결여되어 있다고 보고, 여기에 정치민주가 결합된다면 문제가 해결될 수 있다고 보는 것 같습니다. 그러나 최근 한국의 경험에서 볼 수 있듯이, 정치영역에서 이른바 '자율적 시민사회'의 성장은 경제적 영역에서 신자유주의적 구조조정과 모순 없이 양립할 수 있습니다. 그럴 경우 이는 '경제민주'도 진정한 의미의 '정치민주'도 아니고, 오히려 정치민주를 가장한 사회적 차별과 불평등이 증가되는 방향일 수 있습니다.

추이 즈위안 • 저는 '시민사회'에 대한 선생의 중요한 관찰에 동의합니다. 기초적인 경제제도와 정치제도를 민주주의 방향으로 개혁하지 않는다면 '시민사회'는 신자유주의적 구조조정과 양립할 수 있습니다.

백승욱 • 이런 문제는 '경제민주'와 '정치민주'에 대한 선생의 구분에 문제가 있기 때문에 생기는 것이 아닌가 합니다. 선생께서 왜 이 두가지 민주주의를 구분하는지, 그리고 이 두 가지 민주주의의 핵심성격이 무엇인지 설명해주시면 좋겠는데요.

추이 즈위안 • 제가 이 둘을 구분하는 이유는 대부분의 중국인들(그러나 서구도 마찬가지입니다)이 오로지 정치민주에 대해서만 말하기 때문입니다. 사실 민주주의란 경제, 정치 그리고 문화 차원을 포함하는 공적 생활양식 입니다.

백승욱 • 선생이 말하는 경제민주란 포스트포드주의 노동과정이나 노동자 주식제로 한정되어 있고, 선생이 말하는 정치민주란 대의제적 정치체제로 한정되어 있다고 한다면 너무 지나친 평가인가요?

추이 즈위안 • 그런 평가는 제 생각과 다릅니다. 저는 제도의 배치는 항상 실험과 변동에 개방되어 있다고 생각합니다. 예를 들어 대의제 정치체제 는 여러가지 형태를 띨 수 있습니다. 그것은 직접민주주의와 결합될 수 있 고, 결합되어야 합니다.

백승욱 • 직접민주주의와 결합한 대의제 정치체제의 구체적 상을 그려본다 면 어떤 모습이 될 수 있을까요?

추이 즈위안 • 예를 들어 대의제도가 교착상태에 빠졌을 때 교착에 빠진 그 문제에 관해 국민투표를 하는 것을 생각해볼 수 있습니다. 오늘날 미국에 서는 어떤 정책문제에 관해서도 국민투표를 허용하고 있지 않다는 것이 의미심장합니다. 미국의회가 국민복지 정책에 관해 교착상태에 빠지면 그 문제는 사실상 폐기되고 맙니다.

백승욱 • 앞서 강한 정부와 민주주의의 양립가능성에 대해 언급해주신 바 있는데, 여기서 우리는 '발전주의의 환상'(developmental illusion)을 검토 해야 하지 않을까요? 중국에서도 왕 후이와 쉬 빠오챵이 『발전의 환상』이 라는 책을 편집해낸 것으로 알고 있는데, 우리는 경제성장은 진보의 동력이며 이를 위해서는 강한 국가가 필요하고 이런 경제성장이 있어야만 민주주의도 가능하다는 신념을 너무나 강하게 가지고 있었던 것 아닌가요? 지금 이 신화나 신념이 전지구적으로 문제가 되고 있는 것 같은데요. 물론 중국은 세계경제의 혜택을 받고 있기 때문에 이 신화의 계승자가 될 가능성이 높다는 생각이기는 합니다만.

추이 즈위안 • 저는 "강한 국가가 필요하고 이런 국가에 의한 경제성장이 있어야만 민주주의도 가능하다"고 생각하지 않습니다. 그렇지만 저는 경제성장이 중국의 보통사람들과 세계 모두를 위해 중요하다는 점은 강조해두고 싶습니다. 서구의 많은 '녹색당'들은 너무나 높은 중간계급적 지향을 지니고 있습니다. 저는 오늘날 세계 좌파의 중요한 과제는 경제성장, 환경보호 그리고 인간의 자유 사이에서 이것들이 겹쳐질 수 있는 가능한 영역을 찾아내는 것이라고 생각합니다.

미국에 대한 평가

백승욱 • 선생께서는 20세기 미국의 경험을 매우 우호적인 시각에서 보고 계신 것 같습니다. 거기서 그 핵심적 특징을 두 가지로 나누어 보고 계신 것 같은데, 경제적 영역의 특징은 소유와 경영을 분리하고 경영자에게 장기적 결정권을 부여하는 '경영자자본주의'에서 찾고, 정치영역의 특징은 법치주의에 기반해 개인의 권리를 보호한다는 것에서 찾고 있는 것 같다는 인상을 받았습니다. 그렇다면 선생의 지향점이 뉴딜자유주의와 매우 유사해보인다는 생각도 드는데요, 선생의 주장과 뉴딜자유주의 사이에서 어떤 차별점을 찾을 수 있을까요?

추이 즈위안 • 뉴딜자유주의는 소득의 분배에만 촛점을 맞춘다는 점에서 제 생각은 뉴딜자유주의와는 아주 다릅니다. 저는 경제와 정치에서 근본적인 제도적 혁신을 지향합니다.

백승욱 • 미국 29개 주 회사법 수정과 관련해 선생께서는 이를 주주 중심에서 이해당사자 중심으로 옮겨가는 상당한 진보로 평가하고 있습니다. 그러나 이는 오히려 1980년대 이후 기존의 경영자자본주의라는 미국의 기업지배구조가 붕괴하면서 금융화가 진행되고 인수합병이 가속화되는 추세에 대한 수동적 대응으로 나타난 것으로 해석해야 하지 않을까요? 사실 20세기 초 미국기업의 역사를 보면 반독점법의 선포나 소유와 경영의 분리 및 소유자주식의 장기 보유 등을 통해 경영자자본주의의 전통이 확립되었고, 이것이 나아가 1930년대의 뉴딜과 결합해서 이해당사자 중심의 특성이 매우 강했던 것 아닙니까? 그러한 미국의 이해당사자 자본주의의 특징이 오히려 1970년대부터 사라지고 있는 것으로 보는 것이 더 옳지 않을까요?

추이 즈위안 • 저는 두 가지 이유 때문에 중국의 독자들이 미국 29개 주의 회사법 수정에 대해 알 필요가 있다고 봅니다. 첫째로, 제3세계 국가들의 우익지식인들은 보통 제1세계 우익지식인들보다 훨씬 더 반동적입니다. 그래서 미국의 어떤 새로운 '진보적' 요소리도 중국의 수많은 우익지식인들의 단순한 신화를 공격하는 좋은 논쟁재료가 될 수 있습니다. 둘째로, 현실 속에서 항상 새로운 사상의 싹을 찾는 것이 중요합니다. 그 형태가 아직 제한적이라 하더라도요.

백승욱 • 현재의 미국과 1950, 60년대 미국을 비교해보면 지금이 더 이해당사자 자본주의의 특징을 보인다고 평가하기는 어렵다고 봅니다. 법률이 항상 현실 자체를 반영하는 것은 아니지 않습니까?

추이 즈위안 • 저는 "법률이 항상 현실 자체를 반영하는 것은 아니다"라는 선생의 관찰에 동의합니다. 앞에서도 설명드렸듯이, 미국 회사법의 최근 변화를 강조하는 것은 저의 논쟁전략입니다.

백승욱 • 최근 이라크전쟁과 관련하여 나타나는 미국의 변화에 세계적인 관심이 쏠리고 있는데, 이에 대한 선생의 의견을 말씀해주시지요.

추이 즈위안 • 저는 3개월 전에 바로 이 문제에 대해 런던정경대학(LSE)에서 랄프 밀리반트 강연(Ralph Miliband Lecture, 영국의 대표적 신좌파학자이자 활동가 랄프 밀리반트를 기념해 개최하는 강연씨리즈)을 한 적이 있습니다. 저는 지금의 미국 신보수파가 사실상 우익혁명가라고 주장했습니다. 우리는 냉전이후 미국의 거대전략의 정점으로서 '예방전쟁'이라는 부시독트린을 목격하고 있습니다. 이런 점에서 클린턴은 부시로 나아가는 길을 닦은 것이지요. 유럽 지식인들은 클린턴과 부시 전략 사이의 차이점을 강조하고 싶어 합니다만, 저처럼 아시아의 시각에서 본다면 클린턴과 부시의 외교정책 사이에서 더 큰 연속성을 쉽게 발견할 수 있다고 봅니다.

중국의 경험에 대하여

백승욱 • 선생께서는 마오 쩌뚱과 맑스주의의 관계를 평가하면서 신민주주의 이후의 마오를 불완전하나마 맑스주의의 '초월'이라고 보고 있습니다. 그렇다면 마오에게 맑스주의의 발전과 초월은 어떻게 다릅니까? 우리가 러시아혁명 이후 신경제정책(NEP) 논쟁과 신민주주의 혁명에 대한 중국 내 논쟁 사이에서 연속성을 발견하고, 또 문화대혁명 기간에 제기된 사회주의 내부의 계급문제라는 쟁점이 이후 서구 맑스주의나 노동과정 연구 등에 미친 영향을 발견하게 된다면 마오와 맑스주의의 관계는 초월이라기보다는 발전으로 해석될 수 있는 것 아니겠습니까?

추이 즈위안 • 저는 기본적으로 맑스주의가 오늘날 세계에서 좌파의 상상력을 독점해서는 안된다고 생각합니다. 그 때문에 저는 마오사상을 맑스주의의 초월이라고 강조하는 것입니다.

백승욱 • 문화대혁명의 경험으로부터 선생께서 주로 끌어오는 교훈은 개인주의적 실천인 것으로 보입니다. 선생은 또한 언론매체에 매개되는 새로운 정치형태를 중시하고 있습니다. 그러나 그것은 권력에 대한 명목론적 사고가 아닐까요? 정치를 실천하는 기존의 조직형태에 심각한 문제가 있다는 데 동의하더라도, 인민들의 비판적 사고를 결집하여 기존의 보수적 틀을 전복하고 직접민주주의를 실천하는 새로운 조직형태가 필요하다는 사실을 부정할 수는 없습니다. 그러나 선생의 생각 속에서는 정치의 개별화와 매체화라는 방향만을 찾을 수 있을 뿐입니다. 그럴 경우 정치가에 대한 평가는 '이미지화'하게 되고, 공통의 쟁점을 묶어낼 조직적 형식은 사라지게 되는데, 그렇다면 파편화한 개인이 리바이어던(Leviathan)에 대항해 어떻게 무엇을 실천해낼 수 있다고 보십니까?

추이 즈위안 • 이런 질문에 감사드립니다. 저는 전적으로 선생의 말에 동의합니다. 제가 중국어로 쓴 논문에서 더 많은 말을 하지 못한 이유는 출판을 고려해야 했기 때문입니다.

백승욱 • 마지막으로 중국이 (또는 중국 지식인들이) 현재 직면한 문제들을 주변의 다른 나라와 함께 풀어가기 위해서는 어떤 자세를 취해야 할 것이며, 어떤 노력들이 필요할지 생각하시는 것이 있으면 말씀해주시지요.

추이 즈위안 • 이 문제는 제 주요한 관심 중의 하나입니다. 이 책에 수록된 「모네의 유럽통합 구상과 아시아 협력방안」은 이 문제에 대한 제 사고의 첫 단계입니다. 저는 중국 지식인들이 아시아 이웃나라들을 더 잘 이해해야 한다고 생각합니다. 이를 위해서 아시아에서 제국주의(서구와 일본)의 역사를 심도있게 연구할 필요가 있을 것입니다. 지금까지 제 생각들을 잘 표현했는지 모르겠군요. 여러모로 감사합니다.

인용문 출처

1) Braudel, Fernand, *Civilization and Capitalism 15th~18th Century: The Wheels of Commerce*, Vol. 2, 231~32면.

2) Braudel, Fernand, *Afterthoughts on Material Civilization and Capitalism*, The Johns Hopkins University Press 1977, 62면.

3) Krugman, Paul, "The China Syndrome," *New York Times*, September 5, 2003.

4) Mortished, Carl, "China's agricultural influence starts to grow within WTO," *The Times*, August 26, 2003.

5) Xiaotong, Fei (Fei Hsiao-tung), *Peasant Life in China: a field study of country life in the Yangtze valley*, Routledge & Kegan Paul 1939, 283면. (이 책은 후에 중국에서 『쟝춘경제江村經濟』라는 제목으로 번역되었다.)

6) Xiaotong, 같은 책 285면.

7) Xiaotong, 같은 책 286면.

8) 費孝通,『鄕土重建』, 上海: 觀察社 1948.

9) Meade, James, *Efficiency, Equality and Freedom*, New York University Press 1993, 152면.

원문출처

러시아 경험에 비춰본 중국

Unger, Roberto Mangabeira and Zhiyuan Cui, "China in the Russian Mirror," *New Left Review*, No. 208, Nov-Dec 1994.

마오 쩌뚱 문화대혁명이론의 득과 실

「毛澤東文革理論的得失與 '現代性' 重構」, 『中國與世界』(www.zazhi2.org), 1997年 第2期.

제도혁신과 제2차 사상해방

「制度創新與第二次思想解放」, 『二十一世紀』1994年 8月號, 香港.

경제민주의 두 가지 함의

「經濟民主的兩層含意」. 이 글은 천칙경제연구소(天則經濟研究所)와 『공공논총(公共論叢)』 편집위원회가 1996년 뻬이징에서 공동으로 개최한 '경제자유와 경제민주 토론회(經濟民主與經濟自由硏討會)'에서 발표한 논문이다.

중국은 어디로 가고 있는가

"Whiter China?: The Discourse and Practice of Property Rights Reform in China," *Social Text*, Vol. 16, No. 2, Summer 1998.

미국의 회사법 수정과 중국의 소유권 구조개혁

「美國二十九個州公司法變革的理論背景及啓發」, 『經濟研究』1996年 4月號, 北京.

모네의 유럽통합 구상과 아시아 협력방안

「'歐洲之父'的思路及其亞洲啓示」, 『國際經濟評論』1998年 11~12月號, 北京.

대담자 및 번역자 소개

대담자

백승욱
白承旭

1966년 서울에서 태어났다. 서울대 사회학과를 졸업하고 동대학원에서 박사학위를 받았다. 뉴욕주립대학(빙엄튼) 소재 페르낭 브로델 쎈터 객원연구원을 역임하였고, 현재 한신대 국제학부 교수로 재직중이다. 저서로 『중국의 노동자와 노동정책』 『노동과 발전의 사회학』(공저), 『WTO로 가는 중국』(공저) 등이 있고, 역서로 『우리가 아는 세계의 종언』 『이행의 시대』(공역), 『철학과 맑스주의』(공역) 등이 있으며, 중국과 세계체계에 관련한 여러 논문이 있다.

번역자

장영석
張暎碩

1961년 경북 영천에서 태어났다. 연세대 사회학과를 졸업하고, 월간 『말』 기자 및 『내일신문』 창간위원을 지냈다. 「중국 국유기업 개혁과 노동관계의 변화(中國國有企業與勞動關係的轉變)」로 뻬이징대 사회학 박사학위를 받았고, 현재 연세대 동서문제연구원 연구교수로 재직중이다. 「중국 국유기업 소유권 구조개혁과 기업 감독 구조변화」 「중국 시민사회를 둘러싼 논쟁과 NGO 태동의 의미」 등 다수의 논문이 있으며, 역서로 『중국의 노사관계와 현지경영』이 있다.

'동아시아의 비판적 지성' 기획위원

—

백영서 연세대 교수/중국사학
이연숙 일본 히또쯔바시대 교수/사회언어학
이욱연 서강대 교수/중문학
임성모 연세대 교수/일본사학

—

중국은 어디로 가고 있는가
동아시아의 비판적 지성

초판 1쇄 발행 • 2003년 10월 1일
초판 3쇄 발행 • 2005년 12월 23일

지은이 • 추이 즈위안(崔之元)
펴낸이 • 고세현
편집 • 염종선 김태희 김경태 김종곤 서정은 조형옥 백은숙
표지 및 본문 디자인 • 이선희
조판 • 아람디자인
펴낸곳 • (주)창비
등록 • 1986년 8월 5일 제85호
주소 • 413-756 경기도 파주시 교하읍 문발리 513-11
전화 • 031-955-3333
팩스 • 영업 031-955-3399 편집 031-955-3400
홈페이지 • www.changbi.com
전자우편 • human@changbi.com

ⓒ 崔之元 2003
ISBN 89-364-8516-4 03300
        89-364-7990-3 (전6권)